André G. Schulz

RETTE DEIN GELD

W0178936

ANDRÉ G. SCHULZ

RETTE DEIN GELD

**Die 100 besten Finanztipps der Welt
zum Schutz vor dem Crash, der Inflation
und Finanzprodukten**

südwest

INHALT

»Sie wollen Geld, Zeit und Nerven verlieren? Herzlich willkommen in der fantastischen Finanzwelt. Wir befreien Sie von allem (und noch mehr)!«

André G. Schulz, glücklicher Ex-Banker

Die 100 besten Finanztipps der Welt – klingt ganz schön übertrieben, oder? Wie ein unerfüllbares Versprechen. Dreister Etikettenschwindel. Betrug. Skandal!

Stimmt, genau das trifft auf viele Finanzexpert*innen, Finanzberater*innen, Finanzprodukte und Finanzwerbung zu, die Sie mit seriös klingenden (aber in Wahrheit oftmals unseriösen) Versprechen ködern und dabei immer nur Ihr Bestes wollen: Ihr Vertrauen (okay, und danach Ihr Geld). Sicher kennen Sie Sätze wie:

- »*Sofort kaufen! Diese Aktie verdreifacht sich in den nächsten sechs Monaten.*«
  Wann genau? Keine Ahnung. Rate ich einfach mal so (wie alle anderen Schein-Finanzexpert*innen auch).
- »*Jetzt absichern! Unsere Geldanlage schützt Sie vor dem Crash.*«
  Natürlich nicht garantiert, aber garantiert mit versteckten Provisionen, laufenden Kosten und Nebenwirkungen wie Verlustmöglichkeiten.
- »*Absoluter Geheimtipp! Ich verrate Ihnen, welche Anlageklassen sich in den nächsten zwei Jahren wie entwickeln und mit welchen Sie reich werden.*«
  Wieso ich das weiß? Weil ich überzeugend vorgaukeln kann, die Zukunft zu kennen (sogar ohne Glaskugel).
- und, und, und ...

Schluss. Aus. Ende.

Ich kann diesen ganzen Schwachsinn nicht mehr hören. Vielleicht bin ich dazu einfach zu lange in der Finanzbranche tätig gewesen und kenne nicht nur das *VOR*, sondern auch das *HINTER* den Kulissen. Schließlich habe ich mit meiner früheren Beratungsfirma »emotional banking« und meinem Trainer*innen-Team in mehr als 20 Jahren mehr als 200 Banken und Sparkassen begleitet, zehntausende Berater*innen trainiert und mit meiner Arbeit als Redner, Erfinder und Autor vom FinanzTheater mehr als 100.000 Menschen erreicht. Leider ist es uns viel zu selten gelungen, unsere Philosophie zu 100 Prozent und vor allem dauerhaft in Finanzinstituten zu etablieren, nämlich alle Kund*innen so zu beraten wie beste Freund*innen:

ehrlich und orientiert an ihren Bedürfnissen, Zielen und Wünschen. Daher habe ich es auch aufgegeben, die Finanzwelt zu verändern, und helfe mit meiner unabhängigen Finanzaufklärung und kreativen Lebensinspiration dort, wo's noch etwas zu retten gibt: bei Ihnen und Ihrem Geld.

Mir und meiner (zugegeben ungewöhnlichen) Arbeit hat man schon viele Namen gegeben, wie beispielsweise:

- Der Finanz-Flüsterer
- Der Finanz-Exorzist
- Der Geld-Rebell (danke dafür, liebe BILD-Zeitung!)

Ich selbst sehe mich vielmehr als spirituellen Banker, weil ich zwei Welten miteinander verbinde, die für viele nicht zusammengehören: Leben und Finanzen, Geld und Glück. Mir geht es darum, Menschen dabei zu helfen, ihr Leben zu finden und zu leben – bewusst, erfüllt und mit oder ohne Geld bzw. Finanzprodukten. Ihr Leben ist entscheidend für alles, was Sie tun. Geld ist nur Mittel zum Zweck und Finanzprodukte sind nur Hilfsmittel, um bestimmte Ziele und Wünsche leichter oder schneller zu erreichen. Die allermeisten Finanzprodukte sind verzichtbar, wie die allermeisten Finanztipps auch, weil Sie Ihnen und Ihrem Geld mehr schaden als nutzen. Von daher erschrecken Sie nicht, wenn ich Ihren Geldglauben und Ihr Anlageverhalten an der einen und anderen Stelle kräftig durchrütteln werde. Sie lesen nicht umsonst einen der radikalsten Geld- und Finanzratgeber, wie der Titel schon vermuten lässt. Aber genau deshalb haben Sie das Buch doch gekauft, oder warum sonst?

UND WAS WOLLEN SIE?

Bitte kreuzen Sie an!
Ich will mein Geld

☑ im Wert erhalten (vor der Inflation schützen).

☑ vermehren lassen (ohne dafür zu arbeiten).

☑ vor dem Crash schützen (Vermögen immer komplett bewahren).

Okay, ich habe mal vorgekreuzt, weil die drei Dinge eigentlich jede*r will. Obwohl jede*r natürlich weiß (oder wissen sollte), dass es auf der ganzen Welt keine Geldanlage gibt, die Ihnen alle drei Wünsche, geschweige denn nur einen davon erfüllt, also garantiert, alles andere macht ja kaum Sinn. Und trotzdem suchen Sie und alle anderen Geld-Eichhörnchen weiter nach der geheimen Superanlage. Warum?

Weil man es Ihnen beigebracht hat wie einem gehorsamen Hund das Stöckchen apportieren. Die Finanzindustrie trichtert uns allen natürlich schon seit gefühlten Ewigkeiten etliche Irrglauben ein, zum Beispiel:

- *»Lassen Sie Ihr Geld für sich arbeiten. Werden Sie reich im Schlaf.«*
- *»Streuen Sie Ihr Vermögen breit, dann ist es auch im Crashfall geschützt.«*
- *»Sichern Sie Ihr Geld mit der richtigen Geldanlage vor der Inflation.«*
- *»Versicherungen schützen Sie und Ihre Lieben.«*

Auf alle diese und viele weitere falsche Versprechen gehe ich im Folgenden ein und entzaubere sie, damit Sie:

1. *sich keine Angst mehr machen lassen*, zum Beispiel vor der Altersarmut, der Berufsunfähigkeit, Pflege, Unfällen, Krankheiten, und so keine (für Sie unnötigen) Versicherungen mehr abschließen.
2. *sich nicht mehr gierig machen lassen* und so keine mit automatischer und sicherer Geldvermehrung werbenden Anlageprodukte kaufen, die oft nicht halten, was sie versprechen.
3. *sich nicht mehr vor dem Crash fürchten*, Ihr Geld nicht unnötig breit streuen und es somit in (zu) viele Finanzprodukte investieren, die Sie Geld und Nerven kosten.

Wobei, kurz vorab zum Crash: Ist diese Sorge in diesen unsicheren Zeiten nicht berechtigt?

Natürlich kann das Finanzsystem JEDERZEIT zusammenbrechen.

Gute Gründe dafür gibt es genug, etwa das Systemgrundproblem von unendlicher Geldproduktion aus dem Nichts mit Nichts hinterlegt (hierzu später eine super Geschichte), die immer weiterwachsenden Weltschulden, die Niedrig- bis Negativzinszeit, unkontrolliert (ver)zockende Hedgefonds, schädlich agierende Notenbanken, Schattenbanksysteme, permanent neue Marktmanipulationen, geopolitische sowie wirtschaftliche Krisen, Vertrauensentzug durch uns Menschen (weil dies das Einzige ist, das das Geld- und Finanzsystem in Wahrheit noch am Leben hält) und, und, und ...

Natürlich wird das Finanzsystem NICHT zusammenbrechen.

Gute Gründe gibt es auch hierfür genug, wie zum Beispiel das Finanz-Schlaraffenland, in dem man so viel und so lange wie man möchte Geld aus dem Nichts schaffen und überall hinfließen lassen kann, die Möglichkeit 1000-jähriger Anleihen mit Negativzins zur kompletten Weltentschuldung, gesetzliche Änderungen zur Heilung crash-anfälliger Institutionen, weil die, die die Systeme kontrollieren, sie auch jederzeit ändern, ein neues System einführen können wie das digitale Zentralbankgeld und, und, und ...

Und nun?

FÜNF FABELHAFTE FINANZTIPPS

Wirklich sicher ist nur, dass nichts sicher ist. Wovon ich ausgehe, verrate ich Ihnen später im Buch. Unabhängig davon empfehle ich Ihnen fünf Dinge, damit Sie und Ihr Geld so sicher sind wie möglich (ganz gleich, was kommt oder auch nicht):

1. *Raus mit Ihrem Geld aus der Finanzwelt! Retten Sie so viel wie möglich!*
2. *Rein mit Ihrem Geld in alternative Geldanlagen und in Ihr Leben!*
3. *Hören Sie weg bei Empfehlungen von Finanzexpert*innen und Finanzberater*innen!*
4. *Hören Sie auf Ihre Intuition und Ihre persönlichen Ziele und Wünsche!*
5. *Genießen Sie das Leben und fangen Sie Wichtigeres mit Ihrer Zeit an, als sich mit Finanz-News und Finanztipps zu beschäftigen. Okay, das bitte erst NACH dem Buchlesen, denn dadurch sparen Sie sich nicht nur Geld und Nerven, sondern auch viel Lebenszeit, weil Sie sich nicht mehr mit »gewinnbringenden Angeboten«, »neuen Superanlagen« und vielem mehr beschäftigen müssen.*

Egal, was auch immer Sie für sich aus diesem Buch mitnehmen:

Machen Sie sich möglichst unabhängig von der Finanzwelt und folgen Sie fünf möglichen Prinzipien einer neuen Geld- und Finanzwelt, die uns Menschen wirklich dient, die aus meiner Sicht irgendwann zwangsläufig entsteht und deren Erwachsen wir alle mit unserem Handeln beschleunigen können:

1. Erlebnisse vor Ertrag.
2. Prävention vor Produkt.
3. Vernunft vor Verschuldung.
4. Glück vor Geldvermehrung.
5. Fantasie vor Finanzwelt.

Warum das für Sie, Ihr Leben und Ihr Geld sinnvoll ist, was das konkret heißt und wie das alles ganz praktisch geht, erfahren Sie jetzt in den 100 besten Tipps der Welt – nicht von der Finanzwelt, wohlgemerkt. Die gibt Ihnen ganz andere Tipps (zu welchem Vorteil wohl?). Gleiches gilt für Finanzexpert*innen, zu denen ich mich ganz bewusst NICHT zähle, weil es so etwas aus meiner Sicht gar nicht gibt (warum, dazu später mehr). Daher verzichte ich im Folgenden auch bewusst auf:

- *Analysen oder Studien*, weil man sich selbst immer nur die aussucht, die die eigene Meinung schein-unabhängig und pseudo-wissenschaftlich untermauern (dabei gibt es *immer* mindestens zwei Perspektiven und somit auch solche, die das genaue Gegenteil »beweisen«).
- *bankische Fachsprache*, weil man dadurch zwar clever klingt (und dadurch kompetent erscheint), aber der/die Leser*in nicht alles wirklich versteht (von daher spreche ich »kundisch« mit Ihnen).
- *ausferndes Detail-Lirumlarumlöffelstiel*, weil man das Allerwichtigste mit wenigen klaren Worten auf den Punkt bringen sollte – in 100 Tipps zum Beispiel.

AUF DER SUCHE NACH DER FINANZ-ESSENZ

Zugegeben: Ich musste mich an etlichen Stellen, die Sie gleich lesen werden, selbst bremsen, weil man zu Vielem natürlich noch viel weiter ausholen oder entsprechend tiefer gehen könnte. Wer sich todesmutig hinunterstürzen möchte in die schier unendlichen Weiten des Finanzabgrundes, dem bieten sich außerhalb dieses Buches unendliche Möglichkeiten, die Sie finden werden, wenn Sie sie denn überhaupt finden wollen und nichts Besseres mit Ihrer Zeit anzufangen wissen.

Mir geht's in diesem Buch nicht um eine Finanz-Vollinformation zu allen Themen, sondern um die Suche nach der Essenz und ihre verständliche Präsentation. Beim Schreiben bin ich daher vorgegangen wie beim

Kochen einer Tomatenessenz. Ich habe mir alle wesentlichen Finanzthemen gepackt, sie gekocht, um sie verdaulicher zu machen und dann durch mehrere immer feiner werdende Siebe gefiltert, bis das übrig geblieben ist, was aus meiner Sicht reichen sollte, um

a. es direkt umsetzen zu können oder
b. sich selbst auf die Suche nach mehr »Finanz-Fleisch am Knochen« zu machen, denn Selbstdenken ist und bleibt tausendmal besser, als das Selbsterdachte anderer blind zu übernehmen – auch nicht das von mir, bitte. Bilden Sie sich unbedingt Ihre eigene fundierte Meinung und reiben Sie sich auch gern an meinen Thesen. Hauptsache, Sie beenden das Buch mit einer eigenen Haltung und klaren Handlungen Ihr Geld und Ihr Leben betreffend: aus eigener echter Überzeugung.

Sind 100 Tipps nicht zu viel?

Stimmt. Manchmal reicht schon ein guter Gedanke aus, damit sich das ins Buch investierte Geld (samt Lesezeit) um ein Vielfaches lohnt. Es kann sein, dass Sie nicht alle der 100 Tipps gleichermaßen interessieren (weil Sie manches gegebenenfalls schon wissen oder umsetzen). Nehmen Sie sich einfach die Tipps heraus, die Sie besonders interessieren. Die anderen lassen Sie bitte für andere drin im Buch.

Sind 100 Tipps nicht zu wenig?

Die Finanzindustrie gaukelt uns (nicht ungeschickt) vor, dass die Finanzwelt unglaublich komplex und kompliziert ist und nur wenige Auserwählte sich hierin auskennen und wissen, wie der Geld-Hase läuft (Finanzexpert*innen und –Berater*innen, wer sonst). Dass die Finanzwelt komplex und kompliziert ist, stimmt auch. Allerdings ebenso wie Quantenphysik, Raketenwissenschaft oder Molekularmedizin. Nur würden wir uns mit den drei Letztgenannten im Normalfall nicht beschäftigen, weil wir sie (im Alltag) nicht brauchen. Genauso verhält es sich mit der Finanzwelt und ihren Hunderttausenden von Produkten und Millionen von Strategien, Empfehlungen und Details. 99 % davon brauchen wir nicht. 1 % reicht aus. Die Essenz. Und die kommt jetzt!

In Form von 100 knackigen Tipps, dargeboten in zehn Hauptthemen.

Also: Lesen Sie los.

Leben Sie los.

Und vor allem: Lassen Sie los (nicht das Buch, aber die Finanzwelt).

KAPITEL 1

FINANZ-WEISHEITEN

GLAUBEN SIE KEINEN ANGEBLICH ALLGEMEIN-GÜLTIGEN FINANZWEISHEITEN UND FRAGEN SIE SICH LIEBER: WER HAT SIE EIGENTLICH »ERFUNDEN« UND WARUM?

»Was weise klingt, ist nicht immer auch wahr. Und manches, was früher wahr war, ist heute nur noch wahrscheinlich, wenn nicht gar unwahr.«

In Spinat ist viel Eisen und deshalb wird man so stark wie Popeye! Sehr viele Jahre hat man dies tatsächlich geglaubt, dabei ist der Eisengehalt viel niedriger, als man damals glaubte, als der Physiologe Gustav von Bunge im Jahr 1890 den Nährwert von Spinat untersucht hat. Er kam hierbei auf einen Eisengehalt von 35 mg pro 100 g, was erst einmal gut (weil nach viel) klingt, aber von Bunge hat damals leider nicht frischen Spinat untersucht, sondern getrockneten. Da frischer Spinat aber zu 90 % aus Wasser besteht, muss der Eisengehalt auf gut eine Kommastelle berichtigt werden, also auf ca. 3 mg. Ein kleiner, aber wichtiger Unterschied, der durch eine kleine Information einen schier ewig verbreiteten Mythos widerlegt.

Manche allseits bekannten Wahr- und Weisheiten halten sich einfach hartnäckig, bis jemand kommt und das Gegenteil beweist oder den Wahrheitsgehalt zumindest kritisch hinterfragt. Dies gilt natürlich ebenso für Geld- und Finanzweisheiten. Nicht alles, was Sie kennen und zu glauben wissen, muss richtig sein. Ganz im Gegenteil. Vieles erweist sich als falsch, weil es von Interessen getrieben ist oder falsch wiedergegeben wird – immer und immer wieder, bis man glaubt, es sei wahr.

Wir Menschen neigen dazu, dass wir die Dinge glauben, »die man halt so kennt« (woher eigentlich?) oder die man oft von unterschiedlichen Menschen gehört oder irgendwo gelesen hat. Das wäre auch nicht weiter tragisch, wenn die Auswirkungen falscher Geld- und Finanzweisheiten so harmlos wären wie die Spinat-Eisen-Weisheit. Leider kosten manche Sie neben Zeit und Nerven auch Geld, wenn Sie sie beherzigen und der vermeintlichen »Weisheit« vertrauensvoll folgen.

Aber ist nicht wenigstens ein Funken Wahrheit in allem enthalten? Warum gibt es die Finanz-Weisheiten dann überhaupt? Irgendetwas muss da doch dran sein?

Nun, manche Geld- und Finanzweisheiten entspringen vielleicht der Finanzindustrie selbst, die natürlich ein gewisses Eigeninteresse besitzt (was ja auch okay ist, wenn man es transparent erklären würde und es nicht zum Nachteil anderer wäre). Einem Personal-Trainer kann man auch nicht vorwerfen, dass er/sie gewisse »Trainingsweisheiten« propagiert. Diese müssen ja nicht für jede*n stimmen, sondern bilden nur seine/ihre persönlichen Erfahrungen und Ansichten ab.

Hierzu passen die diversen Worterfindungen, die es mittlerweile bereits in den allgemeinen Sprachschatz geschafft haben, obwohl sie normalerweise niemand in seinem Leben verwendet, wie Altersvorsorge, Rentenlücke, Berufsunfähigkeit usw. Komischerweise dienen solche Begriffe nicht zur normalen menschlichen Kommunikation, sondern nur dazu, ein Finanzprodukt zu kaufen, mit dem man sich vor etwas »schützen« kann ...

Zugegeben: Manche Geld- und Finanzweisheiten waren selbst für mich in früheren Zeiten sinnvoll, doch die Zeiten haben sich nun mal geändert – und die Weisheiten sollten es auch tun (machen sie aber nicht selbstständig). Bei den immer stärker manipulierten und Sie manipulierenden Finanzmärkten bräuchte es eigentlich neue Weisheiten – wie etwa die meine:

> Retten Sie Ihr Geld, indem Sie es <u>NICHT</u> in die Finanzwelt investieren!

Im Folgenden biete ich Ihnen zu zehn allseits bekannten (oder unbewusst angewandten) Geld- und Finanzweisheiten meine Gegenthesen an, damit Sie selbst für sich entscheiden können, was Sie für richtig(er) halten. Denn genau darum sollte es beim Umgang mit und bei der Anlage von Geld gehen: Sich bewusst seine eigene Meinung zu bilden und dementsprechend auch zu handeln, frei und selbstbestimmt.

TIPP 1:
GELD MACHT SIE FINANZIELL NICHT UNABHÄNGIG.

Je mehr Geld man besitzt, desto besser ist es. Mit viel Geld ist man schließlich unabhängig, kann machen, was man will und muss nicht machen, was man nicht will. Vor allen Dingen muss man dann nicht mehr arbeiten und kann sich alle seine Träume und Wünsche erfüllen (und noch viel mehr). So wird es uns jedenfalls suggeriert.

Geld scheint eine Art Allheilmittel zu sein, der heilige Gral des Lebensglücks. Dabei ist Geld, ganz sachlich betrachtet, nur eines: Mittel zum Zweck. Geld ist einzig und allein dazu da, dass wir es ins Leben zurücktauschen – wann und in was, entscheiden nur wir. Wir bestimmen über die Bedeutung des Geldes für uns und damit auch darüber, wie viel wir davon überhaupt benötigen.

Wer zum Beispiel einen »geringen« Lebensstandard hat (im Sinne niedriger monatlicher Kosten und eines sparsamen Lebensstils), der braucht insgesamt weniger Geld als jemand, der sich ein »Luxusleben« leisten möchte. Es gibt also eine Korrelation zwischen Geld und Leben(sglück), wobei jede*r von uns etwas anderes braucht, um glücklich zu sein, um das eigene Leben so zu leben, wie man es sich vorstellt.

Was wäre zum Beispiel, wenn man wirklich »mit wenig zufrieden« wäre und einer Arbeit nachgehen würde, die man liebt und mit der man seinen günstigen Lebensstandard bezahlen könnte? Wäre das nicht wunderbar? In diesem Fall bräuchte man nicht viel Geld und müsste gar nicht finanziell unabhängig sein. Überhaupt: Wann ist man das eigentlich?

Wenn man seinen Lebensunterhalt aus den Erträgen seines Vermögens bestreiten kann, ohne es dabei zu verbrauchen, könnte man sagen.

Das ist in einer relativ zinsbefreiten Zeit nicht ganz einfach, aber auch nicht unmöglich. Hierfür müsste man einfach ausrechnen, wie hoch die Summe sein muss, aus deren Erträgen man seine Kosten tragen könnte. Bei einer Million Euro hätte man bei jährlichen 3 % immerhin 2.500 € monatlich zu Verfügung. Aber: Die 3 % müssen erst einmal jedes Jahr erwirtschaftet werden (nach Geldanlagekosten und Steuern). Und was ist, wenn man in einem Jahr vielleicht 50.000 € verliert, weil die Geldanlage schlecht performt hat und im Jahr darauf weniger monatliches »Gehalt« bekommt? Oder wenn der Lebensstandard mit dem Vermögen steigt und damit die Schein-Unabhängigkeit wieder zunichte macht.

Vielleicht sind diese Unsicherheiten auch der Grund für die Antwort auf die Frage:

> **Was würden Sie tun, wenn Sie heute eine Million Euro geschenkt bekommen würden?**
> *Viele würden hierauf sicher antworten: Ich würde mir ein paar (kleinere) Wünsche erfüllen und den (größeren) Rest würde ich anlegen.*

Glaubt man diversen Umfragen hierzu, würde merkwürdigerweise fast niemand die komplette Million auf den Kopf hauen bzw. ausgeben. Und das, obwohl dieses Geld ja on top ist und ungeplant sowie ungebraucht aus dem Nichts kommt. Warum wollen wir also selbst bei geschenktem Geld einen großen Teil anlegen? Irgendwie ist dieses »Spar-Gen« wohl ein Teil von uns. Wir sparen einfach gern – auch wenn wir meist gar nicht wissen, bis wann und wofür genau.

Daher frage ich Sie lieber etwas anderes:

Was würden Sie an Ihrem Leben ändern, wenn Sie so viel Geld hätten, wie Sie wollen?
Die meisten Menschen, die ich kenne, würden sich dann das eine oder andere leisten. Vielleicht ein (neues) Haus, mehr Reisen, ein paar neue Besitztümer, einen anderen Job machen, bei dem man weniger verdient, aber mehr Spaß hat ...

Im Grunde würde Geld das eigene Leben bei den meisten Menschen aber nicht wirklich großartig verändern, denke ich. Und Sie? Würden Sie ein ganz anderes Leben leben? Wenn ja, was würde das dann über Ihr heutiges Leben aussagen, Ihre bisherigen Entscheidungen und ihr Glück?

Warum streben so viele nach der finanziellen Unabhängigkeit und denken, Geld würde sie ihnen ermöglichen? Vielleicht, weil sie einer (falschen?) Weisheit hinterherrennen, die sicher nicht dem Leben selbst entsprungen ist, sondern etwas anderem, dem es mehr dient als uns. Würden Sie Ihr Geld der Finanzindustrie geben in der Hoffnung der automatischen risikolosen Vermehrung, wenn Sie gar nicht finanziell unabhängig werden wollen würden oder wenn Ihnen Geld nicht wichtiger wäre als vieles andere?

Was wäre, wenn Sie Ihre Arbeit lieben und ihr solange nachgehen, wie Sie können? Oder wenn Sie keinen teuren Lebensstil haben? Was würden Sie dann mit Ihrem (nicht gebrauchten) Vermögen machen? Es anlegen, oder?

Bei diesem oftmals unbewussten Streben nach immer mehr Geld und der ersehnten finanziellen Unabhängigkeit oder Freiheit sollten wir vier Dinge nicht vergessen:

1. Geld kostet Lebenszeit.

Die meisten von uns, die keine finanzielle Unabhängigkeit vererbt bekommen, müssen arbeiten, um Geld zu verdienen. Fürs Arbeiten wenden wir Zeit auf: unsere Lebenszeit. Heißt: Je mehr Geld Sie verdienen wollen, desto mehr Lebenszeit müssen Sie dafür investieren. Nicht selten kommt man beim Immer-mehr-Geld-verdienen-und-schaufeln auch in diverse Hamsterräder und bekommt durchs viele Arbeiten kaum etwas vom echten Leben mit (weswegen wir ja eigentlich hier sind, oder?). Müssten wir uns nicht also fragen: Auf wie viel meiner Lebenszeit bin ich wie viele Jahre bereit zu verzichten und wofür? Was genau bringt mir meine (hart erarbeitete) finanzielle Unabhängigkeit, wenn ich den Weg dorthin mit entgangenem Leben(sglück) und vielleicht sogar verschlechterter Gesundheit bezahlt habe? Dann arbeiten Sie etwas, was Sie vielleicht gar nicht lieben, um dafür Geld zu bekommen, das Sie später wieder dafür aufwenden, die durch Ihre Arbeit zerstörte physische oder psychische Gesundheit wiederherzustellen. Macht das wirklich Sinn?

2. Was man hat, das bewahrt man.

In meiner Beobachtung vermögender Menschen habe ich immer wieder festgestellt, dass fast alle große Probleme damit hatten, ihr Vermögen wieder ins Leben zurückzutauschen, es in werthaltige oder möglichst wertsteigernde Besitztümer zu tauschen. Sei es in eigene oder die der Kinder/Enkel durch vorzeitige Schenkungen. Ich habe mich oft gefragt, warum man erst alles dafür unternimmt, um so viel Geld zu besitzen und dann darauf brütet wie eine Henne auf ihren Eiern – in der Hoffnung, sie würden nie schlüpfen, weil sie dann nicht mehr darauf hocken kann. Nicht nur Eltern haben einen Trennungsschmerz, wenn die Kinder flügge werden – auch Anleger*innen würden Ihr »Liebstes« am liebsten ewig bei sich haben.

Warum aber das ganze schier unendliche Geldhorten? Nur für das gute Gefühl, das man sich alles leisten könnte (es aber nicht macht)?

Vielleicht liegt es auch daran, dass wir Menschen uns grundsätzlich nur schwer von etwas trennen können. Gewohnheiten meine ich dabei weniger (für die gilt es aber auch). Ich meine eher das Heer der Besitztümer, das sich in unseren Schränken, Schubladen und sonstigen Verstaumöglichkeiten vor der Entsorgung versteckt. Gleiches gilt für unser Geld. Wir trennen uns so ungern davon, dabei ist es doch dafür gemacht. Wofür sonst haben bereits viele 40 Jahre ein knappes Drittel ihrer Lebenszeit durch Arbeiten in Geld umgetauscht, wenn sie es nicht zurücktauschen in Dinge, die ihnen guttun?

3. Je mehr Geld, desto mehr (Geld-)Sorgen.

Für manche mag dies unlogisch klingen, und es ist ja auch so. Trotzdem weiß ich von vielen Vermögenden, dass ihre Sorgen förmlich mit ihrem Vermögen mitgewachsen sind. Je mehr man hat, desto mehr sorgt man sich davor, dass man es irgendwann nicht mehr hat, es im Wert verliert, ein Crash einen Teil davon wegnimmt (oder die Steuer viel).

Eigentlich auch logisch, denn nur wer etwas hat, kann auch Angst haben, es zu verlieren. Doch ist man wirklich unabhängig, wenn man sich mehr ums (sorgenvolle) Gelderhalten kümmert als ums sorgenfreie Leben? Wie viel Lebenszeit kostet die Beschäftigung mit Finanznachrichten, Anlageklassen, Marktanalysen, Geld-von-hier-nach-da-Transfer, und ist es das alles wirklich wert – vor allem, wenn man das ganze Geld zu Lebzeiten eh nicht ausgibt? Wie viele Stunden im Monat beschäftigen Sie sich mit Wirtschaft, Geld- und Finanzthemen? Mit welchem konkret messbaren Zahlenergebnis (also Geldvermehrung in Euro)? Und was könnten Sie stattdessen tun für Ihr Leben? Mit konkret fühlbarem Glückserlebnis?

4. Genug ist nie genug.

Wissen Sie, was manche Menschen machen, wenn sie die erste Million »auf dem Konto« haben? Sie nehmen die zweite Million in den Blick. Warum, wenn sie anscheinend schon die erste Million nicht wirklich zum Leben brauchen (sonst würden sie diese ja wieder verleben)? Manche geldhamsternde Menschen verhalten sich so, als wäre es das Ziel, einen möglichst hohen Kontoauszug am Lebensende vorzuweisen. Oder die/ der Reichste auf dem Friedhof zu werden, wobei die bis zum Todestag erreichte Vermögenssumme ja zum Glück nicht auf dem Grabstein steht (jedenfalls noch nicht).

Von Geld scheinen wir nie genug zu bekommen und horten es teilweise jahre- oder gar jahrzehntelang, ohne es anzurühren und ohne Ziel, nur um Großteile davon an unserem Lebensende zu vererben. Sinn? Fehlanzeige.

Wer ist eigentlich mehr von wem abhängig: Das Geld von uns oder wir vom Geld?
Befinden wir uns vielleicht in einem ewigen unbewussten Dauerlauf zum unerreichbaren Wolkenkuckucksheim? Bedeutet ein unstillbares Geldstreben nicht im Umkehrschluss, dass wir in einem dauerhaften Mangel leben, weil wir nie genug haben, immer mehr brauchen, um endlich glücklich zu sein, uns unabhängig zu fühlen, (finanziell) frei?

Passen wir lieber auf, dass wir auf dem Weg in die gewünschte finanzielle Unabhängigkeit nicht in eine finanzielle Abhängigkeit kommen. Oder noch besser: Machen wir uns möglichst unabhängig vom Streben nach immer mehr Geld und fragen wir uns, was wir brauchen für unser glückliches Leben an Besitz, Konsum und Erlebnissen. Oft ist es weniger, als wir denken (sollen!).

TIPP 2:

MIT DER RICHTIGEN GELDANLAGE WERDEN SIE NICHT REICH.

Warum legt man sein Geld überhaupt an?

Merkwürdige Frage, oder? Natürlich legt man sein Geld an, also wenn man etwas übrig hat bzw. es aktuell nicht für sein Leben braucht. Wir sind ja schlaue Sparfüchse, und natürlich legen wir es in Geldanlagen (also Finanzprodukten) an – möglichst gewinnbringend, das versteht sich von selbst. Wo auch sonst!?

Moment mal: Gibt's nicht auch *andere* Möglichkeiten, sein Geld anzulegen, als in Finanzprodukten? Klar. Welche? Siehe **Tipps 81 bis 100**.

Aber warum legen wir unser Geld immer automatisch nur in der Finanzwelt an? Als hätten wir mit ihr eine Art GEZ-Abo, besser GELD-Abo. Dafür gibt es zwei Gründe:

1. Wir wollen unser Geld sichern (vor Brand und Diebstahl) und denken, die Finanzwelt ist der sicherste Ort dafür (räusper).
2. Wir wollen unser Geld vermehren (lassen), und die Finanzwelt ist der garantiert rendite-fruchtbarste Ort dafür (doppel-räusper).

Ich schätze mal, dass 99 % aller Anleger*innen vor allem wegen Grund Nummer 2 zu einer »professionellen« Geldanlage der Finanzindustrie greifen. Aber: Geht das überhaupt?

Selbst früher in den »guten alten Hochzins-Zeiten«, wo man noch 7 % Zinsen auf seine Spareinlagen erhielt, war das Einspielen der Inflation kein Selbstläufer, weil auch diese oftmals in der Nähe der jeweiligen Zinsen lag (was viele der alten Hochzinsträumer*innen oft vergessen). Aber heute in Zeiten einer schwankenden Nahe-Null- und teilweisen Negativzinswelt mit unkalkulierbaren Finanzmärkten? Wie soll hier eine echte, sichere und dauerhafte Vermehrung funktionieren – erst recht auf längere Sicht, wo's dann wohl eher eine sichere Geldabnahme, wenn nicht sogar -vernichtung wird?

Genau: Es geht gar nicht.

> Auch, wenn dies diverse Finanzanbieter von Geldanlageprodukten versprechen, aber eine automatische, nachhaltige und vor allem risikolose (oder wenigstens arme) Geldvermehrung ist garantiert NICHT möglich. So einfach ist das (leider).

Die Wahrscheinlichkeit, aus den Millionen möglicher Geldanlagen die richtige im richtigen Moment zu kaufen und hierein auch genügend Geld zu investieren, damit sich das Investment auch entsprechend lukrativ vermehren kann, liegt nahe Null. Erschwerend kommt noch hinzu, dass man die Anlage samt der erreichten Gewinne auch rechtzeitig verkaufen muss, denn solange man dies nicht tut, hat man nur einen Buchgewinn. Und der kann schneller wieder weg sein, als die kurze Gewinnfreude währt.

Das Finden des richtigen Verkaufszeitpunkts gehört wohl zu den schwierigsten Aufgaben der Geldanlage. Wer trennt sich schon von etwas, das gerade supergut läuft und großen Gewinn eingefahren hat? Es könnte ja noch so weitergehen (und wir so noch vermögender werden). Selbst Profi-Investoren finden den wirklich perfekten Zeitpunkt zum Verkaufen vielleicht in 0,01 % aller Fälle, weil man ihn vorher natürlich nie kennt. Was man aber weiß ist, dass wir Menschen leider zur Gier neigen. Nicht wenige haben durch dieses Immer-noch-mehr-haben-Wollen schon viel zu viel Geld verloren.

Und selbst wenn man Gewinne einfährt, darf man zwei Dinge nicht vergessen:

1. Die einmaligen und laufenden Kosten für die Geldanlage-Produkte davon abzuziehen (auch die Finanzproduktanbieter wollen schließlich von etwas leben und das oftmals nicht zu knapp).
2. Die Steuern (der Staat will auch leben).

Rechnet man sich die wirkliche Rendite aus, also die reale Geldvermehrung, die einem die Geldanlage erwirtschaftet hat, erlebt man nicht selten eine böse Überraschung. So wie es Push-Up-BHs gibt, gibt's halt auch Push-Up-Renditen, die von außen viel versprechen, aber schnell in sich zusammenfallen, wenn man genauer hinsieht. Vorsicht also bei verlockenden Rendite-Versprechen. Nicht jede Geldanlage bringt kontinuierlich Rendite, aber garantiert kontinuierliche Kosten. So gesehen machen Geldanlagen durchaus reich – nur Sie eben nicht. Daher hat die Finanzindustrie auch Interesse daran, dass Sie Ihr Geld möglichst lange anlegen. Und für den unwahrscheinlichen Fall, dass Sie doch eine Geldanlage finden, die über viele Jahre top performt: Was ist, wenn diese im nächsten Jahr böse abstürzt und die über Jahre mühsam erarbeiteten Gewinne mit sich in den Abgrund reißt? Nur eines bleibt Ihnen dann noch garantiert: Die gezahlten Kosten der Geldanlage.

Geldvermehrung ist kein Naturgesetz. Es gibt auch kein Grundrecht auf Geld(wert)erhalt. Ebenso ist es aber auch kein Muss zu versuchen, sein Geld zu vermehren oder reich zu werden. Es soll sogar möglich sein, sein Lebensglück auch auf geldlosen Wegen zu erreichen – wenn wir sie denn suchen.

Es mag zudem seltsam klingen, aber in Sachen Realrendite waren in den letzten Jahren bzw. Jahrzehnten etliche werthaltige Gegenstände wie Gemälde, Schmuck, Whiskey oder spezielle Sammlerstücke den »klassischen« Geldanlagen teils deutlich überlegen. Im Gegensatz zu einer Menge an »Finanzanlage-Klassikern« besitzen viele reale Werte eben auch einen echten Wert, der manchmal im Alter sogar noch steigt (wie bei uns Menschen hoffentlich auch).

Und falls Sie meinen, dass die Supergeldanlage, die Ihnen der/die »Finanzexpert*in« oder der/die »Anlageberater*in« vorstellt, wirklich eine ist: Wenn Sie selbst eine Supergeldanlage anbieten würden: Würden Sie diese jemand Fremdem anbieten und nicht eher Ihren Freund*innen (oder sie selbst nutzen)? Wenn Sie die Lottozahlen vom Wochenende kennen würden, würden Sie diese doch auch nicht im Internet veröffentlichen, oder?

TIPP 3:

GELDANLAGEN SCHÜTZEN IHR GELD NICHT VOR DER INFLATION.

Es gibt viele gruselige Gespenster: die Inflation zum Beispiel. Sie treibt seit Ewigkeiten ihr Unwesen in der Finanzwelt. So auch jetzt wieder und diesmal – ganz real – nicht zu knapp. Und was machen Gespenster? Sie jagen anderen Angst ein. Ihnen zum Beispiel als Anleger*in. Das Inflations-Gespenst macht Ihnen Angst, dass es Ihr Geld entwertet und Sie sich dadurch weniger kaufen, vielleicht sogar Ihren Lebensstandard nicht mehr halten können, weil Vieles einfach zu teuer geworden ist.

Eine gruselige Vorstellung, die wir derzeit live miterleben »dürfen«.

Wie gut, dass es jemanden gibt, der alle Inflations-Geister verjagt und Ihr Geld vor dem Entwertungs-Spuk schützt. Einen wahren Superhelden: die Finanzindustrie!

Okay, ein zugegeben etwas übertriebener Vergleich, aber durchaus passend, denn es ist auch eine Übertreibung (eine maßlose sogar), dass der Finanz-Superheld Ihr Geld vor der Inflation schützt. Das geht nämlich aus zwei Gründen gar nicht:

1. Niemand kann »die« Inflation vorhersagen, auch nicht, auf welche Produkte oder Produktklassen sie sich wie stark niederschlägt (und ob überhaupt).
Wenn niemand weiß, wie hoch die Inflationsrate zukünftig sein wird: Wie will man Sie bzw. Ihr Geld dann davor schützen? Es ist nämlich ein großer Unterschied, ob die Inflation 2 % beträgt, 10 % oder 50 %. Wenn ich Ihnen anbiete, Sie vor dem Regen zu schützen, ist es für mich elementar, ob es leichten Nieselregen gibt (und mir ein Regenschirm reicht, unter dem Sie Platz finden) oder orkanartiger Starkregen droht (bei dem ich eher einen Schutzraum für Sie bräuchte).

Suggerieren Geldanlageprodukte, dass diese Ihr Geld vor der Inflation schützen, lügen sie einfach zweifach dreist. Erstens entwertet die Inflation Ihr Geld, ob Sie oder die Geldanlage das wollen oder nicht. Zweitens kann eine Geldanlage den finanziellen Schaden (Geldwertverlust) höchstens kompensieren, indem sie genau so viel (Nachkosten- und Nachsteuer-)Rendite erwirtschaftet wie die jeweilige jährliche Inflationsrate. Liegt diese beispielsweise bei 4 %, muss eine Geldanlage deutlich mehr Rendite erwirtschaften und dafür höhere Risiken eingehen, um überhaupt eine Chance zu haben, den Inflationsverlust Ihres Geldes auszugleichen, als bei angenommenen 2 % Inflation. Aber wer kann das heute wissen?

Niemand.

Und was ist, wenn die Inflation deutlich höher liegt? Wo gibt's dann eine sichere 10-, 20- oder 50-prozentige Anlage (nach Kosten und Steuern)?

Übrigens: Selbst die Notenbanken, die mit ihrer Geldpolitik ja den größten Einfluss auf die Inflationsrate haben (sollen), mussten schon eingestehen, dass auch sie nicht wissen, wie man die Inflation sicher in den Griff bekommt, wie ein einflussreicher Notenbanker einmal in einer schwachen (ehrlichen) Minute zugab.

2. Den wahren Wertverlust Ihres Geldes kann keine Geldanlage erhalten, selbst wenn sie genauso viel Realrendite erwirtschaften würde wie die Inflationsrate.

Hä!? Aber dann ist mein Geldwertverlust doch ausgeglichen. Sagen Sie vielleicht. Mag sein, aber muss auch nicht sein, denn »die« Inflation gibt es gar nicht. Okay, natürlich gibt es eine Inflationsrate, aber diese wird ermittelt durch einen sogenannten Warenkorb mit rund 650 Gütern und ca. 300.000 Preisen. Und je nachdem, wie sich die Preise dieser Güter entwickeln, verändert sich eben die »Standard-Inflationsrate«. Welche Güter hier enthalten sind und wie sie gewichtet werden, entscheidet das Statistische Bundesamt.

Da ich nicht davon ausgehe, dass Sie alle der enthaltenen 650 Güter besitzen, geschweige diese permanent neu kaufen, bringt Ihnen diese globale Inflationsrate persönlich schon einmal rein gar nichts. Denn das hierin abgebildete scheinbare »Standardleben«, bzw. die Preisentwicklung der ausgewählten Güter hat wenig mit Ihrem Leben und Ihren Ausgaben zu tun. Oft fast gar nichts.

Warum ist das so wichtig? Weil gestiegene Preise nur dann wichtig sind für Sie und den Wert Ihres Geldes, wenn Sie diese auch zahlen müssen. Wenn sich beispielsweise Avocados verteuern, Sie aber gar keine kaufen, weil die Ihnen zu grün sind, und sich gleichzeitig Fernseher vergünstigen, bei denen Sie gern öfter mal zuschlagen, dann haben Sie – zumindest bei diesen zwei Gütern – sogar eine Geld*AUF*wertung, weil Sie für das gleiche Geld mehr Fernseher bekommen.

Entscheidend ist also immer, IN WAS Sie Ihr Geld tauschen, also was Sie davon kaufen. Auf Ihre individuelle Inflationsrate haben Sie einen direkten Einfluss. Sie bestimmen sie sogar zu einem nicht unerheblichen Teil selbst. Wenn diese jetzt zum Beispiel bei 10 % liegt, KÖNNTE es Sinn machen, nach Möglichkeiten zu suchen, sein Geld im Wert zu erhalten (oder man ändert sein Konsumverhalten bzw. lebt damit, dass manches eben teurer wird). Aber ein Problem würde auch das nicht lösen: Wissen Sie, was genau Sie nächstes Jahr wie oft kaufen werden (und was es dann kostet)?

Wenn ja, dann sind Sie ein/eine Hellseher*in und wissen dann auch, welche Geldanlagen sich in welchem Zeitraum am besten entwickeln werden. In diesem Fall schlagen Sie kräftig zu bei den aus der Zukunft rückblickend gesehenen gut gelaufenen Anlagen! Aber wenn nicht, lassen Sie sich vom Inflations-Gespenst nicht ängstigen und sich hierdurch nicht zu scheinbar hiervor schützenden Geldanlagen verführen. Man glaubt es kaum, aber es gab auch früher hohe Inflationsraten, in den 70ern beispielsweise über 7 %. Noch früher sogar erschreckend viel mehr (bei der Hyperinflation), doch historische Vergleiche helfen uns heute nicht wirklich weiter, weil man Zeiten und Systeme vergleicht, die unvergleichbar sind.

> **Die Inflation ist und bleibt eine ideale Möglichkeit, um unsichere Anleger*innen (Sie ab heute hoffentlich nicht mehr) mit ihrem Geld zu ködern. Denn was der Speck für Mäuse ist, das ist die Inflations-Angstmacherei für Anleger*innen: eine todsichere Fangmethode!**

Glauben Sie, irgendein*e Kund*in hat jemals nachgerechnet, ob die Geldanlage, in die man aus »Inflationsschutzgründen« investiert hat, im Nachgang auch wirklich gehalten hat, was sie versprach? Ich kenne keine*n.

Ist die Inflation also egal? Nein, denn sie bestimmt mit darüber, wie viel wir uns von was für wie viel Geld leisten können oder wie viel Geld wir mehr erarbeiten müssen, um uns das Gleiche wie vorher kaufen zu können. Aber niemand kann der Inflation entkommen, nur entscheiden, wie sie/er damit bestmöglich umgeht.

Vielleicht erleben wir sogar wieder Zeiten, in denen das Geld nach einer gewissen Zeit, in der man es in Umlauf brachte, nichts mehr wert ist. Könige nutzten diesen Trick, der als Verwerfung des Geldes in die Geschichtsbücher einging, um ihr Volk dazu zu zwingen, das Geld auszugeben. Ein einfacher sehr effektiver Trick zum Machterhalt, wenn immer wieder neues Geld entsteht, das schon bald seinen Wert verliert. Mal sehen, was die zukünftige digitale Geldwelt noch für Verwerfungen mit sich bringen wird. In jedem Fall ist es gut, sich so unabhängig wie es eben möglich ist von externen Entwicklungen zu machen. **Tipps hierzu finden Sie in den Kapiteln 9 und 10.**

TIPP 4:

GELDANLAGEN SCHÜTZEN SIE NICHT VOR DEM GROSSEN CRASH UND AUCH NICHT VOR DER NÄCHSTEN KRISE.

Das nächste Finanz-Gespenst, das regelmäßig durch die Finanzwelt geschickt wird, ist sozusagen der Ober-Geist, der Endgegner vieler Anleger*innen: *der* große CRASH!

Crash! Was für ein gewaltiges Wort. Es suggeriert den totalen Zusammenbruch, verheerende Schäden und klingt wie eine Naturkatastrophe, die plötzlich und unerwartet mit all ihrer Gewalt über einen hineinbricht und zum Geldtod führt, vielleicht sogar zum totalen Finanz-Exitus.

Zack, und schon ist sie wieder da, unsere Urangst zu sterben. Nur betrifft sie diesmal »nur« unser Geld, aber auch das reicht, damit bei uns die Alarmglocken schrillen und wir wild herumrennen wie kopflose Hühner, hoffend auf irgendeine Hilfe.

Kein Wunder, dass jeder, der laut genug Alarm läutet, damit sofort unsere Urangst weckt und sofort unsere Aufmerksamkeit erhält (und auch zu oft unser Geld). Immer in der Hoffnung, der Alarmist würde uns nicht nur rechtzeitig vor dem Eintreffen des Crashs warnen, sondern würde unser Vermögen auch noch in Sicherheit bringen und vor dem Untergang bewahren.

Aber die Finanzindustrie ist nicht Noah und rettet Auserwählte mit einer sturmfesten Anlagen-Arche, weil es diese schlichtweg nicht gibt.

Auch für Finanz-Angst-Macher gilt »Bad news are good news«, weil sich schlechte Nachrichten nicht nur immer besser verkaufen, sondern man mit ihnen auch besser verkaufen kann. Wie anziehend Schlechtes ist, sehen wir selbst an unserem Medienkonsumverhalten oder auf der Autobahn, wenn sich auf der Gegenseite ein Unfall ereignet und es sich auf unserer Seite staut. Wo's kracht und kriselt, schauen wir hin.

Dabei gilt es zwei gute Gründe, sich keine Crash-Angst machen zu lassen und einen Super-Tipp, wie man sein Geld GARANTIERT vor dem Crash schützt.

1. Niemand weiß, ob überhaupt ein oder DER Crash kommt.
*Obwohl ich nicht zu den sogenannten Crash-Propheten gehöre, möchte ich niemandem von diesen eine böse Absicht unterstellen, dass er/ sie mit der Angst der Anleger*innen bewusst einfach nur Aufmerksamkeit machen will (und im Anschluss meist ihr Geld). Ich weiß ja aus eigener Erfahrung, dass, wenn man zu tief in die Finanzwelt eintaucht, einem immer wieder aufs Neue die Luft wegbleibt, was dort in den dunklen Untiefen so alles an real existierenden Gefahren lauert. Es gibt reichlich gute Gründe, warum es irgendwann – vielleicht auch so richtig – crashen könnte (siehe auch die **Tipps 21 bis 30**). Es hat in der Finanzwelt aber schon immer gekracht und dies wird sich zukünftig sicherlich nicht ändern. Vielleicht kracht es zukünftig noch lauter und heftiger als jemals zuvor. Mag sein. Oder auch nicht.*

Ob's überhaupt kracht und wenn ja, wann, wo, wie stark und wie lang, weiß niemand und das kann auch nicht vorhergesagt werden. Auch nicht von Finanzexpert*innen. Angst vor etwas zu haben, das vielleicht unter nicht kalkulierbaren Umständen kommen könnte, macht daher keinen Sinn.

2. Keine Geldanlage kann Ihr Geld VOR und auch nicht IN einem Crash schützen.
*Selbst wenn Sie (wie ich) daran glauben, dass dieser ganze Finanz-Wahnsinn nicht mehr lange gut gehen kann: Es gibt davor keinen Schutz, zumindest nicht in der Finanzwelt. Keine Geldanlage der Welt kann Ihr Geld wirklich vor einem Crash schützen bzw. es sicher durch einen solchen bringen, auch wenn manche genau hiermit werben. Ebenso wenig können – zumindest wir Privatanleger*innen – vor einem Crash entkommen.*

Wenn's crasht, dann crasht's. Da niemand weiß, wann, wo, wie hart und wie lange, kann auch niemand einen Schutzschirm dafür aufspannen. Es macht nämlich einen Unterschied, ob zum Beispiel »nur« die Aktienmärkte crashen, Unternehmens- oder Staatsanleihen oder einfach alles (was beim richtig großen Crash am wahrscheinlichsten ist). Aber selbst wenn man von einem Totalausfall ausgeht: Wie groß muss der Schutzschirm dann sein, den EINE Geldanlage über ALLE Anlageklassen spannen will? Und die Kardinalfrage: In was investiert sie dann überhaupt noch? Wo ist der sichere Hafen, wenn alles unter Wasser steht?

Manche »Crash-Vorsorge-Fonds« nutzen hierfür zum »Schutz« verstärkt Absicherungen, das heißt, sie verkaufen ihre Positionen, wenn gewisse Anlagen unter eine vorgegebene Grenze fallen. Und dann? Dann liegt das Geld dort, wo auch das meiste Geld der Deutschen heute schon liegt: auf dem sogenannten Geldmarkt, also auf Girokonten und Tages-/Festgeldern. Oder Sie sichern gekaufte Werte mit Gegenwetten (Optionen/Futures) ab, die mögliche eintretende Verluste kompensieren. Klingt komplex und ist es auch. Und vor allem ist es noch etwas: auf Dauer teuer. Denn: Sicherheit kostet nun einmal immer die Möglichkeit auf mehr Rendite (und immer Geld).

Wer beim Fußball viele Tore schießen möchte, der wird in der Abwehr offener sein und mehr Risiko eingehen. Aber da manche Anleger*innen ihr Geld ja »nur« vor dem Crash sichern wollen, scheint es ihnen zu reichen, wenn ihr Geld einfach nicht weniger wird. Es genügt ihnen, wenn vor dem Tor ein Bus steht, der alles aufhält, was da auf einen (und das eigene Geld) zukommt. Nur frage ich mich dann: Warum lassen Sie Ihr Geld dann nicht gleich auf dem Girokonto/Geldmarkt liegen, wenn die »Profis« es im Crashfall auch dorthin packen (dann aber ggf. mit schon bezahlten Gebühren und bereits eingefahrenen Verlusten, weil niemand den richtigen Zeitpunkt zum Verkaufen findet – erst recht nicht, weil ein Crash meist unerwartet und plötzlich kommt)?

Weil man dann natürlich im Falle steigender Märkte keine Rendite mitnimmt, mögen viele sagen. Stimmt, aber man sollte sich schon entscheiden: Glaubt man nun an den Crash oder an den Aufschwung? Beides ist auf Dauer nicht miteinander zu vereinbaren, wenn man seine grundsätzliche Anlagestrategie nicht auch laufend anpasst, was wiederum ganz andere Probleme mit sich bringt. Wer an den Crash glaubt und Sicherheit für sein Geld sucht, dem lege ich eine – zugegeben fiese, aber im Kern treffende – Analogie ans Portemonnaie:

Angenommen, Sie besäßen 10.000 € und hätten Angst, dass man sie Ihnen klaut. Sie beauftragen die auf Schutz spezialisierte Firma M.A.F.I.A, die für die Sicherheit Ihres Geldes sorgt, und bezahlen für diesen Schutzservice 1.000 € pro Jahr. Das hieße, dass Ihr Geld in zehn Jahren durch die gezahlte Schutzgebühr zwar weg, aber in dieser Zeit zumindest immer gut beschützt wäre. Eine gute Idee?

Ähnlich verhält es sich mit »Crash-Geldanlageprodukten«, wenn ihr »Schutz« auch deutlich günstiger ist als in meinem M.A.F.I.A.-Beispiel. Trotzdem kostet Sie diese »Dienstleistung« Geld und das in Relation zur (nicht garantierbaren!) Leistung zu viel aus meiner Sicht. Über die Jahre kann da schon eine ordentliche Schutzgebühr zusammenkommen, die mehr Gebühr ist als Schutz (denn so ein Crash lässt manchmal ganz schön auf sich warten) und Warten kostet in diesem Fall Geld in Form von Kosten und entgangenen Renditen. Ihr Geld!

> **So hart es klingt: Wer sein Geld in der Finanzwelt anlegt, nimmt damit IMMER das Risiko in Kauf, Geld zu verlieren. Das Einzige, was man versuchen kann, ist, den sichersten Ort unter den unsicheren im Crash-Fall zu finden, also wo man im Vergleich zu allen anderen am wenigsten verliert. Klingt aber auch nicht wirklich faszinierend, oder?**

Zumal dies auch keine leichte Aufgabe ist. Es ist ungefähr so, als ob man den sichersten Ort am Meer entlang einer Küste wählen sollte, der im Tsunami-Fall am wenigsten betroffen sein wird.

Okay, eine Möglichkeit gibt es natürlich dann doch, um sein Geld bestmöglich durch den Crash zu bringen. Man macht einfach das, was die »Großen«, also zum Beispiel die Hedgefonds, auch machen: Man geht gar nicht erst das Risiko ein, irgendwelche Werte zu kaufen, die fallen könnten. Man setzt sein Geld einfach direkt auf fallende Kurse (unfassbar, dass so etwas noch erlaubt ist!). Dann vermehrt man sein Geld im Crashfall sogar um ein Mehrfaches. Sensationell, oder? Hedgefonds leben davon und ihnen ist egal, ob die Kurse hoch oder runter gehen, weil sie *in jedem Fall* verdienen (im Gegensatz zu Ihnen).

Und jetzt endlich der Supertipp zum Crash-Schutz, nachdem Sie das Buch eigentlich zuklappen könnten, weil alles damit gesagt ist:

Schützen Sie Ihr Geld SELBST vor dem Crash.
Am besten geht das so:

> **Wenn Sie kein Geld in die Finanzwelt investieren, brauchen Sie auch keine Angst vor einem Crash zu haben.**

Was das jetzt konkret heißt? Wo und wie man sein Geld außer in der Finanzwelt sonst investieren kann, um sicher vor einem Crash zu sein?

Okay, dazu müssen Sie dann doch weiterlesen ...

TIPP 5:
TEILEN SIE IHR VERMÖGEN NICHT IN MÖGLICHST VIELE ANLAGEKLASSEN AUF.

»Legen Sie nicht alle Eier in einen Korb!« – Was nach einem Einkaufstipp auf dem Bauernhof klingt, ist einer der wohl am weitest verbreiteten »Tipps« in der Finanzwelt, der in bankisch übersetzt heißt: *»Legen Sie Ihr Geld nicht in einer einzigen Geldanlage an, sondern teilen Sie Ihr Vermögen auf mehrere Anlageklassen auf.«*

Hierbei sind sich selbst die »Finanzexpert*innen« einig, die sonst komplett gegenteiliger Meinung sind. Aus zwei banalen Gründen:

1. Niemand weiß, welche Anlageklassen sich wie entwickeln werden.

Es tut mir leid, wenn ich Sie langweile, aber es ist nun mal so und man kann es sich nicht oft genug vergegenwärtigen: Wenn ALLE NICHT wissen, was kommt, können alle auch nur eines tun: schätzen. Und schätzen können Sie auch. Oder meinen Sie, »Finanzexpert*innen« können besser schätzen? Dann lassen Sie sich von den **Tipps 11 bis 18** *überraschen.*

2. So gehen Sie IMMER auf Nummer sicher (und gleichzeitig auf Nummer unsicher).

Wenn Sie einen Wetterexperten vor dem Schlafengehen fragen, ob Sie für morgen lieber eine kurze Hose rauslegen sollten, eine Dreiviertel- oder doch eine dicke Winterhose, und der Ihnen sagen würde: »Am besten legen Sie alle drei raus. Man weiß ja nie, wie das Wetter genau wird«, was würden Sie dann denken?

Vielleicht denken Sie: Was frage ich den eigentlich, wenn der mir keinen richtigen Rat geben kann? Der ist doch schließlich der Wetterexperte. Toller Tipp ... Alles rauslegen, also darauf wäre ich auch allein gekommen.

Genau. Mit solchen Tipps macht man nichts wirklich verkehrt, aber auch nichts wirklich richtig. Man hätte es sich auch sparen können.

Gleiches gilt bei der Vermögensstrukturierung. Natürlich reduziert man (theoretisch) mögliche Risiken, wenn man sein Geld auf mehrere Anlageklassen verteilt, ja. Und man erhöht (theoretisch) auch seine Chancen, weil es einfach mehr Gewinnmöglichkeiten gibt, ja. Aber ist die entscheidende Frage nicht vielmehr:

Wie sinnvoll ist es, sein Geld aufzuteilen, wenn alles, worin ich es investiere, die falsche Entscheidung sein könnte?

Meine These: In je mehr Geldanlagen Sie Ihr Geld aufteilen, desto mehr vergrößern Sie damit selbst Ihr Verlustrisiko. Keine gute Idee. Oder was denken Sie, was besser ist: Sein Geld in einem Casino nur auf eine Zahl oder Farbe zu setzen oder es breit zu verteilen? Setzt man alles auf eine Karte, ist der Gewinn extrem hoch (wenn er denn eintrifft), aber die Chance zu verlieren ist auch extrem hoch. Verteilt man sein Geld hingegen und gewinnt mit einer richtig platzierten Wette, bekommt man dafür vielleicht das Doppelte oder ein Mehrfaches heraus – aber das andere gesetzte Geld ist dafür weg.

Was glauben Sie, mit welcher der beiden Strategien Ihr Geld am längsten überleben würde? Und: Würde es mit einer Strategie überhaupt am Ende überleben? Bei der »Alles auf eine Karte-Strategie« könnte alles schon nach einem Spiel weg sein, bei der »Aufteilen-Strategie« nach mehreren. Die grundsätzliche Wahrscheinlichkeit, mit mehr Geld aus dem Spielkasino zu gehen, als man beim Eintritt in der Tasche hatte, ist sehr gering. Sonst würden die Spielkasino-Besitzer*innen wohl schnell den Spaß am Geschäft verlieren. Die sicherste Strategie, kein Geld zu verlieren, ist: Das Spielkasino gar nicht erst zu betreten und kein Geld ins Spiel und somit aufs Selbige zu setzen.

Genau das Gleiche gilt für das Finanzkasino: Natürlich können Sie Ihr Geld in verschiedene Anlageklassen aufgeteilt anlegen, etwa Aktien, Anleihen, Immobilien, Edelmetalle. Aber dann schauen Sie sich die Gesamtentwicklung unbedingt nach einem Jahr oder mehreren *GENAU* an. Heißt: Nehmen Sie die jeweils ausgewiesenen Renditen und ziehen Sie ab, was Sie für das Rendite-Erreichen gezahlt haben, wie zum Beispiel einmalige Abschlussprovisionen, laufende Fondsgebühren, (Depot-)Verwaltungskosten.

Das, was in vielen Fällen herauskommt, zeigt (häufig sogar sehr eindeutig): Eine Vermögensstruktur rechnet sich in jedem Fall für die Finanzindustrie und kaum für Sie (wenn überhaupt). Dass auch eine Vermögensstruktur vor allem in der heutigen völlig verrücktspielenden Finanzwelt keinen Sinn mehr macht, sollte jedem klar sein: Wenn man beim Aufteilen nur die Wahl hat zwischen riskanten, zinsarmen und kostenintensiven Anlageprodukten, kann man sich das Aufteilen auch sparen.

Zumal spielt Ihr Leben bei der Vermögensstruktur oft keine Rolle, weil die Empfehlungen nur aufs Geld fokussiert sind. Oder hat man Ihnen schon einmal empfohlen, Ihr Geld lieber lebensorientiert aufzuteilen und es breit entsprechend Ihrer Bedürfnisse, Ziele und Wünsche zu investieren wie Sauna, Wintergarten, Italienreise usw.

Wer in ein Autohaus geht, erwartet dort nicht wirklich eine unabhängige Beratung. Würde man dies tun, müsste es dort eine Mobilitätsberatung geben, in der man zuerst einmal genau hinterfragen würde, für welche Tätigkeiten Sie wie oft und wie viele Kilometer genau eine fahrbare Unterstützung brauchen und welche Möglichkeiten Sie schon nutzen oder nutzen könnten. Danach würde man Ihnen vielleicht empfehlen, einen (kurzen) Arbeitsweg zur Arbeit mit dem Fahrrad zu fahren, für die regelmäßigen Treffen mit Freund*innen in der Stadt den Bus zu nutzen oder einen Vespa-Roller oder was auch immer.

Aber genauso wenig, wie ein/eine Autoverkäufer*in dies macht, weil er/ sie Ihnen dann zwar wirklich helfen, aber vielleicht nichts verkaufen könnte, berät man Sie auch bei der Vermögensstruktur nicht entsprechend Ihrer wahren Bedürfnisse. Dass die Finanzindustrie Ihre Individualität gekonnt ignoriert, könnte ich ja noch akzeptieren, würde sie nicht explizit mit einer maßgeschneiderten Empfehlung werben.

Die Finanzwelt lebt von unserem Geld und ist nichts anderes als ein riesiges Spielkasino, bei dem sich die Regeln permanent ändern, ohne dass wir Privatanleger*innen darauf Einfluss haben.

So hochriskant wie Roulette oder Poker ist eine »klassische« Vermögensstrukturierung natürlich nicht, die Ihr Geld zum Beispiel aufteilt in den klassischen Anlageklassen wie Anleihen, Aktien, Immobilien und vielleicht sogar Edelmetallen. Die Probleme dieses Tipps liegen neben dem oben genannten Grundproblem dennoch in drei Bereichen:

1. Die Einmalprovisionen und die laufenden Kosten
Wenn Sie Ihr Geld in eine Geldanlage investieren, kostet Sie das manchmal eine Abschlussgebühr, was an sich schon eine Frechheit ist. Oder würden Sie bei irgendetwas anderem freiwillig und ohne zu murren eine Gebühr dafür zahlen? Zum Beispiel dafür, dass Sie einen Laptop kaufen dürfen, ein Auto oder eine Hose? Die Finanzwelt ist einzigartig, auch bei ihren laufenden Kosten für die Verwahrung, gegebenenfalls für die Betreuung, das Management und, und, und ...

Wenn Sie Ihr Geld in ZWEI Geldanlagen investieren, zahlen Sie diese Kosten ZWEIMAL, bei DREI Geldanlagen DREIMAL usw. Logisch, dass man Ihnen empfiehlt, möglichst viele Produkte abzuschließen. Ein Modeverkäufer verkauft Ihnen auch lieber drei Hosen als eine. Eine Vermögensstruktur – also mehrere Geldanlagen – rechnet sich für das Finanzinstitut (und seine Produktpartner) auch deshalb, weil innerhalb mancher Geldanlagen sogar unterjährig Zusatzkosten anfallen können, wenn die Vermögensverwalter*innen oder Fondsmanager*innen gewisse Produkte innerhalb Ihrer Anlage verkaufen und neue kaufen (was wieder kostet). Allein durch das permanente Kaufen und Verkaufen irgendwelcher Produkte verdienen »Vermögensstrukturierer« prächtig – auf Ihre Kosten.

2. Die begrenzte Produktpalette
Erschwerend kommt hinzu, dass, wenn Sie sich zum Beispiel bei einer Bank/Sparkasse beraten lassen, immer nur wenige ausgewählte Produkte zur »breiten Vermögensstreuung« zur Verfügung stehen. Die Ihnen angebotene Auswahl richtet sich hier meist nach den Produkten

*mit den höchsten Erträgen für die Bank/Sparkasse, was okay ist, Sie
aber wissen sollten, bevor Sie Ihr Vermögen in einer kleinen Auswahl
breit streuen und auf den damit verbundenen (Kosten-)Streuverlusten
unangenehm ausrutschen.*

Übrigens: Glauben Sie im Ernst, es gibt Menschen (oder Softwarepro-
gramme), die Ihnen aus den Hunderttausenden möglichen Anlagen genau
die FÜR SIE und Ihren ausgewählten Anlagezeitraum richtigen aussuchen
können? In der passenden Aufteilung? Mit der richtigen Laufzeitausrich-
tung, zum bestmöglichen Kaufpreis? Ich muss oft schmunzeln, wenn ich
solche wohlklingenden Aufteilungsempfehlungen sehe oder höre. Sie
hoffentlich ab jetzt auch ...

3. Der Gesamtperformance
*Sollten Sie sich auf das Abenteuer der Vermögensstrukturierung ein-
lassen (oder schon eingelassen haben), dann betrachten Sie nach
einem Anlagejahr unbedingt die Gesamtentwicklung aller »breit ge-
streuten« Gelder und errechnen Sie sich Ihren dadurch erreichten
Netto-Gesamtgewinn.*

Aus meiner Erfahrung kann ich Ihnen sagen, dass bei den meisten
Anleger*innen spätestens dann Ernüchterung eintritt. Zum einen, weil
man in einer zinsarmen Zeit keine sicheren Renditen mehr bekommt und
bei der heutigen oftmals völlig verrücktspielenden Finanzwelt auch beim
Versuch des Rendite-Ergatterns mit ungeahnten Risiken konfrontiert ist,
was beides dem Gesamtgewinn nicht zuträglich ist. Zum anderen müssen
Sie von den ausgewiesenen prozentualen Plus- oder sogar Negativren-
diten ja noch die Kosten der Geldanlagen abziehen und gegebenenfalls
auch die Steuern (so Sie denn Gewinne erzielen).

Bei einer Vermögensstruktur, die beim Aufteilen nur die Wahl lässt zwischen riskanten und zinsarmen Anlageprodukten, kann man sich das
Aufteilen auch sparen, oder?

Übrigens: Das Im-Überblick-Behalten aller einzelnen Entwicklungen der
jeweiligen Anlageklassen im Falle einer Vermögensstreuung kostet Sie
in jedem Fall Zeit, wenn Sie nicht irgendwann eine böse Verlust-Überra-
schung erleben möchten.

Ein weiteres Problem einer Vermögensaufteilung ist der Aspekt der unterschiedlichen Anlagehorizonte. Nicht selten wird empfohlen, das anzulegende Geld in Aktien, Immobilien, Anleihen, Edelmetalle und den
Geldmarkt aufzuteilen, wobei »übersehen« wird, dass alle diese Anla-

geklassen unterschiedliche Anlagehorizonte haben. Heißt: Man müsste immer wieder neu umstrukturieren und jeden einzelnen Anlageteil individuell betrachten, dabei wollte man doch alles einmal »standardisiert« anlegen und somit alles für längere Zeit geregelt haben, oder?

> Es bleibt eigentlich nur noch eine sinnvolle Vermögensstrukturierung, die sich auf EINE Anlageklasse beschränkt (was dem klassischen Grundsatz der breiten Streuung über mehreren Anlagenkassen widerspricht). Hierzu streut man im Bereich der Sachwerte, zum Beispiel bei Immobilien, Edelmetallen und Aktien. Dies ist zumindest eine Überlegung wert, wenn man einen selbstdurchdachten Plan hat, keinen von außen eingeredeten.

Zum Abschluss noch ein Blick ins echte Leben, weil ich festgestellt habe, dass wir uns hier oftmals weniger irrational verhalten als in Finanzangelegenheiten.

Oder würden Sie fünf Hosen in unterschiedlichen Größen und Farben kaufen, weil Sie nicht wissen, wie sich Ihr Körper (Form und Gewicht) sowie die Modetrends in Zukunft entwickeln?

Würden Sie drei verschiedene Bohrmaschinen erwerben, weil man schließlich nie weiß, welche davon in fünf Jahren noch den höchsten Restwert aufweist (und somit eine wirklich gute Umtauschmöglichkeit fürs Geld ist)?

Das würde niemand machen (hoffe ich jedenfalls). Wenn man wirklich unsicher ist, welche Geldanlage die beste für einen ist, sollte man sich überlegen, ob eine Geldanlage überhaupt für einen geeignet ist oder nicht doch lieber etwas anderes (siehe zum Beispiel die **Tipps 81 bis 100**).

> Finanz-Fun-Fact: Die meisten »Vermögensaufteilungs-Tipps« sehen so aus, dass man Ihnen vorgegebene Anlageklassen mit irgendwelchen Prozentsätzen empfiehlt. Finger weg, dann ALLE Standardtipps sind Unsinn. Oder würden Sie Ihren Kleiderschrank ausschließlich bestücken mit 20 % Unterhosen, 30 % Socken, 40 % T-Shirts und 10 % Pullovern oder als Frau Folgendes kaufen: grüne Bluse Größe 34, gelbe Hose Größe 50 und bunte Stiefel Größe 47? Und zwar nur, weil's eine Bekleidungsexpertin empfiehlt?

TIPP 6:

SCHLIESSEN SIE MIT FINANZPRODUKTEN NICHT SO FRÜH WIE MÖGLICH IHRE RENTENLÜCKE IM ALTER.

Die Rentenlücke – noch so ein nur in der Finanzindustrie gebräuchliches und für diese sehr nützliches Wort. Die Rentenlücke ist ein Finanz-Gespenst, das sich gern mit einem weiteren zusammengesellt, um selbst unter jungen Menschen herumzuspuken, nämlich der Altersvorsorge.

Allein das Wort der AltersvorSORGE suggeriert ja bereits, dass man sich vor dem Alter sorgen muss. Es impliziert also schon die Notwendigkeit, heute vor später Angst zu haben. Aber warum eigentlich? Ist das Alter, durch das wir in die scheinbare Rentenlücke fallen, wirklich so gruselig? Wartet in der Rente die dunkle Seite des Lebens auf uns, vor der uns wieder einmal nur der Finanzwelt-Superheld retten kann?

Als sich in einem meiner früheren Unternehmen einmal ein 14-jähriges Mädchen vorstellte, das sich um ein Praktikum bewarb, wusste ich, welche Auswirkungen diese Alters-und-Rentenlücken-Angstmacherei schon auf die Jüngsten hat. Ich fragte sie nämlich, was für sie in ihrem Leben wichtig sei, und sie antwortete mir unter anderem sinngemäß:

»...dass ich im Alter auch eine gute Altersvorsorge habe. Aber da muss ich noch ordentlich für sparen, weil ich ja später kaum Rente bekomme.«

Bravo, liebe Angstmacher*innen der Finanzindustrie! Wenn sich schon 14-Jährige um ihre Rente sorgen und mit eingezogenem Kopf übers Alter sprechen, dann habt ihr es wirklich geschafft. Vielleicht reagiere ich auch deshalb oft so gereizt, wenn ich immer wieder höre oder lese: »*Sparen Sie so früh wie möglich und so viel wie möglich fürs Alter und schließen Sie Ihre Rentenlücke rechtzeitig, bevor's zu spät ist!*«

Kann man ja machen, wenn man das wirklich SELBST will und heute so viel Geld ÜBRIG hat, das man es nicht fürs jetzige Leben braucht und man es in etwas investiert, dass einem wirklich im Alter weiterhilft (nicht in die Finanzindustrie, sondern lieber in etwas ab **Tipp 81**). Zudem: Es ist zwar wünschenswert und durchaus möglich, die Rente lebendig zu erreichen, aber kein Selbstläufer. Wäre doch ärgerlich, wenn man viel für später spart, dafür heute auf Lebensmöglichkeiten verzichtet und gar nicht über die Rentenziellinie läuft, oder?

> Dass man Menschen auch vor dem Alter Angst macht, nur um ihnen dadurch irgendwelche Finanzprodukte zu verkaufen, finde ich unmöglich. Klappt aber leider, denn genügend Menschen haben schon Angst davor, im Alter arm zu sein oder dann nicht genügend Geld zum Leben zu haben. Wie unberechtigt das oftmals ist, lesen Sie in *Tipp 17*.

Übrigens: Unter der Rentenlücke versteht man die Differenz zwischen der (möglichen) späteren monatlichen Rente und dem heutigen verfügbaren (Netto-)Einkommen. Und hierin verbergen sich einige Überraschungen:

1. Niemand kann Ihre Rentenlücke errechnen, weil niemand Ihre genaue spätere Rente kennt und niemand weiß, was IHR PERSÖNLICHES Leben später kostet.
Ich bin verblüfft, mit welcher Überzeugungskraft in Finanzberatungen (auch im Internet) Rentenlücken berechnet werden. Als ob das überhaupt ginge. Okay, geht schon, aber nur unter allerlei Annahmen, die komplett unsinnig sind. Ein paar Beispiele.

Wie hoch werden später Ihre Rente und Ihre Ausgaben sein?
Um eine Rentenlücke zu errechnen, braucht man NICHT, wie fast immer von den Finanzexpert*innen angenommen, das heutige Einkommen und die spätere (angenommene, also geschätzte!) Rentenzahlung. Das macht man nur, weil daraus in der Regel immer eine (für die Finanzindustrie schöne) große Lücke entsteht. Etwas lebensnäher, aber dennoch unsinnig (weil ohne hellseherische Fähigkeiten) ist es, wenn man die späteren monatlichen Ausgaben von der Summe der geschätzten Rente abzieht. Aber wissen Sie Folgendes heute schon?

Wie wollen Sie in Ihrer Rentenzeit leben?
Was wollen Sie sich später wirklich leisten? Wie teuer wird Ihr Leben dann sein? Vielleicht ist Ihr Haus dann abbezahlt, einige Versicherungen fallen weg, Sie erben, gewinnen im Lotto oder sind mit weniger zufrieden als heute und brauchen dafür folglich weniger Geld. Wissen Sie weiterhin, was Ihre Lebenshaltung kosten wird, wenn Sie in Rente sind? Mal angenommen, Sie leben genau so weiter, kaufen das Gleiche, geben das Gleiche aus: Was kosten die Produkte und Dienstleistungen von heute bei Ihrem Renteneintritt?

Niemand weiß es. Auch die Rentenlücken-Berechnungs-Expert*innen nicht. Müssen sie auch nicht, weil sie Ihnen ja bewusst Angst machen wollen, damit sie Ihnen ihre Altersvorsorgeprodukte verkaufen können (vor denen Sie in Wahrheit Angst haben sollten).

Wie viel Rente bekommen Sie später wirklich?
Was kommt *GENAU* aus der gesetzlichen Rentenversicherung heraus? Alles, was heute auf Ihrem Rentenbescheid steht, ist nur eine Schätzung (und das auch noch ohne Berücksichtigung der Inflation). Heißt, es kann sein, dass Sie den ausgewiesenen Rentenbetrag bekommen, muss aber nicht. Wer weiß, ob sich zukünftig noch genügend Beitragszahler*innen finden, die mit ihren Einzahlungen die immer mehr werdenden (und länger lebenden) Rentner*innen finanzieren können. Wer weiß, wie sich unser Rentensystem überhaupt weiterentwickelt, welche neuen Gesetze, Steuern erlassen werden und, und, und ...

Wenn Ihre Rentensumme nicht klar ist, kann es dann sein, dass die ausgerechnete Rentenlücke gar nicht stimmt? Noch nicht mal annähernd? Ganz genau. Gleiches gilt natürlich auch für die Berechnung Ihrer weiteren Geld- und Vermögenswerte, die man – wenn man's richtig macht – auch mit zu den Geldern zählt, die Ihnen in der Rente monatlich zur Verfügung stehen. Und was Ihre Aktien oder sonstigen Anlagen später wert sind, was Ihre abgeschlossene Renten- oder Kapitallebensversicherung zum Zeitpunkt Ihres Rentenbeginns wirklich auszahlt? Ungewiss. Vielleicht lassen Sie sich diese Versicherungen ja auch in einer Summe auszahlen. Dann können Sie selbst entscheiden, wie viel Geld Sie sich monatlich davon zum Verbrauch gönnen, was eine mögliche Rentenlücke maßgeblich beeinflussen kann. Alles kann, nichts muss. Vielleicht nutzen Sie Ihre Immobilie auch später zur Immobilienverrentung (mehr dazu in **Tipp 38**).

Und: Wann werden Sie überhaupt in Rente gehen? Wissen Sie das schon exakt? Wissen Sie außerdem, wie lange Sie leben werden? Dies ist nämlich auch relevant, wenn Sie eine wenigstens einigermaßen brauchbare Rentenlücke errechnen wollen. Schließlich macht es einen Unterschied, ob Sie zum Beispiel die 100.000 €, die Sie sich zusammengespart haben und die Sie sich monatlich selbst auszahlen können, als (Zusatz-)Rente, auf zehn Jahre verteilen, auf zwanzig oder mehr.

2. Keine Geldanlage der Welt kann eine wie auch immer errechnete Rentenlücke komplett schließen.
Nehmen wir spaßeshalber an, man würde Ihnen eine »Rentenlücke« von vielleicht 500 € errechnen, die Sie mit Renteneintritt dann weniger zur Verfügung hätten als heute. Was dann? In diesem Fall hätten Sie zuerst das schlechte Gefühl, dass Sie Ihren heutigen Lebensstandard im Alter mächtig herunterschrauben oder noch kräftig sparen müssen, um ihn auch später weiterhin halten zu können.

Weil Sie Ersteres natürlich nicht wollen, bleibt nur Zweiteres und das führt Sie automatisch zur – tadaaa! – Finanzindustrie mit ihren wohlklingenden Altersvorsorgeprodukten. In diesem Fall meist zu Sparverträgen im Versicherungsmantel. Was bei Bohnen im Speckmantel für manchen schmackhaft ist, ist hier oft genau das Gegenteil. Denn diese Kombiverträge versprechen Ihnen, Ihre Rentenlücke zu schließen, was oft nicht mal theoretisch möglich ist, weil viele der ermittelten Rentenlücken so groß sind, dass man so viel Geld über die bis zur Rente verbleibende Zeit gar nicht mehr ansparen kann.

Viele Altersvorsorgeprodukte sorgen im Alter selbst für Sorgen, weil noch nicht einmal das Geld am Ende herauskommt, das Sie jahrzehntelang eingezahlt haben, wie mir der Vorstand einer sehr, sehr großen Versicherung einmal bestätigte. Kein Wunder bei Niedrigzinsen und hohen Gebühren, die das eingezahlte Kapital Jahr für Jahr abknabbern – bis zur Rente.

Lassen Sie sich von der Errechnung Ihrer möglichen späteren Rentenlücke also keine Angst einjagen und gehen Sie die Bestandsaufnahme gelassen und mit kühlem Kopf an, wenn Sie diese denn überhaupt vornehmen wollen.

TIPP 7:

ES GIBT KEINE KLAREN WECHSELWIRKUNGEN IN DER FINANZWELT (MEHR), DIE SIE FÜR IHRE GELDANLAGE NUTZEN KÖNNEN.

Ach ja, früher war die Welt noch so schön einfach – okay, war sie natürlich nicht allumfassend. Was sie aber wirklich war: berechenbar, zumindest berechenbarer als heute. Früher existierten noch recht klare Zusammenhänge, zumindest in der Finanzwelt. Hier einige Beispiele:

- Gab es Kriege, weltweite Turbulenzen oder andere größere Instabilitäten, stieg der Goldpreis meist kräftig. Warum? Weil Unsicherheiten immer schlecht waren für die Aktienmärkte, da niemand wusste, was diese Unsicherheiten für die Unternehmen bedeuten würden und Anleger*innen in solchen Zeiten daher lieber zu realen Werten griffen (und zum Beispiel Aktien verkauften).
- Sanken die Zinsen an den Rentenmärkten, stiegen die Kurse an den Aktienmärkten (und umgekehrt).
- Stieg die Inflation, stiegen Sachwerte automatisch.

- Konnte ein Unternehmen gute Fundamentaldaten vorweisen und gute Quartalsgewinne vorlegen, stieg der Aktienkurs.
- War die Inflation zu hoch oder zu tief, steuerten die Zentralbanken dagegen und hatten sie erfolgreich »im Griff«.

Früher hatte man also wenigstens ein paar, wenn auch kleine, Orientierungspunkte für seine Geldanlage. Heute, im großen Finanzkasino, wo Großinvestoren jede Millisekunde nach den besten Geldvermehrungschancen suchen (oder sie oftmals selbst kreieren), sind volkswirtschaftliche Regeln scheinbar komplett außer Kraft gesetzt. Alle? Okay, einige nicht, wie diese zum Beispiel:

- Diejenigen, die direkt an der Geldquelle sitzen oder einen guten Draht dazu haben, können machen, was sie wollen und liegen immer gold- bzw. geldrichtig.
- Kurse entstehen nicht einfach so, sie werden zu oft gemacht (von den Großinvestoren wie Hedgefonds oder Riesen-Vermögensverwaltern, die mit ihrem Geld oder ihren Wettgeschäften maßgeblich darüber entscheiden, wo die Unternehmens-Kursreise hingeht, und ebenso von den Einflussreichen, bei denen manchmal ein Twitter-Tweet reicht, um eine Aktie auf Talfahrt zu schicken – oder in den Kurshimmel).

Bei all dieser Unsicherheit und Unplanbarkeit: Wie sollen Sie dann wissen, in was Sie Ihr Geld wann mit gutem Gewissen investieren können? Worauf ist noch Verlass?

Genau: auf nichts (zumindest nicht in dieser Finanzwelt).

TIPP 8:

RENTENANLAGEN SIND NICHT AUTOMATISCH SICHER UND AKTIEN SIND NICHT AUTOMATISCH RISKANT.

- Eine Geldanlage auf dem Girokonto ist sicher, oder?
- Gelder auf dem Tages-/Festgeldkonto, Anleihen und auf anderen konservativen Anlagen ebenfalls, oder?
- Aktien oder Aktienfonds sind riskant, oder?

Bei dreimal »oder« darf man durchaus skeptisch sein, ob die Aussagen wirklich stimmen. Jedenfalls möchte ich kritisch hinterfragen, ob für sicherheitsorientierte Anleger*innen Girokonto, Anleihen und Co. wirklich die richtige Wahl sind und für risikobewusste Anleger*innen zum Beispiel Aktien.

Ich jedenfalls wundere mich schon lange, warum niemand die Bafin-Begriffsdefinitionen anpasst, obwohl sich die Finanzwelt so radikal verändert hat. Aus meiner Sicht ist es nämlich an der Zeit, die Worte »sicher« und »riskant« unter neuen Aspekten zu betrachten:

Was ist eigentlich eine sichere Geldanlage?
Laut allgemeinem Verständnis ist dies eine Anlage, bei der man kein Geld verliert und mindestens das Eingezahlte zurückbekommt. Schauen wir uns die entsprechenden Sicherheit versprechenden Geldanlagen kurz an.

Das Girokonto

Hier gibt's in der Regel kaum erwähnenswerte Zinsen fürs angelegte Geld. Muss ja auch nicht sein, denn man will es ja nicht vermehren, sondern sichern. Das Problem ist nur, dass ein Girokonto meist Geld kostet – in Form von Kontoführungsgebühren. Somit wird das Geld schon mal definitiv weniger. Erhebt die Bank/Sparkasse sogar einen Minuszins (Verwahrentgelt), wird's sogar noch schneller weniger.

Wortklauberei, Erbsenzählerei? Bei den Laufzeiten, die viele dieser Gelder über die Jahre untätig auf Girokonten liegen, können schon ein paar Hundert Euro zusammenkommen.

Übrigens: Sehr viele Girokonto-Gelder liegen dort aus Unsicherheit und wegen mangelnder sicherer Alternativen sogar schon seit der Finanzkrise 2008 und verlieren ob der Inflation auf jeden Fall ihren Geldwert. Und zwar seit Jahren, ohne dass es jemanden zu stören schien. Sonst lägen sie ja nicht dort.

Die Tages-/Festgelder

Die Zinsen, die es hier vielerorts gibt, sind leider nicht wirklich der Rede wert und selbst wenn es mal irgendwo 1% gibt, sind das bei 10.000 € jährlich nur 100 €, wovon meist noch Kontoführungsgebühren abgehen, was den Zinsgewinn mindert. Und ob Ihr Geld hier wirklich sicher ist? Kommt drauf an, wo es liegt:

- Bei einer ausländischen Bank, die nicht dem Einlagensicherungsfonds unterliegt (der auch nicht so sicher ist, wie viele meinen)?
- Bei einem deutschen Institut, das in Zahlungsschwierigkeiten kommen könnte und Ihr Geld laut neuer Gesetzeslage zur Schuldentilgung nutzen darf, weil Ihr Geld auf Girokonto und Co. ein Kredit ist, der nicht an Sie zurückgezahlt wird, wenn es auf Seiten des Finanzinstituts zu großen finanziellen Problemen kommt?

»Sicher« ist ganz sicher relativ. Denn selbst, wenn Sie Ihr Geld in bar ins Schließfach oder unters Kopfkissen legen, ist es nicht wirklich sicher, denn auch hier tragen Sie ein Risiko: das Währungsrisiko. Unter dem Kopfkissen lauert zusätzlich das Diebstahlrisiko, es sei denn, Sie haben einen leichten Schlaf.

Die Anleihen/Rentenpapiere

Hier gibt's meist wenigstens noch ein bisschen Zins-/Renditemäßiges zu holen. Aber Obacht, wessen Anleihe Sie da kaufen. Wer Ihnen hohe Zinsen zahlt, dessen Bonität ist meist nicht sonderlich gut, weil der Anleihengeber sich das benötigte Geld sonst günstiger vom Finanzmarkt holen könnte. Und auch Anleihen unterliegen Kursschwankungen und haben ihre Risiken und Nebenwirkungen (siehe auch **Tipp 56**).

Und was ist eine riskante Geldanlage?

Das ist eine, bei der man sein Geld oder Teile davon verlieren kann, wie es bei Aktien der Fall sein kann. Stimmt – aber auch hier lohnt ein genauerer Blick:

Wer heute Aktien kauft und sie in drei Monaten wieder verkaufen muss, weil er dann wenigstens das eingesetzte Geld braucht, der geht ein (idiotisches) Risiko ein, weil es natürlich sein kann, dass er beim Verkauf weniger für seine Aktien bekommt, als er bezahlt hat – je nachdem, wo der Kurs am Verkaufstag eben steht.

Wer aber Aktien kauft und diese lange liegen lassen kann, der geht – vor allem im Vergleich zu den vermeintlich sicheren Anlagen – rein von der Renditewahrscheinlichkeit her, weniger Risiko ein als oft gedacht. Dies galt zumindest für die Vergangenheit. Ein schönes Beispiel liefert hierfür das DAX-Rendite-Dreieck des Deutschen Aktieninstitutes, das für jedes Jahr seit Bestehen des DAX und für jeden Anlagezeitraum zeigt, wie hoch die jeweilige Rendite gewesen ist. Was auffällt: Wer in der Vergangenheit 12 Jahre und mehr in den DAX investiert hat – ganz gleich, in welchem

Zeitraum –, der hat (allerdings ohne Berücksichtigung der Kosten für die Geldanlage und Steuern!) zumindest keine negative Rendite erzielt.

Sieht gut aus, ist es bei genauer Betrachtung aber nicht wirklich, weshalb ich hier kein Plädoyer für Aktien halte (mehr Inhaltliches finden Sie bei **Tipp 60**). Interessant finde ich diese Erkenntnis durchaus, weil sie förmlich dazu aufruft, neu über die Worte »sicher« und »riskant« bei der Geldanlage nachzudenken.

Was bedeutet für Sie persönlich »sicher« und wie viel Risiko sind Sie bereit, bei Ihren Geldanlagen zu tragen? Sollte man hier überhaupt ein Risiko eingehen?

Schließlich legen Sie Ihre durch Arbeit eingetauschte Lebenszeit an, von der Sie sicher nicht wollen, dass sie weniger wird, oder? Sind die eigenen Definitionen von Risiko und Risikobereitschaft nicht viel entscheidender als die Definitionen (und somit indirekten Beeinflussungen) anderer?

TIPP 9:
KAUFEN SIE IN KRISEN BEI FALLENDEN KURSEN NICHT AUTOMATISCH (NACH).

Es ist eine klassische Aktienweisheit: Wenn die Kurse (stark) fallen, steigen Sie günstig ein oder kaufen Sie nach (wenn Sie schon Aktien besitzen), um Ihren Einstiegskurs zu verbilligen.

»Günstig« und »verbilligen« klingen natürlich super und können es auch sein, wenn, ja wenn, die Kurse dann auch wieder hochgehen ... und zwar ÜBER Ihren Kauf- bzw. Einstiegskurs. Aber was ist, wenn sie es NICHT tun? Oder erst in ein paar Jahren? Oder erst nachdem Sie mit Verlusten verkaufen mussten, weil Sie das Geld doch unplanmäßig brauchten?

Aber irgendwas muss doch auch an dieser Weisheit dran sein, oder? Klar kann dieses Prinzip funktionieren. Aber nicht immer zu jedem Zeitpunkt bei jeder Aktie oder jedem Fonds. Niemand weiß zudem, wann wirklich der tiefste Punkt ist. Was ist, wenn Sie einsteigen und der Kurs fällt nochmals um 50 %? Die müssen schließlich erst wieder aufgeholt werden, und dafür braucht es dann eine Kurssteigerung um 100 %, was viele vergessen.

Wer bei Kursfall also zu früh einsteigt, kann im schlimmsten Fall sehr lange (oder ewig vergeblich) darauf warten, bis der Einstiegskurs wieder erreicht ist.

Wer einen sehr langen Anlagehorizont hat (oder wem es egal ist, was die Erben bekommen), kann theoretisch immer kaufen, sagen die »Experten« – wenn man denn genügend frei verfügbares Geld besitzt, das man mindestens 15 Jahre nicht braucht, und auch damit leben kann, dass es dann weniger wird oder sogar ganz weg ist, sage ich. Und bitte: Kaufen Sie Aktien oder andere Finanzprodukte nie, nie, nie mit geliehenem Geld!

Wer bei fallenden Kursen kauft, der achte bitte darauf, die Emotionen aus- und den Verstand einzuschalten. Es gibt nämlich eine (ausnahmsweise) gute Finanzweisheit, die man beherzigen sollte:

> **Never catch a falling knife!**
> *Was fällt, sollte man fallen lassen, bis es einen Boden erreicht hat. Das Zugreifen im Sturzflug kann sehr schmerzhaft sein; beim Messer und bei den Aktienkursen. Dennoch gibt es manchmal diesen inneren Drang danach (die Gier). Solche Impulskäufe mögen im Kaufhaus noch verschmerzbar sein. Impulsaktienkäufe können aber schnell ins Auge gehen (und ins Geld), weil Emotionen nichts mit Geldanlage zu tun haben sollten (haben sie aber leider doch zu oft). Finanzielle Entscheidungen sollten IMMER auf rationalen, sachlich begründeten Beinen stehen, damit man nicht irgendwann wackelige Knie bekommt.*

Wer dennoch unbedingt einsteigen muss, wenn die Fetzen fliegen, der tue dies stückweise (mit aufgeteilten Summen und Käufen zu unterschiedlichen Kursen und Zeitpunkten) und nie mit allem Geld auf einmal. Und gern mit differenziertem Blick.

Es macht durchaus einen Unterschied, ob eine Einzelaktie stark im Kurs fällt (dafür wird es Gründe geben, die beim Unternehmen selbst liegen und bedeuten könnten: Obacht!) oder ob der Markt insgesamt fällt und einzelne Aktien gegebenenfalls zu Unrecht einfach mit abrutschen (die sich gegebenenfalls ebenso schnell wieder erholen könnten).

Für was auch immer Sie sich entscheiden: Bitte machen Sie sich klar, dass Ihnen natürlich niemand, der in der Finanzwelt arbeitet und davon lebt, sagen würde:

Nee, lieber gar keine Aktien oder Fonds kaufen – auch, wenn die jetzt günstig/stark gefallen sind.

Klar zeigen manche »Finanzexpert*innen« ganz bewusst die (manchmal gar nicht vorhandenen) positiven Chancen von gefallenen Kursen auf (optimale Einstiegschance, einmalige Kaufgelegenheit etc.). Dürfen sie ja auch. Aber Sie dürfen das gern ignorieren. Vor allem, wenn Sie das investierte oder noch zu investierende Geld auch irgendwann für ganz banale Dinge brauchen – für Ihr Leben zum Beispiel.

TIPP 10:

MIT KLEINEN SPARRATEN BAUT MAN SICH NICHT AUTOMATISCH EIN VERMÖGEN AUF.

In der Finanzwelt erzählt man als Anreiz zum Sparen gern die Geschichte vom »Josephspfennig« und dem Zinseszinseffekt:

Hätten Maria und Joseph für den kleinen Jesus ein Sparbuch anlegt mit einem Eurocent, den man zu 5 % verzinst hätte, wäre daraus nach 2.000 Jahren folgende Summe geworden:

23.900.000.000.000.000.000.000.000.000.000.000.000 €

Können Sie diese Summe aussprechen? Plastisch ausgedrückt: Man hätte davon ca. 28 Milliarden Goldkugeln in der Größe der Erde kaufen können.

Hätte man den Zins hingegen nicht mitverzinst, ihn also immer separat zur Seite gelegt, wären nach 2.000 Jahren nur ca. 1 € an Zinsen herausgekommen.

So elementar ist die Mitverzinsung von Zinsen, die es nur heute leider kaum mehr gibt. Zudem legen die wenigsten ihr Geld über 2.000 Jahre an. Und dennoch hat sich diese Weisheit auf unsere innere Festplatte gebrannt:

Wer regelmäßig fleißig über viele Jahre spart, der darf sich in der Zukunft mindestens über ein kleines Vermögen freuen.

Ein Vermögen im klassischen Sinne ist jedoch heutzutage mit kleinen monatlichen Sparraten nur schwerlich zu realisieren. Okay, eigentlich gar nicht.

Das liegt an den nicht vorhandenen Zinsen, die unser angespartes Geld eben nicht mehr automatisch vermehren, und an den eben nicht risikolosen anderen Geldanlagen, wie zum Beispiel Aktien, die für diesen »Auch Kleinvieh macht Mist«-Ansatz aus Finanzsicht theoretisch noch am geeignetsten wären. Aber was ist, wenn sich die Vergangenheit in der Zukunft NICHT wiederholt? In einer sich immer schneller ändernden Welt wird das Wiederholen früherer Erfolge immer unwahrscheinlicher.

Natürlich spricht nichts dagegen, Geld für wann auch immer zu sparen. Ich würde mir wünschen, dass viel mehr Menschen viel mehr Geld auf der hohen Kante hätten. Nur dann bitte mit realistischen Erwartungen und in den passenden »Anlageprodukten« (Beispiele **ab Tipp 81**).

Wenn Sie Geld zur Seite legen, sparen Sie es zielgerichtet. Wenn Sie sich zum Beispiel in drei Jahren eine besondere Reise leisten wollen, dann legen Sie sich hierfür Geld zu Seite, *ohne* den Antrieb, dass es sich vermehren muss. Gleiches gilt für das »Sparen fürs Alter«. Früher hätte ich beispielsweise jedem Menschen zwischen 20 und 30 Jahren geraten: Spare monatlich ein paar Euro in einen Aktien-ETF und lass das einfach liegen, für wann auch immer. Wer das Sparen über 30 oder 40 Jahre durchhielt, bei den damaligen Renditeperspektiven (siehe DAX-Rendite-Dreieck), der hatte wirklich eine realistische Chance, beim Renteneintritt von einem kleinen Vermögen begrüßt werden.

Heute ist die Finanzwelt jedoch eine andere und kann sich von einem Moment auf den anderen komplett (noch negativer) verändern und damit auch Ihr über viele Jahre mühsam angespartes Geld von jetzt auf gleich erheblich reduzieren. Fuhr Geld früher in einem sicheren Boot mit angenehmer Rendite-Geschwindigkeit über den Finanz-Ozean, hockt es heute in einer Nussschale und hofft, damit durch eine nicht enden wollende Sturmflut zu kommen.

Der Finanzmarkt lebt vom Timing (beim Kauf und vor allem beim Verkauf). Die Wahrscheinlichkeit, dass wir mit unserer Spar-Wahl richtig liegen und bei Auszahlung dann deutlich mehr Geld da ist als heute, liegt so tief, dass man sich das Sparen mithilfe von Finanzprodukten (fast immer) sparen kann. Sparen sollte man trotzdem, aber in anderen Formen, wie zum Beispiel mit dem regelmäßigen Kauf von Gold-/Silbermünzen, dem Befüllen eines Notfallkontos (Girokonto), einem Bargeldbestand und dem Lebenssparen (mehr hierzu bei **Tipp 93**).

ERSTES KURZ-FAZIT
»FINANZWEISHEITEN«

Manchmal ist es hilfreich, vor dem Weiterlesen innezuhalten und das Gelesene wenigstens kurz zu reflektieren. Wenn Sie hierzu Lust haben, ziehen Sie einfach ein erstes Finanz-Fazit.

Was halten Sie von den ersten zehn Tipps? Was war für Sie neu? Was eine hilfreiche Wiederholung oder Bestätigung? Und vor allem: Was nehmen Sie aus den Tipps mit in Ihr (Finanz-)Leben?

Tipp 1:   Geld macht Sie finanziell nicht unabhängig.

Tipp 2:   Mit der richtigen Geldanlage werden Sie nicht reich.

Tipp 3:   Geldanlagen schützen Ihr Geld nicht vor der Inflation.

Tipp 4:   Geldanlagen schützen Ihr Geld nicht vor dem großen Crash und auch nicht vor der nächsten Krise.

Tipp 5:   Teilen Sie Ihr Vermögen nicht in möglichst viele Anlageklassen auf.

Tipp 6:   Schließen Sie mit Finanzprodukten nicht so früh wie möglich Ihre Rentenlücke im Alter.

Tipp 7:   Es gibt keine klaren Wechselwirkungen in der Finanzwelt (mehr), die Sie für Ihre Geldanlage nutzen können.

Tipp 8:   Rentenanlagen sind nicht per se sicher und Aktien sind nicht per se riskant.

Tipp 9:   Kaufen Sie in Krisen bei fallen Kursen nicht automatisch (nach).

Tipp 10:   Mit kleinen Sparraten baut man sich nicht automatisch ein Vermögen auf.

KAPITEL 2

FINANZ-EXPERT*INNEN

TRAUEN SIE KEINEM/KEINER FINANZEXPERT*IN BLIND. HINTERFRAGEN SIE ALLES KRITISCH UND DENKEN SIE LIEBER SELBST!

>»Behandeln wir Expert*innen entsprechend ihres Namens wie unsere*n Ex. Oder würden Sie sich vom Ex-Partner noch Liebesratschläge einholen?«

Was ist aktuell die Geldanlage mit den besten Renditeaussichten? Welche Aktie ist die nächste Kursrakete? Wie entwickeln sich Bitcoin und Gold? Wo sollte man auf jeden Fall investieren und wo auf gar keinen Fall? Wie schützen wir unser Vermögen vor der Inflation? Wann kommt der nächste Crash und wo ist unser Geld dann sicher oder profitiert gar vom Zusammenbruch der Märkte?

Fragen über Fragen. Wie gut, dass es einige wenige auserwählte Menschen gibt, die uns vielen Ahnungslosen die Antworten auf alle möglichen Geldfragen schenken: die Finanzexpert*innen.

Klingt ironisch, ist es auch. Ich kann Vieles in der Finanzwelt nur noch mit Humor und Sarkasmus ertragen, weil es immer abstruser wird.

Mal im Ernst: Würde ich Ihnen erzählen, dass ich mich gestern Nacht aufgelöst habe, damit ich mit meinem Lichtkörper in die Zukunft reisen konnte, und Ihnen sagen kann, wie es dort aussieht, würden Sie mich sicherlich für verrückt halten. Wenn ich Ihnen jedoch sagen würde, dass ich als seit 20 Jahren tätiger Finanzexperte weiß, wie der Finanzmarkt funktioniert und wie sich welche Geldanlagen in Zukunft entwickeln werden, sind Sie neugierig, oder?

Verrückte Welt. Allein das Wort »Finanzexpert*in« sorgt schon dafür, dass jemand im Ansehen anderer aufsteigt. Wir öffnen ihnen unser Portemonnaie bereitwillig, weil wir mit offenem Mund darauf warten, wohin wir unsere Scheinchen am besten transferieren sollen.

Aber sollten wir Finanzexpert*innen wirklich blind vertrauen? Bei dieser Art der Fragestellung merken Sie schon, dass die Antwort aus vier Buchstaben besteht: NEIN!

TIPP 11:

SEHEN SIE FINANZEXPERT*INNEN ALS DAS AN, WAS SIE WIRKLICH SIND.

Was schwingt für Sie alles unsichtbar mit, wenn Sie das Wort »Experte« hören? Spezialist, Profi, kennt sich aus, erfahren, kompetent? Auf jeden Fall suggeriert es, dass der/die Expert*in mehr weiß als wir und daher besser sagen kann, was wir tun sollten. Und es gibt unzählige Expert*innen, für die dies sicherlich auch zutrifft. Wer handwerklich unbegabt ist, freut sich über die Hilfe des Handwerksexperten. Wer abnehmen will und sich mehr bewegen muss, folgt den Anweisungen der Ernährungs- und Bewegungsexperten. Wobei, Moment!

Natürlich nennen sich die eben genannten Experten anders, eben entsprechend ihrer Berufsbezeichnungen bzw. Tätigkeitsfeldern. Zum Beispiel Elektriker*in, Tischler*in, Ernährungsberater*in, Fitnesscoach ... Hinter allen genannten (und vielen anderen) Berufen verbergen sich einschlägige Ausbildungen, sichtbare Fähigkeiten und ein reeller Nutzen. Was aber steckt hinter dem/der Finanzexpert*in? Es ist wie bei Harry Potter, nur umgekehrt. Dessen Zauberumhang sorgte dafür, dass Harry darunter unsichtbar wurde. Hinter dem Zauber(wort)mantel der Finanzexpert*innen kommt leider oftmals nichts hervor, wenn man ihn lüftet. Außer heiße Luft.

Moment: Aber Finanzexpert*innen kennen sich doch mit den ganzen Anlageklassen aus, wirtschaftlichen Wirkungsweisen, finanzpolitischen Zusammenhängen und vielem mehr. Das ist doch was. Mag sein, aber was nützt Ihnen das? Wenn Ihre Heizung defekt ist, reicht es Ihnen doch auch nicht, wenn der Heizungsmechaniker Ihnen erklärt, wie die Heizung elektronisch aufgebaut ist oder wie sie physikalisch funktioniert. Sie wollen, dass die Heizung wieder läuft. Was Ihnen nutzt, ist die konkrete Handlung, die greifbare Leistung. In einigen wenigen Fällen mag auch ein Tipp des/der Expert*in genügen, damit Sie alles Weitere selbst erledigen können.

> Genau das ist das Einzige, was wir von Finanzexpert*innen bekommen können: Tipps, keine reale Hilfe. Diese Tipps KÖNNEN helfen, müssen sie aber nicht.

Es gibt drei riesige grundsätzliche Unterschiede zwischen den Tipps von – um bei unserem Beispiel zu bleiben – Heizungsmechanikern (die übrigens korrekt Anlagenmechaniker/in für Sanitär-, Heizungs- und Klimatechnik heißen) und Finanzexpert*innen:

1. *Heizungsmechaniker*innen leben in der echten Welt greifbarer Dinge.*
Die meisten Tipps, die sie geben, sind für uns verständlich oder zumindest ansatzweise nachzuvollziehen, weil wir sie mit unseren Augen und Händen (er)fassen und wenigstens einigermaßen beurteilen können.

2. *Heizungsmechaniker*innen verfügen über einen begrenzten Raum der Möglichkeiten.*
Ist die Heizung defekt, gibt es keine 1.000 Lösungsmöglichkeiten, sondern eine sehr begrenzte Anzahl, die der Heizungsexperte (in der Regel) kennt, weil sein Fachgebiet überschaubar ist.

3. *Heizungsmechaniker*innen arbeiten in einem recht stabilen Arbeitswissensumfeld.*
In den meisten Fachgebieten gibt es (trotz Fortschritts) eine stabile Basis an Wissen, Technik und Techniken: der grundsätzliche Aufbau einer Heizung, die Wirkungsweisen der einzelnen Bauteile, physikalische Grundgesetze usw. Das Umfeld und die Bedingungen der Tätigkeiten sind somit einschätzbar und beherrschbar.

Bei Finanzexpert*innen ist alles drei NICHT so. Sie leben in einer irrealen und multikomplexen Finanzwelt, die sekündlich in Bewegung ist (in allerlei verschiedene Richtungen), in der sich täglich Gravierendes verändern kann und in der es keinerlei Gesetzmäßigkeiten mehr gibt, an denen man sich früher wenigstens halbwegs orientieren konnte. EINE einzige neue Information kann bisher richtige (Anlage-)Entscheidungen null und nichtig machen. Von daher gibt es NIEMANDEN, der ein wahrer/eine wahre Finanzexpert*in sein kann. Auch, wenn er/sie noch so clever und wohlklingend formuliert und mit allerlei Fachbegriffen um sich wirft. Dies ist auch der Grund, warum ich mich NICHT Finanzexperte nenne oder so bezeichnet werden möchte, da dies für mich nichts ist als Etikettenschwindel, der bewusst eine falsche (weil unerfüllbare) Vorstellung vermittelt.

Sollte sich Ihnen also jemand mit diesem Zauber(wort)mantel vorstellen oder Sie solchen Menschen irgendwo im TV oder Internet begegnen: Ohren zu und die Augen auf etwas richten, das Ihnen besser weiterhilft. **Tipp 12** zum Beispiel.

TIPP 12:

MISSTRAUEN SIE GRUNDSÄTZLICH JEDER VORHERSAGE ÜBER DIE FINANZ-ZUKUNFT.

Wie wird das Wetter morgen? Mit den heutigen Mess- und Prognoseverfahren ist es tatsächlich möglich, das Wetter für einige Tage vorherzusagen. Wenn auch nicht immer exakt. Schauen Sie sich gern eine der unzähligen verfügbaren Wetterprognosen an und prüfen Sie dann morgen, ob's wirklich zu 100 % gestimmt hat. Wieso 100 %? Nun, was bringt Ihnen eine zu 50 % richtige Vorhersage. Was soll das überhaupt sein? Wenn Regen angesagt war, kann ja kein Halbregen vom Himmel fallen.

> Wenn wir noch nicht einmal das Wetter zu 100 % vorhersagen können, obwohl es bekannten und gut erforschten Naturgesetzen folgt und wir es seit vielen Jahren analysieren: Wie soll es dann auch nur theoretisch möglich sein, irgendwelche Entwicklungen im komplexen, komplizierten, global-verwobenen und von diversen unterschiedlichen Interessen gesteuerten Highspeed-Finanzmärkten vorherzusehen?

Ansatzweise geht das vielleicht, ab und an. Man stelle sich vor, das Wetter würde sich verhalten wie die Finanzwelt: Niemand würde sich mehr vor die Tür trauen ob der sekündlich möglichen wechselnden Bedingungen hinsichtlich Temperatur, Windverhältnissen sowie Regen, Schneefall und Sonnenschein.

Von daher ist es kein Wunder, dass seit jeher gefühlt 99 % der Finanzexpert*innen mit 99 % ihrer Vorhersagen falsch lagen. Geht ja gar nicht anders, denn niemand hat eine Glaskugel und weiß, was in der digitalen Zahlen-Daten-Welt als nächstes passiert und welche Auswirkungen dies auf welche Anlageklassen hat. Ebenso betreibt niemand eine Finanz-Wetter-Maschine und kann die Bedingungen steuern, bzw. beeinflussen (okay, bis auf Notenbanken, Hedgefonds oder Großinvestoren).

Und ja: Es gibt natürlich auch mal Finanzexpert*innen, die mit einigen ihrer »Vorhersagen« richtig lagen. Dies kann jedoch – rein nüchtern betrachtet – nur an zwei Dingen liegen:

1. *Insiderwissen.* Der/die Finanzexpert*in verfügt zum Beispiel über unternehmensinterne Informationen, die in naher Zukunft kursrelevant

sind (nämlich, wenn sie öffentlich gemacht werden und dadurch in die Kurse »einfließen«). Die Anwendung von Insiderwissen zum Eigenvorteil oder dessen Weiterverbreitung ist jedoch verboten!

2. *Glück.* Beim Tippen von Fußballspielen kann man auch mal gewinnen. Selbst wenn man sich (und seinen Fans) einredet, der eigene Prognoseerfolg wäre weder Glück noch Zufall, sondern eine logische Konsequenz der eigenen Expertise oder cleverer Kombinationsgabe: Niemandem gelingt dies immer. Wie auch? Glück ist vergänglich.

Alles, was Voraussagen zur Zukunft betrifft, ist (zumindest mit unseren aktuellen menschlichen Fähigkeiten) nichts weiter als eine Annahme, eine Schätzung. Man könnte auch einfach sagen, eine Meinung, die aufgrund aktueller Informationen entsteht, die zehn Sekunden später schon veraltet sein könnte.

Soweit nicht schlimm. Dumm nur, wenn Sie Ihr Geld lediglich aufgrund der Meinung eines anderen aufs Spiel setzen und sich die Vorhersage als falsch entpuppt. Und auch clever und fachlich fundiert klingende Analysen bleiben persönliche Meinungen und Schätzungen. Ganz gleich, wie lange der oder die Finanzexpert*in bereits im Markt aktiv ist, erfolgreich war und was für Charts oder Argumente auch immer geliefert werden. Schätzung bleibt Schätzung, die durchaus geschätzt werden darf, aber nicht so ernst genommen werden sollte, dass man nach ihr seine Geldanlagen tätigt.

Vorhersagen taugen nichts. Ebenso wenig wie der Rückblick und der Versuch, seine eigenen früheren Vorhersagen auf irgendeine Art weise als treffend zu etikettieren, wobei man mit dem Herstellen von Kausalitäten grundsätzlich vorsichtig sein sollte. Im Finanzmarkt erst recht, weil man NIEMALS genau sagen kann, warum sich was genau so entwickelt hat, wie es sich eben entwickelt hat. Am Ende gibt es immer nur zwei Erklärungen für »Rendite-Treffer«: Insiderwissen oder Glück.

Dennoch ist das Anhimmeln von (scheinbaren) Hellseher*innen kein neuer Trend. Schon zu früheren Zeiten gab es Wahrsager*innen, die hoch im Kurs standen. Oder Regenmänner, die das kühle Nass herbeitanzten. Dieses Bild gefällt mir übrigens sehr: Ein tanzender Finanzexperte, der die Kurse hoch- und runtertanzt. Da kann man wenigstens sehen, ob er was draufhat oder nicht. Let's (finance-)dance!

TIPP 13:

HINTERFRAGEN SIE DIE EXPERTISE DES/DER EXPERT*IN UND DAS KONKRETE FACHGEBIET.

Wann gilt man als echter/echte Expert*in? Welche Bedingungen müssen hierfür erfüllt sein? Welche »Beweise« müssen vorliegen, damit Sie jemand anderen wirklich für fachkundig halten und seinen/ihren Empfehlungen folgen?

- Reichen hierfür offizielle Titel wie »Doktor« oder »Meister«? Zumindest haben die Träger*innen einen wie auch immer gearteten Qualifizierungsprozess durchlaufen, was aber auch »nur« heißt, dass sie vorhandenes (vorgegebenes) Wissen erlernt und (zum Zeitpunkt der Prüfungen) erfolgreich wiedergegeben haben. Reicht das allein, damit wir uns auf seine/ihre Expertise verlassen können?
- Reicht eine Auszeichnung als Kompetenzbeweis? Der zertifizierte Bio-Bauer, die Gewinnerin eines Wirtschaftspreises oder der Spiegel-Bestseller-Autor?
- Oder genügen eine Fernsehpräsenz als gefragte*r Expert*in, Klicks auf YouTube oder Zigtausende Follower auf Instagram? Aber ab wie vielen Auftritten oder Klicks ist man dann eigentlich kompetent und bis wann inkompetent?
- Braucht es vielleicht sichtbare Erfolge wie eine eigene Praxis in bester Innenstadtlage oder ein Büro mit 13 Mitarbeiter*innen? Zeugen wirtschaftlicher Erfolg, luxuriöse Besitztümer und viele Angestellte aber automatisch immer von Kompetenz?
- Vielleicht reicht es ja einfach, Teil einer Berufsgruppe zu sein, wie Feuerwehrmann oder Polizist. Auch Uniformen sind eine Art Kompetenzanmutung.

Gar nicht einfach für den Laien, zu entscheiden, wer Expert*in ist.

Dabei ist es elementar zu wissen, wann man jemanden als kompetent einstuft. Schließlich geht's um Ihr Geld, das sie sicherlich lieber nach dem Rat eines/einer Expert*in anlegen, der/die bestens ausgebildet ist, über jahrelange Erfahrungen verfügt und die neuesten Entwicklungen kennt, die (noch) nicht in der Presse stehen. Aber: Geht das überhaupt?

Ein Wissenschaftler kann sich nach seiner (oftmals globalen) Ausbildung immer weiter spezialisieren, bis er ein begrenztes Gebiet für sich entdeckt, in dem er zum wahren Experten wird (zum Beispiel für die Auswirkungen von Vitamin D3 auf menschliche Organe). Finanzexpert*innen hingegen decken oft eine lange Themenliste ab, weil man als Expert*in zu allem etwas Kluges sagen möchte. Dabei haben viele jedoch festgefahrene Meinungen zu gewissen Bereichen und übersehen so vielleicht etwas (für Sie) sehr Wichtiges.

Aber wie soll man auch bei allem für alles offen und zudem noch immer up to date sein? Die Finanzwelt ist hierfür viel zu riesig mit ihren Abertausenden Anlagemöglichkeiten. Kann Ihnen ein/eine Finanzexpert*in dann überhaupt weiterhelfen? Was würden Sie denken, wenn sich Ihnen jemanden auf einer Party als Gesundheitsexperte vorstellt, der sich nach eigenem Bekunden bestens auskennt mit Ernährung, Entgiftung, Sportübungen, Meditationsarten, Selbstheilungsmethoden, Aromatherapien ...?

Manche Expertenbezeichnungen sind so global, dass sie nichts aussagen – und damit eigentlich alles. Wer als Finanzexpert*in suggeriert, sich mit Aktien, Edelmetallen, Versicherungen, Staatsanleihen, Immobilien, Steuersparmöglichkeiten und Weiterem bestens auszukennen, ist meist abgedreht. Drehen Sie sich am besten auch von ihm/ihr ab. Oder würden Sie von sich behaupten, nur weil Sie Bananen, Brot, Käse, Gurke, Chips, Schokolade und Nüsse essen, Sie wären ein*e Nahrungsexpert*in?

Wenn Sie den finanziellen Rat eines/einer Expert*in zu einem gewissen Thema einholen wollen, suchen Sie sich Spezialisten, die sich seit Jahrzehnten intensiv zum Beispiel nur mit Gold, nur mit Staatsanleihen oder nur mit Tech-Aktien beschäftigen. Aber Vorsicht: Es soll dennoch vorkommen, dass zwei Expert*innen beim gleichen Thema vier verschiedene Ansichten haben, wovon alle falsch sein können.

TIPP 14:
PRÜFEN SIE DIE UNABHÄNGIGKEIT VON EXPERT*INNEN UND IHRER EMPFEHLUNGEN

Angenommen, Sie wollen sich ein neues Auto kaufen und lernen im Bekanntenkreis einen allseits anerkannten Autoexperten kennen, der Ihnen einen BMW X5 empfiehlt, weil er ihn für das beste Auto hält. Prima, oder? Aber was wäre, wenn Sie erfahren, dass er bei BMW arbeitet? Fänden Sie den Tipp dann immer noch so gut?

Es ist vollkommen okay, wenn einem jemand ein Produkt von »seiner« Firma empfiehlt. Es wäre nur wichtig, das auch zu wissen – VOR dem Kauf. Denn was nützt uns die größtmögliche Expertise, wenn sie nicht unabhängig gegeben wird!?

Gleiches gilt auch für Finanzexpert*innen, von denen es so einige gibt, die vielleicht sogar wirklich was auf dem Kasten haben, aber bei denen man sich fragt, woher die heiße Aktien-Vorliebe (samt Kaufempfehlung) in Wahrheit rührt: aus echter Überzeugung, unabhängiger Markteinschätzung oder wegen des »eigenen« Aktienfonds, für den man Gelder einwirbt?

Die Unabhängigkeit eines/einer Expert*in ist ein entscheidendes Kriterium für die Tipp-Beurteilung. Wer wirtschaftlich abhängig ist oder (versteckte) Interessen verfolgt, von dem sind keine unabhängigen Empfehlungen zu erwarten. Möglichkeiten der »geistigen Gefangennahme« gibt es zahlreiche. Als Aufsichtsrat bei gewissen Institutionen, Redner*in auf Branchen-Fachtagungen, als Ehepartner eines/einer Versicherungs-Verantwortlichen, Nebenbei-Trainer einer Bausparkasse, Provisionsempfänger von Depotbank-Empfehlungen, Selbstverkäufer von Edelmetallen ...

Eine finanzielle, mediale und politische Unabhängigkeit sind wichtig. Nicht für den/die Finanzexpert*in, sondern für Sie. Oder wollen Sie Ihr Geld auf die Empfehlungskarte von jemandem setzen, der damit nur (versteckte) Eigeninteressen verfolgt und als trojanisches Finanz-Pferd für andere agiert? Ich hoffe nicht. Für die *eigene* Entscheidungsfindung hilft die Expertise eines Fachmannes/einer Fachfrau nur dann, wenn sie unabhängig ist (soweit man das als Mensch sein kann).

> **Was wir von einem/einer Expert*in erwarten können, ist, dass er/sie uns eine abgewogene Empfehlung inklusive Vor- und Nachteilen präsentiert auf Grundlage aller verfügbaren (und sinnvollen) Möglichkeiten samt Vor- und Nachteilen.**

Ideal wäre natürlich die im besten wissenschaftlichen Forschungssinne angewandte Präsentation von These und Antithese, damit wir selbst die Synthese für uns ableiten können. Ausreichend ist es jedoch schon, wenn wir nicht bewusst getäuscht werden oder man uns wichtige Informationen (wie den wahren Grund der Empfehlungen) verschweigt.

Woran können Sie eine Unabhängigkeit samt guter Absicht bei Finanzexpert*innen erkennen? Leicht ist das nicht, aber Sie können sich an die Wahrheit herantasten, indem Sie sich Folgendes fragen:

- Präsentiert er/sie seine/ihre Empfehlungen abwägend? Werden den Vorteilen auch mögliche Nachteile gegenübergestellt? Und wird im besten Fall zudem erklärt, welche Alternativen es zur Empfehlung gibt und warum er/sie sich dennoch dagegen entschieden hat?
- Ist er/sie aufdringlich und fordert Sie andauernd zum Kauf auf (mit dem Hinweis auf gebotene Eile oder mit Angstmache)?
- Gibt er/sie reißerische Tipps mit exorbitanten Kurszielen oder atemberaubende Versprechen, die nur Ihre Gier ansprechen?
- Sind seine/ihre Empfehlungen auf längere Sicht ausgelegt oder nur Kurzstreckenanlagen zur »schnellen Gewinnmaximierung«?
- Ist er/sie bereit, seine/ihre bereits geäußerte Meinungen aufgrund einer aktuellen Faktenlage oder neuer Erkenntnisse zu ändern?

TIPP 15:
LASSEN SIE SICH NICHT GIERIG MACHEN.

Alle Leser*innen, die gleich aufstehen, das Buch auf den Kopf legen, mit beiden Armen wedeln, sich dabei im Kreis drehen und krähen wie ein betrunkener Geier, denen verrate ich DEN ultimativen Supergeldanlagetipp mit 1000-prozentiger Geldverdopplungschance innerhalb von acht Wochen!

3 ... 2 ... 1 ... Los geht's!

Ach, Sie finden, so einen Unsinn macht man als cleverer Mensch nicht? Stimmt, zumal ich den versprochenen Gewinn auch nicht einlösen könnte. Aber genauso läuft das Geldgeierspiel, bei dem leider auch clevere Menschen mitmachen, weil Finanzexpert*innen den Verstand umgehen und direkt das Gierzentrum aktivieren.

> Gier ist mit Angst der Manipulationsfaktor Nummer 1 weltweit und sorgt nicht nur in der Finanzindustrie dafür, dass Menschen selbst die beklopptesten Dinge tun oder kaufen, wenn's dafür etwas kostenlos oder zu gewinnen gibt. Selbst die minimale Chance auf einen Gewinn reicht oftmals aus, um Menschen zu irgendetwas zu verführen.

Man betrachte nur diverse TV-Shows oder Internetformate, Schlussverkäufe, Rabattaktionen, Black-Friday-Wochen ...

Würde ich hier ankündigen, dass die ersten 100 Leser*innen, die mir bei Amazon eine positive Buchrezension schreiben, 100 € bekommen, wären

Sie vielleicht schon im Internet. Gibt aber nichts dafür, sorry (rezensieren können Sie natürlich trotzdem gern).

Die gleichen Köder, bei denen Millionen immer wieder anbeißen, legen auch Finanzexpert*innen aus mit ihren »Insider-Informationen«, geheimen Prognosen oder unglaublichen, aber (aus ihrer Sicht) wahren Vorhersagen. Logisch in einer Gesellschaft, wo der-/diejenige die meiste Aufmerksamkeit bekommt, der/die das Unglaublichste am lautesten schreit. Zu viele suchen händeringend nach dem leichten schnellen Weg zu mehr Geld. Warum sonst jagen so viele Menschen Bitcoin und Co. hinterher? Weil sie die Kryptowährungen als neues Zahlungsmittel aktiv nutzen wollen? Nein, sie wollen dabei sein, wenn die Kursrakete abgeht und sie wie Sterntaler die vom Himmel fallenden Gewinne einsammeln können. Die Kursentwicklung von Bitcoin zeigt jedoch, dass Kursraketen auch mal abstürzen können. Dumm nur, wenn man bis dahin nicht ausgestiegen ist.

Aber wer verkauft schon, wenn's gerade läuft? Steigen die Kurse und damit das investierte Geld, steigt man selten aus. Wer will schon noch mehr möglichen Gewinn verpassen? Das führt dann oft dazu, dass der einstige Gewinn bröckelt, wenn's wieder abwärts geht. Und dann wollen sich viele nicht trennen (weil's ja wieder aufwärts gehen könnte). Verrückt. Verkauft man zwischenzeitlich (weil eben nur realisierte Gewinne echte Gewinne sind), ärgert man sich über den verpassten Gewinn, wenn das Verkaufte weiter steigt. Bekloppt – aber so sind wir Menschen leider oftmals.

Die Gier treibt uns vor sich her und macht uns zu nimmersatten Geldraupen, die aufgrund heißer Preise oder limitierter Angebote irgendwelche Impulskäufe tätigen, die wir später nicht selten bereuen. Das betrifft auch Geldanlagen, bei denen wir gierig werden ob scheinbarer Gewinnchancen der verborgenen »Trüffel-Investments«, die natürlich nur der/die Finanzexpert*in kennt und Ihnen verrät – und Millionen anderen kostenfrei im TV oder Internet. Doch was ist, wenn die versprochenen Trüffel nur Schein-Trüffel sind, nämlich Puffpilze, denen bei genauer Begutachtung und wenn's drauf ankommt die Luft ausgeht (und Ihnen das Geld)?

Entkommen wir der Gier doch einfach, indem wir sie uns bewusst machen und nicht auf sie hören. Und ebensowenig auf Finanzexpert*innen, die unsere Gier entfesseln wollen. Sollte so jemand mal wieder brandheiße Tipps von sich geben, stellen Sie sich vor ihm/ihr eine riesige Glaskugel vor samt darin schwebenden Schein-Trüffel. Und dann: 3 ... 2 ... 1 ... Puff!

TIPP 16:

LASSEN SIE SICH NICHT ÄNGSTIGEN VOR KRANKHEIT UND ARBEITSUNFÄHIGKEIT.

»Was ist, wenn ...«

So beginnen nicht selten »Versicherungsexpert*innen«, wenn diese Sie für den Kauf irgendeiner Versicherung motivieren wollen. Stopp, mein Fehler! Natürlich wollen diese nur das Beste für Sie, Ihre Gesundheit, Ihr Leben. Natürlich, aber nur, wenn Sie eine Versicherung abschließen, weil diese Ihnen all das ja erst ermöglicht (durch ihren »Schutz« und ihre »Sicherheit«). Dies suggeriert man Ihnen zumindest und das ist der Trick: Man will Ihnen etwas einreden, ohne dass es Ihnen bewusst wird, um Sie dadurch dazu zu bringen, etwas zu tun, das Sie ohne die Suggestion nicht getan hätten. Klingt verwirrend und ist es auch, genauer gesagt ist es negative Manipulation.

In der Realität geht der Einstieg dann beispielsweise wie folgt weiter:

»Frau Meier, was wäre, wenn Sie durch einen Unfall nicht mehr arbeiten könnten? Wie zahlen Sie dann Ihre Miete? Wovon leben Sie und Ihre drei Kinder, wenn Ihr Einkommen wegfällt?«

»Herr Müller, was wäre, wenn Sie aufgrund einer schweren Krankheit einmal ins Krankenhaus müssen? Sie wollen dann doch sicherlich bestmöglich versorgt werden, oder?«

Die Rettung in beiden Fällen ist, genau, eine Versicherung. Natürlich ist es diese allein nicht, aber so wird es Ihnen suggeriert (mehr dazu in den **Tipps 61 bis 70**). Versicherungsexpert*innen sind sowas wie die Magier der Finanzwelt. Sie erschaffen eine verstörende »Was wäre wenn«-Vorstellung, die Ihnen das Blut in den Adern gefrieren lässt und dann, zack, zaubern sie den rettenden Versicherungshasen aus dem Hut, der Sie vom Bösen erlöst.

Oftmals verbunden mit dem Argument: »Das kann ja schließlich uns allen mal passieren, dass wir schwer krank werden, für lange Zeit ins Krankenhaus müssen oder unseren Beruf nicht mehr ausüben können.« Ja, KANN sein, muss aber nicht. Aber mit »muss aber nicht« verkauft man eben keine Versicherungen, weil dann etwas Kaufentscheidendes fehlt: Ihre Verunsicherung.

Es gibt beliebig viele weitere Beispiele, aber wer den grundsätzlichen Trickaufbau verstanden hat, durchschaut solche Verkaufsmaschen schnell. Wobei noch etwas mitschwingt bei dem faulen Finanz-Zauber, das man nicht sehen kann, dafür aber fühlen soll: ANGST.

Für die Neandertaler war Angst hilfreich, da sie dadurch beim Auftauchen eines Säbelzahntigers wegrennen und (vielleicht) überleben konnten. Aber was wäre gewesen, wenn die Neandertaler auch Angst gehabt hätten vor Sonnenstrahlen, Pflanzen, Steinen oder anderen Neandertalern? Sie wären wohl einsam bibbernd und hungrig in ihren Höhlen (aus) gestorben: aus Angst vor allem!

Angst als grundsätzliche Lebenseinstellung ist also ganz sicher NICHT hilfreich, weil sie uns erstarren bzw. panikartig flüchten lässt, weil sie vor allem unser Hirn ausschaltet. Angst schaltet den klaren Sachverstand aus und den reinen Überlebensinstinkt ein, der oftmals zu panischen Kurzschlussreaktionen führt, die in der Finanzwelt nur das Überleben eines einzigen sichern. Raten Sie mal, wessen – Sie sind's nicht!

Überlegen Sie einmal: Welche langfristig guten Entscheidungen haben Sie in Ihrem Leben aus Angst und Panik getroffen (also hochemotional instinktiv inkl. Fluchtreflex)? Und wo hat Angst Sie eher daran gehindert, eine durchdachte Entscheidung zu treffen?

Finanzexpert*innen sind wahre Meister im Angstmachen. Daher lassen Sie am besten nichts durch Ihre Augen und Ohren bis ins Herz durch, was Sie ängstigt. Zumal das Meiste, was man Ihnen suggeriert, unnötig aufgebauscht ist oder mit Ihnen und Ihrem Leben gar nichts zu tun hat. Klar ist es schlimm, wenn immer mehr Menschen fettleibig werden und dadurch ein erhöhtes Risiko haben, ins Krankenhaus zu kommen und zu sterben. Aber wenn ich (m)ein Normalgewicht habe, mich bewusst ernähre und Sport treibe, muss ich mir nicht unnötig Angst machen (lassen!). Auch Angst macht krank und krank ist niemand gern. Vor allem nicht krank vor Angst. Wenn Sie Sorgen und/oder Ängste haben, beschäftigen Sie sich mit der Frage, wie Sie diese wieder loswerden (denn geboren wurden Sie ja nicht mit ihnen). Hilfreich könnten hier die **Tipps 91 bis 100** sein, denn weder Sorgen, noch Ängste sind hilfreich und nötig, wenn man sich damit wirklich beschäftigt und ihnen auf den Grund geht.

TIPP 17:

LASSEN SIE SICH NICHT ÄNGSTIGEN VOR DER ALTERSARMUT.

»Was ist, wenn Ihre Rente später nicht zum Leben reicht? Immer mehr Rentner*innen leiden unter Altersarmut. Sie vielleicht später auch.«

Altersarmut ist einer der Finanz-Angst-Klassiker. Zuerst vorweg: Natürlich möchte niemand arm sein – weder heute noch im Alter. Aber nur, weil es arme Menschen gibt, heißt das eben nicht, dass das irgendwann auch für Sie gelten muss. Doch mit der Altersarmut verhält es sich wie mit (zu) vielen anderen Themen auch: Finanzexpert*innen nehmen ein großes Thema (hier Rente), fokussieren sich auf die negativen Seiten (arme Rentner*innen), erzeugen dadurch Betroffenheit und Angst bei Ihnen und suggerieren, dass es auch Sie treffen wird (was es nicht muss!).

Fragen Sie sich, warum man Sie hierzu anspricht. Wenn es ein/eine Finanzexpert*in ist, der/die Ihnen bekannt ist, der/die um Ihre persönliche Situation weiß, Ihre Einkommens- und Ausgabesituation, Ihre Vermögenslage, dann kann solch ein Hinweis hilfreich sein. In den meisten Fällen weiß der/die Finanzangst-Macher*in jedoch nicht um Ihre Lebens- und Finanzdetails, weder um die heutigen noch um die zukünftigen, die Sie selbst meist gar nicht kennen. Daher zielen solche Sätze wie der diesen Tipp einführende nur auf Ihre (Überlebens-)Angst.

Mal global betrachtet: Wie hoch ist eigentlich das Risiko, im Alter unter Armut zu leiden? Schließlich haben laut diversen Studien mehr als 50 % der Menschen Angst davor. Da muss dann doch etwas dran sein. Nun, anscheinend wissen diese Menschen wenig über die Altersarmut, sonst hätten sie keine Angst davor. Zuerst einmal: Wann ist man überhaupt arm? Laut Definition leben Menschen, die nicht einmal über das Nötigste verfügen wie eine Wohngelegenheit, Kleidung, Trinkwasser, Essen in sogenannter absoluter Armut. Menschen, die weniger besitzen als der Durchschnitt aller Menschen, gelten als relativ arm. Für diese Menschen bietet der deutsche Staat eine finanzielle Grundsicherung, damit sich jede*r zumindest das Nötigste leisten kann und eben NICHT so leben muss, wie die meisten es sich in ihren schlimmsten (Alters-)Albträumen vorstellen. Diese staatliche Hilfe bezogen laut einer Studie im Auftrag der Deutschen Rentenversicherung im Jahr 2018 jedoch nur 3 % der über 65-Jährigen (knapp 500.000 Menschen). Nicht wenige, aber weniger als gedacht, oder?

Altersarmut ist kein unausweichliches Schicksal und es existiert auch für NIEMANDEN eine erhöhte Wahrscheinlichkeit dafür.

Haben Sie sich schon einmal etwas Schlechtes ausgemalt, was dann am Ende gar nicht eingetreten ist? Unser Verstand ist eben ein Vollprofi im Negativ-Denken, weil das unser Überleben sichert. Alles, was uns gefährlich werden könnte, nimmt er auf und kaut darauf herum (oftmals zu lange und zu intensiv negativ). Und das, obwohl die allermeisten Befürchtungen niemals eintreten, wie die Angst vor der (Alters-)Armut. Wussten Sie, dass es zum Beispiel viel mehr arme Kinder, Alleinerziehende oder Arbeitslose gibt als arme Rentner*innen?

Mein Fazit: Vorsorgen ist (zu einem gewissen Grad) immer gut und die Beschäftigung mit »dem Alter« ebenfalls (allerdings nicht für 20-Jährige). Planen Sie finanzielle Entscheidungen im Hinblick auf die Zukunft bitte immer angstfrei, entsprechend Ihrer individuellen Lebensplanung und nicht mit AltersvorSORGE, sondern mit AltersvorFREUDE!

TIPP 18:
LASSEN SIE SICH NICHT ÄNGSTIGEN VOR UNFALLGEFAHREN.

»Was ist, wenn Sie einen Autounfall haben?«

»Ja, was dann?«, sollte man den/die Finanzexpert*in zurückfragen – bei dem breiten Spektrum an Unfall-Möglichkeiten: leichter Blechschaden, schwerer Dachschaden, Totalschaden. Alles kann, nichts muss. Es soll sogar möglich sein, unfallfrei zu leben. Zudem ist das Reden über vielleicht (oder vielleicht auch nicht) nahende Unfälle, ob mit dem Auto, Fahrrad oder zu Hause, sowieso nicht das Elementare. Entscheidender wäre, WOVOR wir uns im Unfall-Fall wirklich fürchten: vor dem Tod, vor schweren Verletzungen, riskanten Operationen, bleibenden Behinderungen …

Aber schützt uns das Angebot des/der Finanzexpert*in, das sich hinter der Unfallangstmache versteckt, überhaupt hiervor? Nein. Ebenso wenig vor dem Unfall an sich. Oder schwebt über Ihrem Auto ein/eine Versicherungsexpert*in und umhüllt Sie mit einer schützenden goldenen Lichtkugel? Eine Versicherung sichert (wenn sie denn zahlt) immer nur mögliche FINANZIELLE Folgen ab.

Lassen Sie sich keine Gefahr-Angst machen, nur damit der/die Finanz-expert*in Ihnen etwas verkaufen kann. Fallen Sie auch nicht auf den Satz herein: »Ich kenne jemanden, der/die hatte einen schlimmen Unfall und müsste ohne unsere Versicherung heute in Armut leben.«

Natürlich werden Sie immer Fälle finden, in denen es Menschen hart getroffen hat. Aber nur weil Ihr Nachbar vom Dach gefallen ist und jetzt im Rollstuhl sitzt, heißt das ja nicht, dass Ihnen das Gleiche widerfährt. Ebenso wenig landet man nach einem Unfall automatisch auf einer Intensivstation.

> **Finanzexpert*innen brauchen Horror-Szenarien (den »Worst Case«), damit Sie genügend Angst haben, um den (vermeintlichen) Versicherungsschutz zu kaufen. Dies funktioniert nicht nur bei Altersarmut, Pflegebedürftigkeit, Arbeitslosigkeit, Berufsunfähigkeit, sondern auch mit der Angstschürerei vor Unfällen.**

Man will Ihnen suggerieren, das Leben sei jederzeit und an jedem Ort brandgefährlich. Lassen Sie diese fiesen Manipulationen lächelnd und angstfrei an sich vorbeirauschen. Prüfen Sie hierzu die Wahrscheinlichkeit für das an die Wand gemalte Schreckensszenario und hinterfragen Sie, wie viele solcher schwerer (Un-)Fälle es überhaupt gibt pro Jahr, in Deutschland oder in Ihrem Bundesland. Oft relativiert sich die Angst durch die geringe Anzahl an Schwerstverunfallten (denen der versprochene Versicherungsschutz wirklich geholfen hätte, zumindest finanziell!).

Stellen Sie sich zwei entlarvende Fragen:

1. *Wie hoch ist Ihre persönliche Unfall-Wahrscheinlichkeit?*
   Sie wissen, es kann jedem/jeder passieren – muss es aber nicht. Zudem: Wie viele schwere Unfälle hatten Sie selbst schon? Oder von wie vielen aus dem Freundes-/Bekanntenkreis haben Sie gehört, bei denen (wichtig!) eine Versicherung auch gezahlt und geholfen hat?
2. *Für Ihren unwahrscheinlichen Unfall-Fall: Wie hoch ist die Wahrscheinlichkeit, dass Sie einen schweren Unfall erleiden UND einen größeren finanziellen Schaden davontragen?* Und zwar einen, bei dem die Versicherung des/der Expert*in auch gezahlt hätte (kann man nicht oft genug wiederholen, weil's darum ja geht)?
   Schätzen Sie Ihre Wahrscheinlichkeit als gering ein (was meistens so ist): Tschüss Angst! Zudem gibt es oft weitaus realere Gefahren als die, die man Ihnen als solche verkaufen will. Setzen Sie daher alles in eine Relation. Finanzexpert*innen haben kein Interesse daran, weil sie das

Unfallthema aus Verkaufsgründen dringend brauchen, es daher gefährlich machen und über nichts anderes sprechen möchten. Auf Feiern reden manche auch nur über das, was diese als wichtig erachten. Das heißt aber nicht, dass dies auch für SIE von (aktueller) Relevanz ist.

Wer sich von jedem/jeder das Ohr abkauen lassen möchte, bitte sehr. Das kann bei Finanzexpert*innen nicht nur ganz schön auf die Nerven gehen, sondern auch ins Geld.

TIPP 19:

TREFFEN SIE IHRE EIGENEN ENTSCHEIDUNGEN AUF SELBST DURCHDACHTER GRUNDLAGE.

So, nachdem wir uns über 18 Tipps und viele Seiten hinweg besser kennengelernt haben, erlaube ich mir, Sie etwas Persönliches zu fragen:

Wofür brauchen Sie verdammt nochmal einen Finanzexperten?

Warum hören Sie auf scheinbare »Expert*innen«? Was erhoffen Sie sich von ihnen? Können Sie nicht selbst denken oder wollen Sie nicht? Halten Sie sich nicht für clever? Sind Sie nicht in der Lage, sich die wichtigsten Informationen für das, was Sie brauchen, selbst zu suchen und eigene Lösungen zu erdenken? Wie machen Sie das in anderen Lebensbereichen? Rufen Sie beispielsweise immer beim Ernährungsberater an, bevor Sie einkaufen gehen?

Was nach plumper Leser*innen-Beleidigung klingt, ist das, was mich selbst umtreibt: Mich fuchst, dass immer mehr Menschen blind der Meinung von Finanzexpert*innen folgen. Wohl auch, weil die Not größer wird wegen Themen wie Inflation, zinsarme Zeit, gerade so auskömmlichen Gehältern und Geld als immer knapper werdendem Gut.

Stimmt alles – aber mal im Ernst: Denken Sie wirklich, ein/eine Finanzexpert*in kann besser drüber entscheiden als Sie selbst, was das Beste FÜR SIE und IHR GELD ist?

- »Ich weiß ja nicht, wie man sein Geld gerade am besten anlegen sollte«, mögen Sie entgegnen. Die Finanzexpert*innen doch auch nicht, würde ich erwidern.

- *»Aber ich kenne mich ja in der Finanzwelt nicht aus. Das ist mir viel zu kompliziert und das ändert sich ja ständig.«* Stimmt, aber glauben Sie, Finanzexpert*innen kennen sich viel besser aus als Sie? Zugegeben, das KANN tatsächlich so sein. Aber nur weil jemand mehr über EIN Thema weiß als Sie, heißt das nicht zwangsläufig, dass er oder sie auch richtig liegt mit seinen/ihren Empfehlungen, die ja immer die unsichere und unvorhersehbare Zukunft betreffen.

Und ja, die Finanzwelt ist voller bankischer Fachbegriffe, komplex und kompliziert. Kaum eine Chance ohne Finanz-Dolmetscher*in. ABER: Aus meiner Sicht sind 99 % des Finanzwissens irrelevant. Muss niemand wissen, weil's niemand braucht. Was nach Größenwahn klingt, belege ich sachlich mit den **Tipps des dritten Kapitels**.

Hier nur so viel: Die Finanzwelt ist kein Hexenwerk. Im Kern kann man das Wesentliche gut verstehen (wenn man das Gros des Unnützen erkennt und nicht beachtet).

Legen Sie weder Ihr Geld noch Ihr Schicksal in die Hände anderer Menschen oder lagern die Verantwortung für Ihr Leben (und Ihr Vermögen) aus. Andere für sich denken zu lassen ist grundsätzlich keine gute Idee (es sei denn, man kann nicht denken).

Das »finanzielle Selbstdenken« ist gar nicht so schwierig. Natürlich ist es beeindruckend, wenn Finanzexpert*innen mit Fachbegriffen um sich schmeißen und geopolitische Zusammenhänge mit wirtschaftlichen Rahmendaten in einer clever klingenden Empfehlung münden lassen. Aber wem nützt das wirklich? Die wahre Kunst ist es, Komplexes auf das Wesentliche zu vereinfachen, so dass es JEDE*R verstehen und selbst wiedergeben kann. Und das können Sie auch – dabei hilft nicht zuletzt dieses Buch.

Ein herrliches Beispiel für angewandte Intelligenz unabhängig vom Fachwissen ist das Echtbeispiel eines Tischlers, der Auszubildende einstellte. Die Aufgabe beim Bewerbungsgespräch war simpel: Berechnen Sie den Umfang eines runden Tisches (der in der Werkshalle stand). Ein Abiturienten-Bewerber holte daraufhin sein Handy heraus und erfragte einige Zahlen, um den Umfang wie erlernt zu berechnen. Der andere Bewerber hingegen, ein Realschüler, nahm ein herumliegendes Maßband und hatte den Umfang damit schneller ermittelt, als sein Mitbewerber tippen konnte.

Also: Konzentrieren Sie sich auf das Wesentliche und treffen Sie Ihre EIGENEN bewussten und selbstbestimmten Entscheidungen aufgrund

EIGENER Gedanken und Schlussfolgerungen. Natürlich können Sie sich hierzu die Meinungen von Finanzexpert*innen anhören, als Impuls. Übernehmen Sie diese aber nicht blind, weil in jedem klug klingenden Tipp auch etwas Dummes stecken kann. Nehmen Sie Ihre Finanzangelegenheiten selbst in die Hand, bevor Ihr Geld durch fremde Meinungen in fremde Hände gerät.

TIPP 20:

ÜBERSCHÄTZEN SIE SICH SELBST NICHT ALS PROPHEZEIENDEN FINANZEXPERTEN.

Nach **Tipp 19** heißt es jetzt also für Sie: Expert*innen-Leinen los und volle Finanz-Fahrt voraus mit eigener Segelsetzung und Kursbestimmung! Jawoll, allerdings mit einer klitzekleinen, aber wichtigen Einschränkung, bevor Sie jetzt das Internet nach »Trüffel-Investments« durchsuchen. Sich selbst um seine Finanzen zu kümmern und sich eigene Gedanken zu machen, die in eigenen Entscheidungen müden, heißt NICHT, die gleichen Fehler zu machen wie die Finanzexpert*innen. Lassen Sie sich nicht blenden. Nicht von anderen, aber auch nicht von sich selbst.

In Zeiten zunehmender Digitalisierung schießen auch in der digitalen Finanzwelt die Superangebote wie Pilze aus dem Boden. Internettrader zum Beispiel. Hier können Sie selbst in Kürze zum Finanzprofi werden, zum Superzocker und dadurch (wieder einmal) reich.

»Traden wie die Profis! Super-Einführungs-Kurs. Von der Couch mit ein paar Klicks zum Millionär! Erlernbar für jeden! Jetzt sofort loslegen!«

Das habe ich alles hinter mir. Ich habe mit so gut wie allem gehandelt (außer mit Schweinehälften). Dafür habe ich Charts analysiert, Unternehmensbilanzen geprüft, mit Kurs-Gewinn-Verhältnissen auf die (aus meiner Sicht) unterbewerteten Hidden-Champions gesetzt, mit Optionsscheinen gehebelt ohne Ende (mit teilweise bitterem Ende) …

Was ich NIEMALS geschafft habe, war, zum tiefsten Kurs zu kaufen und zum höchsten zu verkaufen. Noch nicht mal annähernd. Klar, ich habe auch mal reichlich Geld verdoppelt, anderes aber auch halbiert oder pulverisiert. Ich kann es daher gar nicht genug betonen: Lassen Sie sich NICHT von der Gier verführen. Ich weiß, wie schwer das sein kann. Vor allem, wenn man mal rechtzeitig eine Kursrakete gefunden und vor dem Start in sie investiert hat – redet man sich zumindest ein und die Selbstlüge ist sicher noch schlimmer als die Lügen anderer. Trotzdem sollte man sich niemals überschätzen. Sie würden doch sicher auch nicht morgen im Krankenhaus eine Herzoperation durchführen, nur weil sie heute Abend einige YouTube-Videos dazu gesehen haben.

Denken Sie einfach an den sagenhaften Odysseus, der bei seiner Reise über die Weltmeere den Versuchungen der Sirenen widerstehen musste. Er ließ sich an den Schiffsmast fesseln, weil er wusste, dass selbst er als furchtloser Held nicht widerstehen würde. Auch Sie werden immer wieder von Dingen hören, die zu Ihnen verheißungsvoll hinüberflüstern (genauer gesagt zu Ihrer Gier oder auch zur Angst):

»Schnell Euro tauschen in Dollar!«

»Gold verkaufen, rein in Silber!«

»Deutsche Staatsanleihen ins Depot nehmen!«

»Cash is King – Quote auf 50 % erhöhen und bald zuschlagen!«

»Sofort in Bitcoin einsteigen!«

Aktuelle Finanz-News mögen interessant sein, sorgen aber oft für mehr Verwirrung als Erhellung und können auch süchtig machen. Ein Dauer-Hab-Acht-Modus führt ins Ticker-Trauma, aus dem es kein leichtes Erwachen gibt. Und ob die durch Ihre Recherche erreichten Erträge (oder Verluste) Ihre investierte Lebenszeit rechtfertigen?

Rechnen Sie spaßeshalber mal Ihren Anlage-Stundensatz, indem Sie Ihren durchs Geldverstecke-Suchen und Immer-wieder-aufs-Neue-Verstecken erreichten Ertrag (abzüglich aller sicht- und unsichtbaren Kosten samt Inflation) durch die Stundenanzahl Ihrer investierten Zeit teilen (Videos ansehen, Finanztipps lesen, Anbieter recherchieren und vergleichen, Konten eröffnen, Geld transferieren, Auszüge sichten, Unterlagen archivieren, Entwicklungen regelmäßig überprüfen etc.). Dadurch wird einem manchmal am schnellsten bewusst, dass man seine Zeit besser anlegen kann. Zum Beispiel in seinem Leben.

Glücklicherweise müssen Sie sich zum Schutz nicht wie Odysseus irgendwo festbinden, sondern können alle Finanz-Verlockungen einfach anstrengungslos vorbeiziehen lassen und auf Ihrem Kurs bleiben.

> **Wenn Sie für sich und Ihr Geld klar sind, kann's Ihnen egal sein, wer »da draußen« gerade was, wieso und warum anpreist.**

Man muss nicht zu allem eine Meinung haben. Nur zu dem, was für einen selbst wichtig ist. Das allerdings sollten Sie festlegen, möglichst in einigen klaren Sätzen.

Hier zwei Inspirationen zum Selber-anders-Denken, damit Sie ein Gefühl dafür bekommen, was ich meine:

• Ich investiere in nichts, dass ich nicht zu 100 % verstehe und anderen so erklären kann, dass sie es jemand anderem erklären können.
• Ich investiere nur in Anlagen, von denen ich wirklich überzeugt bin und mit denen ich, wenn nötig, auch einen längeren (Anlage-)Weg gehe.

Wie lautet Ihr Selbst-Schutz-Satz?

_____

_____

Und jetzt? Was könnten Sie tun?

1. Einen einmaligen Finanz-Frühjahrs-Putz durchführen und alle Produkte rausschmeißen, die Sie nicht mehr brauchen (Hilfe hierbei gibt's **ab Tipp 41**).

2. Ihre wichtigsten Lebensthemen notieren und sich klar werden, wofür Sie wie viel Geld benötigen bzw. aufwenden wollen.

3. Ihre freigewordene Nicht-mehr-um-Finanzen-kümmern-Zeit mit Leben verbringen.

ZWEITES KURZ-FAZIT
»FINANZEXPERT*INNEN«

Und: Was denken Sie jetzt über Finanzexpert*innen? Was hat Sie über-raschter, was bestätigt? Welche Geldanlagen oder anderen Finanzprodukte haben Sie selbst nur aufgrund von »Expert*innen-Empfehlungen« ge-kauft? Und wie wollen Sie zukünftig damit umgehen?

Tipp 11: Sehen Sie Finanzexpert*innen als das an, was sie wirklich sind.

Tipp 12: Misstrauen Sie grundsätzlich jeder Vorhersage über die Finanz-Zukunft.

Tipp 13: Hinterfragen Sie die Expertise des/der Expert*in und das konkrete Fachgebiet.

Tipp 14: Prüfen Sie die Unabhängigkeit von Expert*innen und ihrer Empfehlungen.

Tipp 15: Lassen Sie sich nicht gierig machen.

Tipp 16: Lassen Sie sich nicht ängstigen vor Krankheit und Arbeitsun-fähigkeit.

Tipp 17: Lassen Sie sich nicht ängstigen vor der Altersarmut.

Tipp 18: Lassen Sie sich nicht ängstigen vor Unfallgefahren.

Tipp 19: Treffen Sie Ihre eigenen Entscheidungen auf selbst durch-dachter Grundlage.

Tipp 20: Überschätzen Sie sich selbst nicht als prophezeiende*r Finanzexpert*in.

KAPITEL 3

FINANZ-WELTEN

VERLASSEN SIE DIE ÄUSSERE FINANZWELT, DIE IHNEN SCHEIN-REICHTUM SUGGERIERT UND BETRETEN SIE IHRE INNERE FINANZWELT, IN DER SIE WAHREN REICHTUM FINDEN, DEN IHNEN NIEMAND NEHMEN KANN!

»Zaubershows verkaufen Illusionen als Wahrheiten. Die Finanz-Zaubershow verkauft sogar noch mehr, nämlich uns für dumm.«

Henry Ford, der Gründer der Ford-Automobilwerke, äußerte sich schon vor hundert Jahren mit einem der wohl wichtigsten Finanz-Dreisätze:

»Wenn die LEUTE *das gegenwärtige* BANK- UND GELDSYSTEN *verstünden, würde es vermutlich eine* REVOLUTION *noch vor morgen früh geben.*«

Dieser Satz wurde sicher mehr als 100.000-mal zitiert, aber 100.000-mal ist nichts passiert. Es hapert schon lange nicht mehr am Wissen, dass unser Geld in der Finanzwelt eben nicht sicher ist (und wir dort NICHT gut aufgehoben sind). Die Umsetzung ist das Problem, im wahrsten Wortsinn. Die Geld-*UM*-setzung von der Finanz- in unsere Lebenswelt.

Die Finanzwelt ist keine faszinierende Zaubershow mit allerlei wundervollen Attraktionen, sondern ein künstliches Scheingebilde, basierend auf Zahlen, Daten und Fakten, das viel verspricht, aber wenig hält. Nur eines: Es bindet unser Geld (hält es damit von unserem Leben fern) und lebt davon, dass wir glauben, an diesem scheinheiligen Ort den heiligen Geldgral zu finden, in dem Sicherheit und Vermehrung vereint sind.

Sie können die Finanzwelt gut mit einem Supermarkt vergleichen. Natürlich ist es beeindruckend, vor einem Kühlregal mit 30 verschiedenen Joghurtsorten zu stehen oder vor der Käsetheke mit 80 Sorten. Aber: Braucht man das wirklich? Ist weniger nicht mehr? Bedeutet die Tatsache, dass es etwas gibt, automatisch, dass man es auch braucht?

Im Gegensatz zu den Supermarktartikeln, von denen die meisten wenigstens sättigen oder den Durst stillen, schaden viele Finanzprodukte Ihrer (finanziellen) Gesundheit eher. Kein Wunder, denn wir brauchen in Wahrheit nur sehr wenige Finanzprodukte überhaupt. Da liegt der Schluss nahe, dass alle anderen im unüberschaubaren Produktsortiment nur dafür gemacht wurden, um uns das Geld aus der Tasche zu ziehen. Und genau so ist es auch!

Würden Sie ein Geschäft betreten, wo Sie schon von draußen erkennen können, dass das, was es dort zu kaufen gibt, vollkommener Unsinn ist oder Ihnen schadet?

Sicher nicht. Wer kein Tier umsorgt oder keine Tiere mag, hat keinen Grund, in ein Tiergeschäft zu gehen. Wer eine Laktoseunverträglichkeit hat, meidet Milchprodukte. Warum machen wir das Gleiche nicht auch mit der Finanzindustrie?

Wenn Sie noch keine »Finanzindustrie-Intoleranz« haben oder eine »Finanzprodukt-Allergie«, dann entwickeln Sie beides so schnell wie möglich und widmen Sie sich der anderen existierenden Finanzwelt zu, die kaum jemand kennt, aber die wirklich hilfreich ist: die INNERE Finanzwelt. Ganz gleich, was die äußere uns vorgaukelt, womit sie uns verführen und in die Irre führen möchte: Ist unsere innere Finanzwelt auf dem von uns selbst festgelegten Kurs, kann uns nichts und niemand davon abbringen. Nur wir selbst. Aber daran können wir uns ja selbst hindern, oder?

TIPP 21:

VERABSCHIEDEN SIE SICH VON DER ÄUSSEREN FINANZWELT, DIE IMMER UNSICHERER WIRD, SIE MANIPULIERT UND IHREM GELD SCHADET.

Die unzähligen Hin- und Beweise, warum es wichtig ist, der Finanzwelt den Rücken zu kehren, würden das Buch sprengen. Daher werfe ich einen kurzen Blick in den dunklen Finanz-Abgrund mit meinem »Worst-of« im Schnelldurchlauf:

Der Finanzirrsinn

Die irreale Finanzwelt ist schon lange von der realen Wirtschaft abgekoppelt und produziert unfassbar viel mehr virtuelle »Güter« (Geld, also nichts), als die Unternehmen in echt herstellen könnten. Sie beeinflusst die Realwirtschaft durch die ständigen Aufs und Abs von Währungen, Rohstoffpreisen und sie wettet sogar auf sie (und gegen sie). Die Finanzwelt profitiert von Unternehmens- und Staatskrisen, weil sie Wettgeschäfte erfunden hat (Derivate), denen das finanzielle Wohl von Ländern wie Firmen vollkommen egal ist. Sie verdient im Boom und vor allem im Crash, weswegen Kurse von Währungen, Aktien oder Anleihen gern Achterbahn fahren (sollen!). Und: Sie erschafft nichts (Geld) und kauft damit Unternehmen, Rohstoffe oder Ländereien. Wenn das kein Irrsinn ist! Oder können Sie mit Luft ein Haus kaufen? Zudem hat die Finanzwelt weit über hunderttausend Finanzprodukte erschaffen, die uns versprachen, anvertrautes Geld zu sichern, im Wert zu erhalten oder zu vermehren. Die Finanzwelt ist jedoch kein wohltätiger

Altruisten-Verein, was erklärt, dass sie in jedem Fall an unserem Geld verdient, wir jedoch in den wenigsten Fällen wirklich (nach Abzug von Gebühren, Steuern und investierter Lebenszeit).

Die Finanzmanipulationen
Glauben Sie wirklich, Aktienmärkte würden heute noch die gegenwärtige und zukünftige Wirtschafts- und Innovationskraft von Unternehmen abbilden? Schon früher war die Börse von der Psychologie geprägt, dem Glauben oder Nicht-Glauben an Trends, Produkte oder Unternehmenskonzepte. Heute sind die Kurs-hoch-oder-runter-Treiber fast nur noch die (Geo-)Politik sowie »unsichtbare« Akteure mit unklaren Zielen. Man denke nur an die unzählbaren Finanzskandale von Banken, Staaten, Hedgefonds, Zins- und Kursmanipulationen, an verbotene Absprachen, Bilanzfälschungen, Marktbeeinflussungen. Oder an die Notenbank-Exzesse des permanenten »Gelddruckens«, an irreale Leitzinssenkungen, an die Möglichkeit für Banken, sogar Ramschanleihen von Staaten und Unternehmen als Sicherheiten für neues Geld zu hinterlegen. Ist es Zufall, dass Börse nur einen Buchstaben von böse entfernt ist? R wie Reibach.

Die Niedrig- und Negativzinswelt
Wann musste man jemals Geld dafür zahlen, dass man sein Geld anlegen durfte? Noch nie, außer in diesen wilden Zins-auf-und-ab-Zeiten. Privat würde so einen Unsinn niemand mitmachen, oder würden Sie Ihrem Nachbarn 100 € leihen, wenn Sie als Dank 90 € zurückbekämen?

Die Weltschulden
Bei den horrenden Staats-Schuldenständen, ausufernden TARGET2-Konten und Bilanzen der Notenbanken fragt man sich: Wie soll das jemals zurückgezahlt werden? Von wem ist klar: Von uns Bürger*innen.

Die Natur kennt so etwas wie Schulden nicht. Fressen die Elefanten in der Savanne zu viele Bäume leer, müssen manche der Tiere leider sterben, weil nicht mehr genug zu Fressen da ist. Die Natur stellt das natürliche Gleichgewicht immer wieder von selbst her, was für die exorbitanten und weiterwachsenden Schuldenstände dieser Welt nicht gilt. Diese wachsen entgegen den Naturgesetzen in die Unendlichkeit. Fragt sich nur, wie lange noch?

Die Finanzwelt ist für die »Großen« ein Schlaraffenland zum Sattfressen, für uns »Normalos« eine Hochrisikozone, die wir besser heute als morgen zum Sperrgebiet erklären sollten – für uns und unser Geld.

Das Zinsproblem

Wissen Sie, was neben der Gelderschaffung aus dem Nichts durch Schuldenmachen das größte Problem der aktuellen Geld- und Finanzwelt ist? Der Zins. Seinetwegen haben wir viele der heutigen Missstände, die mit dem alten System auch nicht zu lösen sind. Im Gegenteil. Sie vergrößern sich mit jedem neuen Geld, das in Form von Krediten aus dem Nichts erschaffen wird, weil die für die Kreditrückzahlung zu zahlenden Zinsen nicht mitgeschöpft werden. Das bedeutet: Die Schulden der Welt können nach der Logik des aktuellen Geld- und Finanzsystems niemals zurückgezahlt werden. Das ist schon theoretisch unmöglich.

Zur Verdeutlichung gibt es das wundervolle versprochene Beispiel einer Insel, auf der 10 Einwohner*innen friedlich und glücklich leben, bis dort eine Bank eröffnet. Diese Bank leiht jedem/jeder Einwohner*in 10 Goldstücke für ein Jahr, möchte dafür aber einen Zins von 10 %. Somit bekommt die Bank nach einem Jahr insgesamt 110 Goldstücke von allen Einwohner*innen. Aber wie soll das gehen, wenn auf der Insel nur 100 Goldstücke vorhanden sind? Die Einwohner*innen müssten sich gegenseitig überfallen, um von anderen mindestens ein Goldstück zu erbeuten, weil jede*jeder 11 davon zurückzahlen muss. Aber was machen die, denen das nicht gelingt?

Diese Menschen müssten der Bank etwas im Gegenzug anbieten, das mindestens den gleichen Wert aufweist, was bedeutet, dass sie zum Beispiel ihre Häuser oder andere Wertgegenstände an sie verkaufen oder für sie arbeiten müssten – unentgeltlich, weil sie in der Schuld der Bank stünden – lebenslang. Überträgt man dieses Modell auf unsere Welt, versteht man schnell, warum immer mehr Schulden zu immer mehr Konkurrenz, Enteignungen, Besitzverlust und Knechtschaft in Form »kreditzinsgebundener« Arbeit führen. Der Zins ist das Problem – für uns. Für die Finanzindustrie ist der Zins der große Glücksfall und prägt sie nicht umsonst nachweisbar und für jeden offensichtlich, der's sehen will:

> **Das Geniale an der Finanzindustrie: Banken kassieren Zinsen für etwas, das in echt nicht existiert. Nicht umsonst heißt digitales Geld Fiat-Geld. Fiat ist lateinisch und heißt »es werde.« Es werde Geld, auf Knopfdruck. Ein von anderen unerreichter (Finanz-)Zaubertrick.**

Wer das Geldsystem in Kürze verstehen möchte, sehe sich das sensationelle Cartoon-Video von Max von Bock auf YouTube an (»Wie funktioniert Geld?«). Witzig und erschreckend zugleich.

TIPP 22:

VERWAHREN SIE IN DER FINANZWELT NUR SO VIEL GELD, WIE ABSOLUT NOTWENDIG.

Stellen Sie sich vor, Sie besitzen ein wertvolles Möbelstück, ein Familienerbstück, das Sie sehr lieben. Vielleicht einen gut gepflegten Massivholztisch, an dem Sie sich mit Ihren Lieben versammeln zum Essen, Spielen, Klönen. Was würden Sie sagen, wenn jemand ein Tischbein absägt? Oder wenn sich jemand den Tisch leiht, ihn aber zerkratzt zurückbringt? Vermutlich wären Sie »not amused«. Zu Recht. Doch warum sind Sie mit Ihrem Geld nicht auch so achtsam, wenn es durch Finanzanlagen reduziert und im Wert beschädigt wird?

Millionen Anleger*innen verhalten sich genauso (geld-)schädlich, weil seit der Finanzkrise 2008, dem Albtraum-Märchen der Gebrüder Lehman, ca. 70 % des frei verfügbaren Geldes auf Girokonten und anderen kurzfristig verfügbaren Anlagen vor sich hinvegetiert. Warum? Aus Unsicherheit, wo das Geld noch sicher ist? Aus Resignation oder Alternativlosigkeit, weil's kaum Zinsen und sonst (fast) nur riskante Anlagen gibt, bei denen man Geld verlieren könnte? Aus Vergesslichkeit, Mir-egal- oder Keinen-Bock-aufs-Kümmern-Mentalität? Wie auch immer.

> Der Finanzmarkt ist kein Geldparkplatz. Geld, das man nicht benötigt, hat dort nichts zu suchen. Auch Girokonten und Co. kosten Gebühren und »Geld zu parken« kostet vielerorts Verwahrentgelte. Zudem verliert das Geld (zumindest rein rechnerisch) an Wert durch die Inflation, was schlimm genug ist.

Das Wichtigste ist, dass man sein Geld nicht sinn- und schutzlos herumliegen lässt. Warum fragen wir uns nicht, wofür wir unser Park-Geld einsetzen wollen, was wir damit an Sinn in unser Leben bringen können? Und warum schützen wir unser Geld nicht vor möglichen zukünftigen Entwicklungen?

Die wenigsten wissen es, aber das SAG (Sanierungs- und Abwicklungsgesetz) macht möglich, was man bisher für unmöglich hält. Statt eines Bail-Outs, wo der Staat zum Beispiel Finanzinstitute mit Steuergeld rettet, ist bei Zahlungsschwierigkeiten ein Bail-In zu vollziehen. Das wiederum heißt: IHR Geld, das Sie vielleicht bei der Versicherung oder Bank »geparkt« oder auch »investiert« haben, kann von dieser zur eigenen

Schuldentilgung verwendet werden. Glauben Sie nicht? Googeln Sie gern. Auch im Versicherungsaufsichtsgesetz (vor allem in §314) steht, dass Renten- und Kapitallebensversicherungen im Notfall, zum Beispiel um eine Insolvenz zu vermeiden, Leistungen senken oder komplett einstellen können. Ja, die Finanzwelt meint es wirklich gut mit uns, nicht wahr?

Mein Tipp: Lassen Sie immer nur so viel Geld auf Ihrem Girokonto, wie Sie auch wirklich für Ihren Zahlungsverkehr benötigen. Gern etwas mehr, damit Sie keinen Dispo benötigen. Alles andere investieren Sie bitte nur in wirklich hilfreiche Finanzprodukte (siehe zum Beispiel **ab Tipp 71**) und/oder in lebensnahe Alternativen (**ab Tipp 91**). Wie viel dies sein muss, können Sie schnell ermitteln, wenn Sie sich Ihre Kontoauszüge ansehen und die regelmäßigen Abbuchungen summieren (bitte nicht nur die monatlichen bedenken, sondern auch die viertel-, halbjährlichen und jährlichen). Dann brauchen Sie auch keine Angst vor dem großen Finanz-Crash oder hohen Verwahrentgelten (also Negativzinsen) haben.

Wer denkt, dies sei unnötig, erinnere sich an das Familienerbstück zu Beginn. Was wäre, wenn sich dieser in einem Raum befinden würde, der permanent wackelt, wo der Putz von der Decke bröckelt, dessen Boden immer größere Risse bekommt? Würden Sie Ihren geliebten (teuren) Esstisch dort beruhigt stehen lassen? Ich hoffe nicht. Warum lassen Sie Ihr Geld dann aber in einem Finanz-Haus, das immer bedenklicher wackelt? Weil Sie bisher zu bequem zum Umziehen waren oder weil Sie trotz aller Turbulenzen denken: »Wird schon gut gehen«?

Ich hoffe auf Ersteres, denn dann sind Sie noch zu retten – und Ihr Geld ebenso.

TIPP 23:
LÖSEN SIE SICH VON SCHÄDLICHEN GLAUBENS-SÄTZEN UND KORRIGIEREN SIE FALSCH GETROFFENE FINANZ-ENTSCHEIDUNGEN.

Das Faszinierende an Büchern sind ihre vielen Buchstaben, die sich erst zu Worten zusammengesellen und dann zu Sätzen, aus denen wir für uns hilfreiche Lehren ziehen können. Mehr als 20.000 Worte haben Sie bis hierhin schon geschafft. Zeit, sie wirken zu lassen und das Gelesene mit dem Geglaubten abzugleichen. Also: Haben Sie zu manch früher Gedachtem jetzt eine andere Einstellung? Sehen Sie etwas klarer durch den Geld-und-Finanzwelt-Nebel? Sind Sie auf gute (eigene) Gedanken gekommen? Oder war Ihnen das alles schon klar? Dann könnten Sie mit diesem bewussten Wissen auch bewusste Taten folgen lassen, denn Vieles von dem, was wir wissen, setzen wir nicht um. Dumm von uns, oder?

Ich weiß, manche wollen lieber über Supergeldanlagetipps lesen, über geheime Manipulationen der Finanz-Eliten oder unglaubliche Kursvoraussagen, als über das, was ich die »innere Finanzwelt« nenne. Doch ohne das echte Innere, also die eigenen Glaubenssätze und Einstellungen, können wir in der unechten äußeren Finanzwelt nicht souverän und vor allem nicht zu unserem EIGENEN Vorteil agieren.

Nur, wer sich von alten und/oder falschen Glaubenssätzen löst, löst damit auch sein Geld aus der Finanzwelt, schenkt ihm die Freiheit und sich selbst mehr Leben.

Der Glaubenssätze-Schnell-Check: Was denken Sie zu Folgendem?

Glaubenssatz 1: »Mein Geld ist bei der Bank sicher.«
Sicher im Sinne von was, ist die Frage. Sicher vor Regen ist es. Vor Brand ebenso, vor Diebstahl auch, wenn man hiermit Diebstahl durch Einbrecher meint (denn von Ihrem Geld stehlen sich bei Bankanlagen schließlich Teile weg in Form von Gebühren). Aber reicht Ihnen das schon als Sicherheit? Sicher vor der Inflation ist es dort nicht. Dem Wertverlust kann auch ein realer Verlust folgen – je nach Anlage (und zu zahlendem Verwahrentgelt). Und was ist, wenn Sie im von manchen befürchteten großen Krisenfall gar nicht ans Geld herankommen sollten, weil die Bank alle Schotten dicht machen muss? Oder weil sie Ihr Geld braucht, um eigene Schulden zu tilgen? Was ist heute noch wirklich sicher, wenn Sie's nicht selbst in der Hand haben (im wahrsten Wortsinn)?

Glaubenssatz 2: »Geld, das man nicht braucht, legt man an.«
Warum? Wer sagt das? Die Finanzindustrie, die Sie mit dem Anlegen vielleicht reinlegen will? Es gibt weder ein Anlage-Muss noch einen Wenn-Anlage-dann-Geldanlage-in-der-Finanzwelt-Automatismus. Natürlich will die Finanzindustrie, dass Sie Ihr Geld an sie verleihen, damit diese damit arbeiten (und für sich selbst Gewinne erzielen) kann. Aber Sie müssen Ihr Geld nicht verleihen, denn nichts anderes ist eine Anlage. Das gute Geschirr, das Sie hegen, pflegen und nur zu Weih-

nachten auftischen, verleihen Sie ja auch nicht die restlichen 364 Tage an andere, oder? Vielleicht sollten Sie mit Ihrem Geld genauso umgehen, wie Sie es mit Ihrem guten Geschirr tun sollten, und es häufiger bewusst benutzen.

Glaubenssatz 3: »Finanzexpert*innen haben heiße Aktien- bzw. Kurstipps.«
*Ergänzend zu allem schon Geschriebenen: Ein Wirtschaftsprüfer, der namentlich nicht genannt werden darf, sagte mit Blick auf die komplexen Unternehmens- und Bilanzstrukturen von börsennotierten AGs: »Die versteht kein Prüfer dieser Welt, wenn man sich ehrlich macht.« By the way: Wirtschaftsprüfer*innen sollten per Arbeit dazu in der Lage sein, ein Unternehmen aufgrund der sichtbaren Daten zu beurteilen. Wenn selbst sie Vieles nicht verstehen, dann gute Nacht, Finanz-Prophet*in!*

Nehmen Sie allein diese drei Glaubenssätze, formulieren diese entsprechend Ihres (neuen?) Glaubens um und fragen sich: »Was bedeutet das für mein Geld und meine bisherigen Finanz-Entscheidungen?« Oft viel mehr, als uns bewusst ist. Das offenbart, wie unbewusst oder fremdgesteuert wir bisher mit unserem Geld umgegangen sind.

Wenn Sie jetzt Lust haben, sich Ihrer aktuellen Glaubenssätze bewusst(er) zu werden, um ab sofort Finanz-Entscheidungen zu treffen, die wirklich zu Ihnen und Ihren Bedürfnissen passen, dann eilen Sie gleich weiter zum nächsten Tipp.

TIPP 24:

FINDEN SIE IHRE EIGENE KLARE EINSTELLUNG ZUM GELD UND MACHEN SIE SICH UNABHÄNGIG VON ÄUSSEREN (FINANZ-)EINFLÜSSEN.

Ist Geld eher ein Fluch, ein Segen oder ein notwendiges Übel? Was denken oder dachten Ihre Eltern darüber? Ihre Großeltern? Und was denken Ihre Freund*innen, Arbeitskolleg*innen oder Nachbarn über Geld? Ob wir's wollen oder nicht: Unbewusst spielt dies zu gewissen Teilen eine Rolle darüber, wie wir selbst über Geld denken. Es ist eben nicht nur die Finanzindustrie, die uns in unserem finanziellen Denken mal bewusst, öfter unbewusst prägt und in unserem Handeln beeinflusst.

Dabei müssen wir nicht die Gedanken anderer zu lesen versuchen, um zu wissen, wie sie zu Geld stehen. Meist reicht schon ein Blick auf ihre Lebensweise, ihre Güter und ihren Konsum. Die spannenden Fragen sind daher: Welche Einstellungen anderer leben auch in uns, weil wir sie übernommen haben? Und welche davon gehören wirklich zu uns, weil wir von ihnen überzeugt sind?

Unsere Aufmerksamkeit bestimmt unsere Gedanken. Unsere Gedanken bestimmen unsere Gefühle. Unsere Gefühle bestimmen unsere Handlungen und diese bestimmen unser Leben. Doch vor der (bewussten) Aufmerksamkeit liegen unsere (unbewussten) Glaubenssätze. Die von außen kommenden führen uns irgendwann in Schwierigkeiten (siehe **Tipp 23**) Die eigenen, inneren helfen uns, bewusst und selbstbestimmt zu leben.

Hier kommen einige Auswahlmöglichkeiten, damit Sie den zu Ihnen passenden Glauben finden können. Also, wohin tendieren Sie eher:

☐ *Je mehr Geld, desto besser*   oder   ☐ *Geld ist total unwichtig.*

☐ *Geld macht glücklich*   oder   ☐ *Geld macht unglücklich.*

☐ *Für Geld tue ich alles*   oder   ☐ *Für Geld mache ich gar nichts*

☐ *Spare in der Zeit, dann hast du in der Not*   oder   ☐ *Genieße das Leben heute in vollen Zügen.*

☐ *Geld verdirbt den Charakter*   oder   ☐ *Geld prägt den Charakter.*

☐ *Geld stinkt*   oder   ☐ *Geld stinkt nicht.*

☐ *Reich ist man wenn* _____

Was ist Geld für Sie in Ihren eigenen Worten?

_____

Für was auch immer Sie sich entschieden haben: Schreiben Sie es sich auf (und hinter die Ohren). Ihr (neuer?) Glauben wird Ihr Leben prägen – ob Sie wollen, oder nicht. Besser ist, Sie wissen, was Sie wollen, sonst bestimmt das Wollen anderer Ihr Wollen.

Übrigens: Meine eigenen Geld-Glaubenssätze haben sich im Laufe meines Lebens radikal verändert. Früher glaubte ich an »Geld ist Lebensqualität«, weil ich immer ein Haus wollte und ausreichend finanzielle Möglichkeiten, um frei zu sein und tun zu können, was ich wollte (und vor allem, nicht tun zu müssen, was ich NICHT wollte). Später glaubte ich an »Geld ist Mittel zum Zweck«. Vielleicht, weil Vermögen mit wachsendem Konto-/Vermögensstand vom Wunschtraum zur Wirklichkeit für mich wurde und Geld sich so dem annäherte, was es rein sachlich betrachtet ist: ein neutrales Tauschmittel. Nicht mehr, nicht weniger.

Heute ist Geld für mich vor allem eine Illusion, weil wir unsere Erwartungen, Hoffnungen, Ziele und Wünsche in etwas hineinprojizieren, das keinen eigenen Wert hat. Nur das Vertrauen, das wir ihm schenken und den Wert, den wir ihm beimessen. Diese Geld-Illusion funktioniert nur solange, wie alle an sie glauben. Was glauben Sie?

Die Geld-Vorläufer der Sumerer vor ca. 6.000 Jahren waren ganz einfache Dinge wie Muscheln, Perlen, Metalle, Salz oder Felle. Man bemaß ihren Wert nach der Arbeit, die man für ihre Gewinnung/Herstellung benötigte. Das machte durchaus Sinn, weil dieses »Geld« als Tauschmittel einen echten, realen Wert hatte. Und auch das Ansinnen der Sumerer als Gegenleistung zum Beispiel für eine Ziege zu einem späteren Zeitpunkt eine Ziege und ein Ziegenjunges zu fordern, kann man gut nachvollziehen. Ziegen-Zins sozusagen. Wir könnten heute natürlich auch noch Ziegen, Muscheln oder Felle als Geld verwenden, wenn wir wollten. Nur wäre das nicht so schön handlich, ließe sich nicht digitalisieren und das Wichtigste: Man könnte es nicht aus dem Nichts unendlich herstellen, wie das heutige Geld.

Oder haben Sie schon einmal Geld aus der Erde wachsen sehen oder beim Buddeln im Garten zufällig eine Geldader entdeckt? Geld wächst auch nicht auf den Bäumen. Und es vermehrt sich auch nicht im Finanz-Gewächshaus.

> Geld ist kein natürlicher Wert und im Kern auch kein Gebrauchs- oder Verbrauchsgut. Man kann es nicht essen, es ist nicht verbaubar und es wächst auch nichts daraus hervor (außer neue Schulden). Geld ist nur dann etwas wert, wenn wir es so wollen. In der Wüste bleiben eine Million Euro zwar eine Million Euro, aber für einen Verdurstenden ist eine volle Wasserflasche wertvoller.

Zu oft billigen wir Geld eine falsche Rolle zu, weil wir es überhöhen, indem wir meinen, nur durch Geld könnten wir glücklich leben. Doch Glück hängt, wenn überhaupt, nur zu einem Teil von Geld ab. Mit viel Geld lebt es sich sicherlich leichter, aber auch nicht automatisch glücklicher. Die Frage ist eben, wofür man sein Geld ausgibt und was man selbst braucht für sein Lebensglück.

Wissen wir, worauf WIR Wert legen, können wir unser Leben bewusst(er) gestalten. Nicht nur geistliche und spirituelle Menschen wissen, dass an diesem Satz viel dran ist: »Dir geschehe nach deinem Glauben.« Also: Was »geld-glauben« Sie?

> **Supertipp:** Hören Sie auf, Finanz-News zu lesen oder zu hören. Das meiste »Neue« ist nicht neu oder für Sie, Ihr Geld und erst recht für Ihr Leben irrelevant. Wer sich beispielsweise fünf Stunden pro Woche mit Finanzthemen beschäftigt, investiert dafür jährlich fast ELF GANZE TAGE seiner Lebenszeit! Das sind fast zwei Wochen. Verzichten Sie lieber auf Finanz-News und genießen stattdessen zwei zusätzliche Urlaubswochen!

TIPP 25:

LEGEN SIE FEST, WIE SIE HEUTE WIRKLICH LEBEN WOLLEN UND WIE VIEL GELD SIE DAFÜR BENÖTIGEN.

Was kann ich mir von meinem Geld leisten (und was nicht)? Wie viel Geld brauche ich, um mir das Auto oder die Reise leisten zu können?

Die Mehrheit der Menschen stellt die falschen Fragen, auf die sie zwar Antworten bekommt, die aber das grundsätzliche Geldproblem nicht lösen. Wer vom Geld aus denkt und handelt, wird immer davon abhängig sein. Wie soll man auch nur theoretisch finanziell unabhängig werden, wenn sich alles immer nur ums Geld dreht?

Einmal durfte ich privat einen damals Enddreißiger »coachen«, der nachts kaum mehr schlafen konnte aus Sorge, ob er sein Haus rechtzeitig bis zum Rentenbeginn abbezahlen könnte. Als ich ihn fragte, wer sein (wann auch immer) abbezahltes Haus denn nach seinem Tod erben würde, wurde er skeptisch. Er hatte (und hat) keine Kinder, was mich wiederum zu einem ironischen Dank provozierte, dass der Staat ihn posthum zum »Bürger des Jahres« küren würde, weil er ein Leben lang für ein

Haus gearbeitet und es sogar abbezahlt haben würde, um es nach seinem Tod dann (zwangsläufig) an den Staat zu vererben.

Das Echtbeispiel hat mir deutlich gemacht, wie sehr viele Menschen in ihren teilweise merkwürdigen Glaubenssätzen gefangen sind. Dabei ist die alles entscheidende Frage im Hinblick auf Geld eine ganz simple:

Wie will ich WIRKLICH leben?
Mit dem »wirklich« meine ich, ohne die Erwartungen anderer zu erfüllen, ohne zwangsläufig am heutigen »Ist-Lebenszustand« zu kleben und ohne meilenweit von der Realität entfernte Fantastereien. Erst, wenn wir Klarheit darüber haben, wie wir wirklich leben wollen, können wir herausfinden, wie viel Geld wir dafür benötigen. Aus Tausenden Kund*innen-Gesprächen weiß ich, dass die allermeisten Menschen dies nicht beantworten können. Wie soll man ihnen dann aber einen Rat für ihr Geld geben? Schließlich hat es erhebliche Auswirkungen auf eine finanzielle Empfehlung, ob jemand in drei Jahren auswandern, sich sofort ein Haus kaufen oder sich nächstes Jahr selbständig machen will.

Die Art, wie Sie leben wollen, entscheidet darüber, wie viel Geld Sie wann benötigen. Klingt banal, ist jedoch von elementarer Wichtigkeit.

Es macht eben einen enormen Unterschied, ob Sie vom Geld aus, oder von Ihrem ganz persönlichen und realen Leben aus denken und entsprechend handeln. Denken Sie nämlich vom Geld aus, stehen nicht nur kaufbare Güter und Dienstleistungen im Vordergrund, sondern ebenso die Frage: Wie kommen Sie möglichst schnell und einfach an immer mehr Geld? Schließlich gilt auch heute noch: Wer mehr Geld hat, kann sich mehr kaufen. Dies erklärt auch die nach wie vor unglaubliche Anziehungskraft von Lotto, Glücksspiel und Wettanbietern. Kleiner (sicherer) Einsatz, großer (unsicherer) Gewinn.

Und natürlich der (Irr-)Glaube, dass die Finanzindustrie aus wenig Geld mehr Geld machen kann – automatisch und risikolos. Würde Ihnen sowas ein Fremder versprechen, den Sie zufällig auf der Straße treffen, würden Sie ihn sicher als Betrüger bezeichnen. Vollkommen zu Recht übrigens. Treffen Sie den selben Menschen aber einen Tag später wieder, diesmal mit Anzug und Krawatte in der Bank, könnte er für Sie plötzlich ein vertrauenswürdiger Experte sein.

Die alte Kernfrage zum Geld hat schon länger ausgedient, als manche es wahrhaben wollen: »Wer macht aus meinem Geld mehr Geld für mich (ohne, dass ich dafür arbeiten muss)?«.

Es bringt mir sicher keine neuen Freunde ein, aber es ist nun einmal so: Es gibt kein Geburtsrecht, dass man das Geld, das man in seinem Leben gesammelt hat (ob erarbeitet oder vererbt), auch bis zu seinem Tod behalten darf.

Werden wir uns lieber heute als morgen klar darüber, wie wir wann leben wollen und wie viel Geld wir dafür überhaupt benötigen.

Fragen Sie sich daher:

- *Wo und wie möchte ich wohnen?*
- *Wie möchte ich mich ernähren?*
- *Wie möchte ich meine Freizeit gestalten?*
- *Welchen Hobbys möchte ich nachgehen?*
- *Was möchte ich beruflich (neu) machen?*
- *Was möchte ich für meine körperliche, geistige und seelische Gesundheit tun?*
- *Was mache ich für meine Entspannung, mein Familienleben, meinen Freundeskreis usw.?*

Wenn Sie dies wissen muss die nächste Frage nicht zwangsläufig sein: »Wie viel Geld kostet es mich?« Davor könnten Sie sich zwei andere spannende Frage stellen:

1. »Was kann ich geldlos und aus eigener Kraft dafür tun, so zu leben, wie ich leben möchte?«
2. »Was, das normalerweise Geld kostet, kann ich auch geldlos erreichen (zum Beispiel durch die Hilfe von Familie, Freunden ...)?«

Die (alte) Geld- und Finanzwelt hat uns leider erfolgreich (fehl-)gelehrt, dass wir für fast alles im Leben Geld benötigen. An Geld führt kein Weg vorbei. Geld ist eine Art Allheilmittel, eine Allzweckwaffe.

Je schneller wir uns vom rein geldorientierten Denken lösen, desto klarer werden wir erkennen, dass Geld nicht für alles im Leben elementar ist.

Klar, den Stromversorger kann man natürlich nicht mit guter Laune bezahlen. Doch vieles andere ist auch auf anderen Wegen erreichbar, wenn wir denn wissen, was wir wirklich wollen im Leben. Also: Wie wollen Sie leben – heute, morgen und in Zukunft?

TIPP 26:

REDUZIEREN SIE ALLE AUSGABEN, DIE SIE NICHT WIRKLICH ZUM LEBEN UND GLÜCKLICHSEIN BRAUCHEN.

Wie viel Geld nehmen Sie monatlich *GENAU* ein? Und wie viel geben Sie *GENAU* aus? Und wofür? Vor allem aber: Setzen Sie Ihr Geld *WIRKLICH* zielführend und sinnstiftend für das ein, was Ihnen wichtig ist?

Auf die Frage, ob man monatlich gern mehr Geld zur Verfügung haben würde, sagt wohl jede*r: »Ja.« Natürlich, denn mehr Geld ist gleich mehr Möglichkeiten. Was viele hierbei übersehen: Es ist oftmals auch möglich, aus dem aktuellen »Monatsgeld« mehr zu machen. Und damit meine ich nicht, es in Lottospielen, Sportwetten oder in Finanzprodukte zu stecken in der Hoffnung, hier würde es über Nacht viele Kinder kriegen.

Die meisten von uns geben ihr Geld aus, wie sie es halt so tun: oft unbewusst, nach dem immer gleichen (sich monatlich wiederholenden) Muster und nicht regelmäßig prüfend, ob diese oder jene Ausgaben überhaupt (noch) Sinn machen – oder ob es preiswertere, vielleicht sogar kostenlose Alternativen gibt. Das Hauptproblem ist daher oftmals nicht ein Zuwenig an Geld, sondern ein Zuwenig an bewusstem Geldeinsatz.

Wer einmal exakt seine monatlichen Einnahmen und Ausgaben notiert (früher nannte man das langweilig »Haushaltsbuch führen«), stellt auf den ersten Blick vielleicht fest: Sag ich doch! Reicht gerade so!

Spannend ist aber der zweite (Detail-)Blick und mit ihm hilfreiche Fragen, wie zum Beispiel:

- *»Auf welche Ausgaben kann ich verzichten, ohne dass es mir weh tut, damit ich so Geld für Wichtigeres freibekomme?«*
- *»Welche günstigeren (oder sogar kostenlosen) Alternativen gibt es zu meinen einzelnen Ausgaben (zum Beispiel bei den Energieanbietern)?«*
- *»Kann ich mir gewisse Anschaffungen sparen und mir z.B. eher selten benötigte Dinge bei Bedarf von Freund*innen/Nachbarn leihen?«*
- *»Gibt es mögliche Ausgaben, die ich mir mit anderen teilen kann, um Kosten zu reduzieren (z.B. Zeitungsabonnements, Streamingangebote ...)?«*
- *»Welche monatlichen Ausgaben könnte ich reduzieren oder mir mittel-*

fristig sparen, wenn ich mein Geld anders investiere (beispielsweise statt einem Fitnessstudio-Beitrag eigene kleine Fitnessgeräte zu Hause)?«

- *»Wo kann ich auf gebrauchte oder ältere Güter zurückgreifen, statt mir gleich das neueste Modell zu kaufen (bei Technikgütern/Wohnausstattung)?«*
- *»Kann ich gewisse Sparbeiträge, mit denen ich zum Beispiel auf etwas (früher für mich Wichtiges) hinspare, heute sinnvoller nutzen?«*
- *»Wie kann ich günstiger ›urlauben‹ und so zudem neue Erfahrungen machen?«*
- *»Welche Versicherungen sind verzichtbar, damit ich das Geld heute nutzen kann, statt es für etwas auszugeben, das vielleicht nie eintrifft?«*
- *»Bei welchen Versicherungen kann ich die Leistungen sinnvoll reduzieren, um geringere Beiträge zu zahlen (z. B. bei privaten Krankenzusatzversicherungen)?«*
- *»Welche Vorsorgeverträge kann ich reduzieren oder kündigen, weil sie nicht halten, was sie versprechen (und zu viel Gebühren kosten)?«*

> **Möglichkeiten, mehr aus seinem verfügbaren Geld zu machen, gibt es zahlreiche. Wenn wir die drei Tugenden neu erlernen, die uns die Höher-Schneller-Weiter-Gesellschaft abtrainiert hat: Abwägen – Verzichten – Warten.**

Warum wollen wir immer das Neueste, alles sofort und können uns nicht gedulden? Aktuelles ist teurer als Älteres, wodurch Warten Geld bringen kann. Warum lassen wir uns von Neuem »konsumverführen« und können nicht öfter »brauche ich nicht« sagen? Wie viele Kleidungsstücke haben Sie im Schrank, die Sie nur einmal oder kaum angezogen haben?

Wenn wir unser Zuhause nach allem durchsuchen, was wir zu wenig oder gar nicht nutzen, sehen wir meist, warum wir am Monatsende noch zu viel Leben für zu wenig Geld übrighaben. Machen wir doch auch finanziell mal einen Frühjahrsputz, räumen auf und schmeißen weg. Oft besitzen (und bezahlen) wir mehr »nice to haves«, als wir denken. Das Plus: Mehr Achtsamkeit beim Geldausgeben schont nicht nur unser Konto, sondern auch unsere Nerven (und manchmal auch die Umwelt). Konkrete Tipps, welche Finanzprodukte verzichtbar sind, liefert Ihnen die Finanz-Ampel unter der vorderen Umschlagklappe. Details zu allen hier aufgeführten Produkten finden Sie **ab Tipp 47**. Sie dürfen gespannt sein, wie viel Geld man monatlich sinnvoll sparen kann, wenn man einfach nur seine Finanzprodukte reduziert (weil man die meisten nicht braucht oder weil Lebensthemen aktuell einfach wichtiger sind).

TIPP 27:

SUCHEN SIE NACH KOSTENLOSEN ALTERNATIVEN FÜR BESITZ UND KONSUM, UM NICHT (UNNÖTIG) NACH MEHR GELD STREBEN ZU MÜSSEN.

Oft kaufen wir Dinge, die wir nicht brauchen, von Geld, das wir nicht haben, um Menschen zu beeindrucken, die wir nicht mögen.

Ist an diesem provokanten Einstieg nicht zumindest ein wenig dran? Auf jeden Fall lädt er zur Frage ein, was wir wirklich brauchen. Schließlich werden wir nicht dazu gezwungen, uns irgendwelche Güter zu kaufen oder Dienstleistungen in Anspruch zu nehmen. Wir entscheiden uns selbst dafür. Vielleicht zu häufig? Macht es Sinn, uns öfter GEGEN etwas zu entscheiden?

Hierdurch würden wir nicht nur Geld sparen, sondern müssten gegebenenfalls auch weniger Lebenszeit in Arbeit eintauschen. Wenn wir weniger besitzen, müssen wir uns zudem um weniger kümmern, weniger pflegen, reparieren, um- und wegräumen, irgendwann entsorgen.

Zugegeben: Es gibt natürlich Besitztümer und Dienstleistungen, die wundervoll sind: z. B. ein Haus, ein Fahrrad, ein Laptop, Massagen, Veranstaltungsbesuche.

Alles, was für unsere ganz persönliche Art der Lebensführung einen Sinn ergibt und alles, was wir wirklich nutzen und zu schätzen wissen, ist grundsätzlich etwas wert. Die Frage ist, ob es unbedingt Geld sein muss.

Sollten wir etwas ins Auge gefasst haben, das wir gern hätten oder nutzen würden, können wir uns fragen: »Wie komme ich daran, *ohne* dafür viel zahlen zu müssen?«.

Natürlich kommt es hier sehr auf die Art Ihres Wunsch-Besitzes bzw. Wunsch-Konsums an, denn nicht alles ist ohne Geldeinsatz (legal) erhältlich ...

• Aber manches könnten wir uns zum Beispiel von anderen schenken lassen. Entweder zu den üblichen Feiertagen oder auch einfach so, weil das von uns Gesuchte bei anderen nutzlos herumliegt.

- Wissen Ihre Familie, Freunde, Nachbarn darum, was Sie sich wünschen, helfen sie Ihnen vielleicht sogar beim (kostenfreien) »Finden«. Wenn wir die Idee der »Drei-Fragezeichen-Telefonkette« aufgreifen und fünf Menschen von unserem Wunsch erzählen, könnten diese andere fünf Kontakte fragen, bis jemand das Gesuchte vielleicht gern verschenkt, weil er/sie es nicht mehr benötigt. In einer so überfüllten (westlichen) Besitzgesellschaft ist die Treffer-Wahrscheinlichkeit sogar recht hoch. Oft befindet sich das, was wir suchen, viel näher, als wir denken.
- Ein weiterer Weg, Geld zu sparen, kann eine Anzeige in einem kostenlosen Suchportal (oder einer regionalen Zeitung) sein. Ebenso wie das Angebot, Keller oder Dachboden bei Eltern, Großeltern oder älteren Nachbarn aufzuräumen. Wenn wir alles, was diese nicht mehr brauchen, mitnehmen, wird neben vielen Dingen, die zu entsorgen sind, ganz sicher auch das eine oder andere dabeisein, das wir selber nutzen oder sogar verkaufen können.
- Auch Spaziergänge durch den Ort oder das Stadtviertel können lohnenswert sein, etwa wenn man ein Trampolin oder ein Kinderspielhaus irgendwo in einem Garten entdeckt, das ungenutzt aussieht. Wir müssen nur den Mut haben, nachzufragen, ob das Gefundene noch gebraucht wird oder abzugeben ist (kostenlos oder gegen ein geringes Entgelt). Auch auf Flohmärkten und selbst auf dem Sperrmüll finden sich immer wieder gut erhaltene Gegenstände, die wir vielleicht brauchen können.
- Tauschen ist eine weitere tolle Möglichkeit, geldlos an Wunschdinge zu kommen. Vielleicht tauscht jemand seinen (von Ihnen gewünschten) Crêpes-Macher gegen Ihren (nicht mehr benötigten) Sandwich-Toaster. Oder jemand freut sich, dass Sie ihm als Gegenleistung für den Gartentisch, den er übrighat, ein paar Stunden im Garten helfen. Zeit und Können sind ideale Tauschmittel, die Sie gezielt einsetzen können.
- Auch unser menschliches Netzwerk ist eine Ressource, in dem wir uns mit Familie, Freund*innen, Bekannten, Nachbarn und Arbeitskolleg*innen gegenseitig mit Rat, Tat und Besitz helfen könnten, damit jede*r sich ihre/seine Wünsche mit so wenig Geld wie möglich erfüllen kann. Es gibt viele Möglichkeiten, gewünschte/n Besitz und Dienstleistungen günstiger oder sogar umsonst zu erhalten, wenn man kreativ und ausdauernd auf die Suche geht. Und: Was möchten Sie sich als Nächstes gönnen? Wie könnten Sie weniger dafür bezahlen oder es sogar umsonst erhalten?

TIPP 28:

SETZEN SIE IHR GELD ZIELFÜHREND UND SINNSTIFTEND EIN.

Geld zum Fenster rauszuwerfen, ist eine witzige Idee, wenn Sie schnell genug draußen sind, um es wieder aufzufangen. Natürlich geben wir alle manchmal Geld für Nonsense aus, also für Dinge, die wir eigentlich nicht brauchen, aber halt gern hätten oder tun wollen. Das ist auch nicht schlimm, solange es nicht permanent vorkommt und nicht den Großteil unseres Geldes betrifft.

> **Geld ist zwar keine heilige Kuh, die man nur ansehen und bewundern darf. Trotzdem sollten wir es nicht planlos ausgeben, sondern es zielführend und sinnstiftend einsetzen, weil es uns nur dann wirklich hilft. Heißt: Unsere Ausgaben sollten sich daran orientieren, wie wir leben wollen und was für uns wirklich wichtig ist.**

Klingt logisch und schon längst so getan, aber ist das wirklich so? Sie könnten sich einfach Ihre Ausgaben der letzten drei Monate ansehen und sich bei jeder einzelnen fragen: *»Bei welchem mir wichtigen Lebensthema hat mich das jetzt eigentlich unterstützt?«*

Ausgaben wie Mietzahlungen, Immobilienkreditraten, Strom, Heizung, Gas, Telefon/Internet, Lebensmittel sind selbsterklärend. Wobei Sie sich auch hier fragen könnten, ob das Geld, das Sie beispielsweise für Lebensmittel ausgegeben haben, wirklich dazu beigetragen hat, dass Sie gesund und fit geblieben oder geworden sind (oder »nur« satt)?

Die wenigsten Menschen geben ihr Geld nämlich bewusst nach dem Mehrwert aus, den ihnen das Gekaufte/Bezahlte bringt. Die meisten kaufen entweder nach dem Prinzip »Einfach haben wollen« (emotionale Impulskäufe) oder dem Nutzzweck, also dem sichtbaren »Ertrag«, den es mitbringt (rationale Verstandeskäufe). Viel interessanter und relevanter ist aber, was wir wirklich von dem Gekauften haben.

Eine Gore-Tex-Jacke ist atmungsaktiv und wasserabweisend, was schön ist, weil man dadurch nicht nass wird, wenn's regnet und nicht so stark schwitzt, weil die Jacke »atmet«. Was wir wirklich davon haben, ist jedoch, dass wir hiermit bei Wind und Regen mit unserem Hund Gassi gehen, laufen, im Garten arbeiten oder was auch immer tun können.

Ein Tisch ist hilfreich, weil wir darauf etwas abstellen sowie an ihm essen können UND weil sich hier die ganze Familie versammeln kann, zusammen Zeit verbringt, spielt, klönt, bastelt, arbeitet, lacht ...

Ein Konzertbesuch macht Freude, weil wir etwas anderes sehen und hören als den Alltag, mal rauskommen und uns unterhalten lassen können. Doch ist das wahrhaft Mehrwertige nicht das gemeinsame Erleben mit dem/der Liebsten, die Vor- und Nachfreude, das Rundherum-Event mit Hin- und Rückfahrt, der gemeinsame Aufenthalt an sich, dass man lachen, mitsingen, küssen, kuscheln, etwas vorher oder nachher essen, darüber sprechen kann?

> **Machen Sie Ihr Geld zu Sinn- und Glücksgeld und geben Sie ihm einen mehrwertigen Verwendungszweck, der zu Ihren Zielen und Bedürfnissen passt. Am einfachsten geht das, indem Sie sich fragen: »Was ist mir wirklich wichtig und was könnte ich mir hierfür kaufen, das mir dabei hilft, dies zu verwirklichen?«.**

Sie merken: Ich liebe das Wort »wirklich« wirklich. Warum? Weil es uns dazu zwingt, uns darüber klar zu werden, was wir wirklich wollen – und das ist mehr als etwas, was wir »schon gern hätten«, uns »gut vorstellen« könnten, das »ganz nett« wäre usw.

Überlegen Sie zu Übungszwecken mal, was Sie mit 100 € alles machen können? Sich selbst etwas gönnen, anderen etwas schenken, mit dem/der Liebsten Essen gehen, Spielzeug fürs Kind kaufen. Die Möglichkeiten sind schier endlos – wenn wir nach ihnen suchen.

Übrigens: Wir werden automatisch glücklicher, wenn wir unser Geld sinnvoll verwenden, statt es sinnlos zu verschwenden. Zudem kommt unbewusstes Geldausgaben harten Backpfeifen gleich, die wir uns selbst geben. Denn die meisten von uns müssen arbeiten, um an Geld zu kommen. Geld ist somit mehr als ein Überlebenshelfer und Wunscherfüller, wie Sie im nächsten Tipp erfahren. Geld verschwenden heißt somit auch, Lebenszeit verschwenden. Was schätzen Sie, wie viel Prozent Ihrer bisherigen Geldausgaben waren im Nachhinein betrachtet notwendig (___%) und nicht notwendig (___%)? Und wie sieht's aus mit sinnvollen Ausgaben (___%) und unsinnigen Ausgaben (___%)? Das Bewusstsein über unsere vergangenen Ausgaben hilft uns bei unseren zukünftigen enorm weiter. Ebenso die Frage: Für welchen Lebensbereich haben Sie bisher am meisten Geld ausgegeben und für welchen am wenigsten?

TIPP 29:

LEGEN SIE FEST, WIE VIEL ZEIT SIE BEREIT SIND, FÜRS GELDVERDIENEN ZU VERKAUFEN.

Die allerwenigsten Menschen erben früh so viel Geld, das es fürs ganze Leben reicht. Die allermeisten von uns arbeiten für Geld, um davon leben zu können. Geld ist für uns »Normalsterbliche« ein Speichermedium für unsere geleistete Arbeit.

> Noch klarer ausgedrückt:
> Geld ist in Arbeitszeit getauschte Lebenszeit.

Da Zeit zu den wohl kostbarsten Schätzen unseres Lebens zählt, sind wir gut beraten, sie nicht egal an welchen/welche Arbeitergeber*in, egal für welche Tätigkeiten und zu egal welchem Preis zu verkaufen. Mit dem ganz groben Bleistift gezeichnet entscheiden zwei Faktoren, wie gut wir »über die Runden kommen«: Unser STUNDENLOHN und unser LEBENS-STANDARD.

An beiden Stellschrauben können wir drehen, um unser Leben möglichst so zu leben, wie wir es uns wünschen. Wer einen »niedrigen« Lebensstandard hat, sprich, wer nicht viel Geld braucht, um glücklich und zufrieden zu sein, ist nicht zwangsläufig auf einen hohen Stundenlohn angewiesen, bzw. muss nicht überbordend viel Lebenszeit verkaufen. Wer sich jedoch viel »leisten« möchte, der muss entweder viel arbeiten oder sich so teuer es geht verkaufen.

Wichtig in beiden Fällen ist, seinen »Lebens-/Arbeitszeit-Wert« zu kennen. Dies würde auch zu einem neuen Denken beim Geldausgeben führen. Stellen Sie sich vor, Sie wollen sich einen neuen Fernseher für 2.000 € kaufen und Ihr Job bringt Ihnen einen Stundenlohn von 18 € (nach Steuern). In diesem Fall würden Sie ca. 111 Stunden gearbeitete Lebenszeit für den Fernseher tauschen. Fairer Deal? Anders gefragt: Würden Sie bei dem Anbieter des Super-Schnäppchens 111 Stunden arbeiten, wenn Sie dafür im Gegenzug den Fernseher bekämen?

Geld wird in der heutigen digitalen »Click-and-buy«-Welt immer unsichtbarer und dadurch immer weniger greifbar. Es wäre ein Gamechanger, stünde auf Preisschildern nicht der Euro-Betrag, sondern Ihre Lebenszeit, die Sie für das jeweilige Produkt arbeiten müssten.

So mancher würde sich den Neukauf des 40.000 €-Autos vielleicht überlegen, wenn er lesen kann, dass er hierfür mehr als ein Jahr lang arbeiten muss. Nach diesem Prinzip können Sie sich bei jedem geplanten Kauf fragen:

»Wie viel meiner Lebens-/Arbeitszeit ist mir das wert?«

Geld speichert weder Emotionen noch körperliche Anstrengungen und geht uns deshalb so schnell von der Hand (und vom Konto). Achten wir auf eine gute Balance zwischen unserem persönlichen Geldwert (messbar durch unsere Arbeitszeit und unseren Stundenlohn) und dem Wert unserer Ausgabe. Obwohl 100 € für Sie, mich und auch für Ihre Nachbarn sachlich betrachtet immer 100 € sind, bewirken sie für jede*n von uns etwas anderes. Entscheidend ist daher nicht der äußere, aufgedruckte Wert, sondern der individuelle Wert, den wir unserem Geld geben.

Dieser bewusste Umgang mit Geld kann zu einem bewussteren Umgang mit der eigenen Arbeit und der darin investierten Zeit führen. Drehen Sie das klassische Fragemodell doch einfach um: Statt zu fragen: »Was kriege ich für mein Geld, das ich erarbeite?«, fragen Sie sich »Wie viele Stunden muss ich mindestens arbeiten, um mir mein Leben leisten zu können?«. Oder umgekehrt gedacht, fragen Sie sich doch einmal Folgendes: »Wenn ich meine jetzige Arbeitszeit um X Stunden verringere: Worauf könnte ich für dieses Mehr an Freizeit verzichten?«

Übrigens: Es ist sowohl möglich, für die gleiche Arbeits-/Lebenszeit mehr Geld als bisher zu bekommen, als auch für weniger investierte Zeit das gleiche Geld (oder sogar mehr). Es liegt (fast) allein an Ihnen, wie Sie es schaffen, entweder Ihren Arbeitswert zu erhöhen (und damit Ihren Stundensatz) oder Ihren wahren Wert einzufordern, den Sie verdienen, aber nicht erhalten. Legen Sie selbst fest, wie viel Lebenszeit Sie bereit sind zu welchem Preis an wen und für was zu verkaufen und suchen Sie dann nach Wegen, wie Sie das bekommen, was Sie sich vorstellen.

Ein Weg kann die Gehaltserhöhung sein. In diesem Fall erstellen Sie einen konkreten Fahrplan mit kräftigen Argumenten für Ihre Verhandlung. Gute Pro-Argumente für Sie könnten sein, wie lange Sie bereits keine Gehaltserhöhung erhalten haben (ggf. im Vergleich zum Kolleg*innen-Kreis) und vor allem, was Sie an Mehrwerten für die Firma erbringen, die aus Ihrer Sicht nicht (mehr?) adäquat vergütet werden. Notieren Sie alles, was Ihnen einfällt. Was erbringen Sie an Zusatzleistungen, die über Ihre Arbeitsplatzbeschreibung hinausgehen? Wo engagieren Sie sich über das erwartbare (bezahlte) Maß hinaus? Wie wichtig (unverzichtbar?) sind Sie für die Abteilung, Kolleg*innen, Kund*innen ...? Sammeln Sie alle auch für Ihren/Ihre Chef*in nachvollziehbaren Argumente und überlegen Sie sich ein faires neues Gehalt. Und dann: Selbstbewusst voller Selbstwerte das Gespräch suchen!

Ebenso möglich ist die Aufnahme einer Nebentätigkeit. Diese bringt nicht nur einen Zusatzverdienst, sondern kann auch der Start in eine später beginnende Selbständigkeit sein, sozusagen ein risikoloses (bezahltes) Austesten.

Wer mit seinem Gehalt unzufrieden ist, mit den Arbeitsbedingungen, dem Arbeitsinhalt, Arbeitszeiten und was auch immer, sollte sich grundsätzliche Gedanken machen. Zum Beispiel, indem man mit seiner Berufung beruflich neu durchstartet. Wie?

1. Notieren Sie ALLE Ihre positiven Eigenschaften (z. B. Hilfsbereitschaft, Empathie, Güte ...). Fragen Sie auch Familienmitglieder und Ihre Freundinnen und Freunde, denen meist mehr einfällt als einem selbst.
2. Notieren Sie ALLE Ihre besonderen Fähigkeiten (z. B. Basteln, Handwerken, Gärtnern ...).
3. Notieren Sie ALLE Ihre großen Leidenschaften, für die Sie sich begeistern.
4. Priorisieren Sie zuerst Ihren Eigenschaften-Zettel (Ihre beste positive Eigenschaft bekommt die 1), und danach auch Ihren Fähigkeiten- und Leidenschaften-Zettel.
5. Kreuzen Sie auf ALLEN DREI Zetteln Ihre jeweils wichtigsten Plätze an (z. B. 1, 2 und 3) und notieren Sie DIESE ZUSAMMEN auf einem neuen Zettel.
6. Überlegen Sie, welche Eigenschaften, Fähigkeiten und Leidenschaften Sie miteinander kombinieren könnten. Je mehr, desto besser: Für Sie!
7. Fragen Sie sich nun, zu welchem bekannten oder neuen Berufsbild Ihre einzigartige Zusammenstellung passen könnte. Und dann: Bewerben Sie sich entsprechend oder kreieren Sie etwas Eigenes, das Sie voller Leidenschaft tun und wo meist auch der Grundsatz greift: Money follows passion!

TIPP 30:

KLÄREN SIE, WIE VIEL GELD SIE FÜR IHR ZUKÜNFTIGES LEBEN BRAUCHEN (ZUM BEISPIEL IM ALTER).

Leben ist immer nur im Hier und Jetzt. Alles andere ist vergangen oder kommt erst irgendwann als neues Hier und Jetzt. Trotzdem ist es einigen Menschen wichtig, sich intensiv auf »später« und ihre »Zukunftsfinanzen« vorzubereiten, was ich nicht grundsätzlich allen empfehlen würde, aber nachvollziehen kann. Wenn, dann bitte nie in Form von Armutsangst und Co., sondern orientiert an der Frage:

»Wie will ich später leben?« (am besten, wann genau)

Da dies niemand im Detail für alle Lebensbereiche beantworten kann – noch nicht einmal Sie selbst, reicht es, sich einiger Big Points klar zu werden:

- Wann ungefähr will ich wo und wie wohnen? Mit wem?
- Was möchte ich dann arbeiten?
- Wie will ich meine Freizeit gestalten?

Wenn Sie ungefähr wissen, wie Sie wann leben wollen, können Sie an jeden Big Point ein Preisschild hängen. Da niemand weiß, welche Preise zukünftig teurer (oder auch günstiger) werden und wie sich die Inflation entwickelt, lassen Sie das Schätzen sein und nehmen Sie einfach die heutigen Preise als Basis (gern mit Puffer obendrauf, wenn es sich besser anfühlt). Mit dem Abgleich Ihres heutigen Vermögens wissen Sie, ob Sie sich das Morgen heute schon leisten können oder noch etwas dafür tun müssen.

Sollten Sie für die Zeit ab Rentenbeginn planen wollen, fragen Sie sich:

»Wann gehe ich (für wie lange ungefähr) in Rente, wie möchte ich dann leben und wie bezahle ich es?«

Wenn Sie wissen, WANN Sie Ihren letzten Lebensabschnitt betreten werden, WIE VIEL monatliche Rente Ihnen dann zur Verfügung steht und WIE LANGE Sie damit (ungefähr natürlich) auskommen müssen, haben Sie die drei wichtigsten Eckpfeiler zusammen. Je genauer Sie dann noch wissen, WIE Sie im Alter leben wollen, desto besser können Sie auch einschätzen, wie viel Geld Sie hierfür benötigen.

Als Freund der einfachen Rechnung, weil diese grob über den Daumen gepeilt für die meisten Menschen ausreicht, empfehle ich Ihnen die folgende Schnellrechnung.

Dann gehe ich in Rente: _____ (mein Rentenalter)

MINUS _____ (meine geschätzte Lebenserwartung – *Rechnen Sie gern ein paar Jahre drauf auf den Durchschnitt bei heute Geborenen von aktuell 83,4 Jahren bei Frauen und 78,6 Jahren bei Männern – fühlt sich besser an.*)

GLEICH _____ meine Rentenjahre (*Keine Angst vor dem Tod jetzt bitte. Das bedeutet nur: »So lange brauche ich nach Durchschnitts-Sterberate eine Rente.«*)

Jetzt wissen Sie Pi mal Daumen, wie viele Jahre Sie monatlich Geld zum Leben brauchen. Wie viel, können Sie wie folgt errechnen:

Meine gesetzliche monatliche Rente _____ € (*steht auf Ihrem Rentenbescheid, der einmal im Jahr kommt, ist aber nur eine Schätzung*)

PLUS _____ € meine betriebliche monatliche Rente (*wenn Sie angestellt sind und Ihr Arbeitgeber so etwas anbietet*)

PLUS _____ € meine private monatliche Rente (*die Gesamtsumme Ihrer Lebensversicherungen und anderer Finanzprodukte, die Ihnen bei Renteneintritt garantiert eine feste Summe auszahlen*)

PLUS _____ € meine eigene Vermögensrente (*Wenn Sie Geldvermögen besitzen, können Sie es sich monatlich selbst auszahlen. Teilen Sie Ihr Geldvermögen durch die Summe Ihrer Rentenjahre mal 12 und freuen Sie sich über eine – oft überraschend hohe – Zusatzrente.*)

MINUS _____ € meine monatlichen Ausgaben (*Ziehen Sie von Ihren heutigen Ausgaben die ab, die im Alter mit großer Wahrscheinlichkeit geringer werden oder wegfallen, wie Versicherungen oder Tilgungen, wenn z. B. die Immobilie bei Renteneintritt abbezahlt ist*).

GLEICH _____ € mein Rentenüberschuss/-fehlbetrag (*Reicht Ihr heutiges Geld auch später? Super, dann freuen Sie sich auf Ihr Leben im Alter. Fehlt Ihnen Geld, dann helfen Ihnen vielleicht die **Tipps 26, 27 und 50** weiter.*)

DRITTES KURZ-FAZIT
»FINANZWELTEN«

Und? Wie hat Ihnen die kurze Reise in die Finanzwelten gefallen? Was war für Sie neu, was hat bei Ihnen für »Ohs« und »Ahas« gesorgt? Und vor allem: Was nehmen Sie für sich und Ihr Geld daraus mit?

Tipp 21: Verabschieden Sie sich von der äußeren Finanzwelt, weil sie immer unsicherer wird, Sie manipuliert und Ihrem Geld schadet.

Tipp 22: Verwahren Sie in der Finanzwelt nur so viel Geld, wie absolut notwendig.

Tipp 23: Lösen Sie sich von schädlichen Glaubenssätzen und korrigieren Sie falsch getroffene Finanzentscheidungen.

Tipp 24: Finden Sie Ihre eigene klare Einstellung zum Geld und machen Sie sich unabhängig von äußeren (Finanz-)Einflüssen.

Tipp 25: Legen Sie fest, wie Sie heute wirklich leben wollen und wie viel Geld Sie dafür brauchen.

Tipp 26: Reduzieren Sie alle Ausgaben, die Sie nicht wirklich zum Leben und glücklich sein brauchen.

Tipp 27: Suchen Sie nach kostenlosen Alternativen für Besitz und Konsum, um nicht (unnötig) nach mehr Geld streben zu müssen.

Tipp 28: Setzen Sie Ihr Geld zielführend und sinnstiftend ein.

Tipp 29: Legen Sie fest, wie viel Zeit Sie fürs Geldverdienen bereit sind zu verkaufen.

Tipp 30: Klären Sie, wie viel Geld Sie für Ihr zukünftiges Leben brauchen (zum Beispiel im Alter).

KAPITEL 4

FINANZ- BERATER*INNEN

VERTRAUEN SIE KEINEM/KEINER FINANZBERATER*IN BLIND, SONDERN PRÜFEN SIE ALLE IHRE EMPFEHLUNGEN KRITISCH, WENN SIE IHNEN NICHT RECHTZEITIG ENTKOMMEN!

»Wer Rat bei Berater*innen sucht, bekommt diesen auch. Nur anders, als erhofft, weil diese oft auch nur tun, was jede*r selbst kann: Raten.«

Berater*innen sind wundervoll, oder? Wenn man selbst keine oder zu wenig Ahnung von einem Thema hat und nicht weiß, was man tun (oder lassen) sollte, dann fragt man einfach einen/eine Berater*in und schon ist alles in Butter. Schließlich weiß der/die Berater*in Rat und dieser wiederum ist hilfreich. Stimmt in vielen Fällen, je nach, hmm, was eigentlich?

Gibt es Bedingungen, die erfüllt sein müssen, damit ein Rat auch das ist, was er sein sollte, nämlich hilfreich? Prüfen wir's im Schnelldurchlauf. Das Wichtigste ist sicherlich, dass sich der/die Ratgebende auch gut auskennt auf dem Themengebiet und ein wahrer/eine wahre Spezialist*in ist. Entscheidend ist hier wiederum, wie komplex und kompliziert dieses Gebiet ist. Wer sich gut mit Technik auskennt, kann vielleicht ein/eine Spezialist*in für Computer sein, aber gleichzeitig auch für Spielkonsolen, E-Roller oder Küchenmaschinen? Sicher nicht.

Aber wie sieht's jetzt bei Finanzen aus? Schließlich ist die Finanzwelt nicht nur multikomplex und multikompliziert, sondern ändert sich auch sekündlich. Wie soll sich da jemand *WIRKLICH* auskennen entsprechend der aktuellen Gegebenheiten? Ein Handyexperte kann so kompetent sein, wie's überhaupt nur geht: Wenn er sich aber nur mit den frühesten Nokia-Modellen auskennt, hilft sein Wissen uns heute nicht wirklich weiter. Gleiches gilt für den Finanzmarkt, bei dem schon eine einzige wichtige Neuigkeit elementare Auswirkungen auf Sie und Ihr Geld haben kann.

Wie soll man einen Finanz-Rat geben, wenn dieser in einer Stunde schon hinfällig sein könnte? Zudem gibt es in fast allen anderen Bereichen immer mindestens *EINEN* Rat, der wirklich zum gewünschten Ziel führt. In der Finanzwelt ist das anders. Hier ist fast jeder Rat nur ein Raten. Das bedeutet nicht, dass Finanzberater*innen per se keine Ahnung haben. Einige verfügen über viel Spezialwissen und kennen sich zum Beispiel bestens mit Versicherungen aus, was typisch ist, da alle schon in ihrer Ausbildung gewisse Präferenzen haben. Ich liebte Aktien, mochte das Kreditgeschäft aber nicht, Versicherungen noch weniger. Verständlich, doch ebenso problematisch. Denn Sie gehen ja zu einem/einer Finanzberater*in, weil Sie denken, er/sie kennt sich mit allen Finanzthemen aus und hat hier den jeweils besten Rat für Sie. Tja, falsch gedacht.

Ich habe mich immer amüsiert, wenn mich Kund*innen als damaligen Berater gefragt haben, welche Aktie ich Ihnen denn empfehle. Glauben

Sie im Ernst, dass ein/eine Berater*in in irgendeiner Filiale weiß, welche Aktie demnächst durch die Kursdecke geht? Oder ob man heute Bitcoin kaufen sollte, Etherium, Gold, Silber?

Fragen Sie Ihren/Ihre Berater*in doch mal, ob er/sie Millionär*in ist. Wenn nein, dann sollten Sie sich ernsthaft fragen, wie Ihnen jemand beim Reichwerden oder Geldvermehren weiterhelfen soll, der es selbst nicht geschafft hat. Auch ein stark übergewichtiger Fitnesstrainer würde wohl nicht wirklich viele Kunden von sich überzeugen können, oder?

Wussten Sie, dass sich viele (finanziell) reiche Menschen selbst um ihr Geld kümmern und Berater*innen, wenn überhaupt, nur für ausführende, administrative Angelegenheiten beauftragen? Warum wohl?

Mit meinem früheren Finanz-Trainingsunternehmen konnte ich mit unseren Trainer*innen in mehr als 20 Jahren viele tausend Berater*innen begleiten und habe dabei unzählbare Einblicke in ihre Beratungspraxis bekommen. Natürlich sind nicht alle so wie gleich beschrieben, aber leider zu viele. Die meisten Berater*innen tun mir leid, weil sie meist nette Menschen sind, die einfach in einem falschen System arbeiten, unter falscher Führung, mit falschen Vorgaben, falschen Anreizen und die falsch qualifiziert wurden (weil produktgetrieben und nicht kundenorientiert). Doch sie beraten nun einmal. Manchmal zu ihrem eigenen Leid, oft auch zu Ihrem.

TIPP 31:

DIE MEISTEN FINANZBERATER*INNEN SIND REINE FINANZPRODUKTVERKÄUFER*INNEN.

Seien Sie ehrlich: Zumindest früher haben Sie mal geglaubt, ein/eine Finanzberater*in sei ein/eine Finanzexpert*in, oder? Macht doch auch Sinn, schließlich ist der/die Ernährungsberater*in ja auch Expert*in in Sachen Ernährung. Finanzberater*innen werden hingegen fälschlich als Expert*innen angesehen, wobei, wenn Sie an **Kapitel 2** denken und meine »Würdigung« der Finanzexpert*innen, passt's dann doch wieder.

Niemand würde auf die Idee kommen, dass Supermarkt-Verkäufer*innen Ernährungsexpert*innen sind. Warum auch, weiß man ja, dass man hier nicht beraten wird, sondern Dinge kaufen kann. Genauso ist es jedoch auch bei Finanzberater*innen, die sich jedoch mit einem falschen Titel schmücken und Etikettenschwindel begehen. In Wahrheit sind die allermeisten Berater*innen reine Verkäufer*innen von Finanzprodukten, was nichts Verwerfliches wäre, wenn man es auch genauso sagen würde. Dann wüssten Sie als Kund*in, genau woran Sie sind. Stattdessen suggeriert man Ihnen eine individuelle Beratung und maßgeschneiderte Tipps.

Dies kann es natürlich geben, aber nur, wenn der/die Ratgebende Sie auch wirklich kennt und um Ihre Lebensumstände weiß, um Ihre Sorgen, Ziele, Wünsche, Bedürfnisse, Möglichkeiten. Bei wem aus Ihrem Freundes- und Bekanntenkreis würden Sie sich zutrauen, ihm oder ihr einen wirklich hilfreichen Rat zu geben? Kommt drauf an, oder? Darauf, wie gut Sie diese Person kennen und auf das Thema (wie gut Sie sich hier auskennen). Im Gegensatz zu Ihrem Rat, der hoffentlich kostenlos wäre, ist es der von Finanzberater*innen meistens eben nicht.

Finanzberater*innen verstehen unter »Rat« oftmals eine konkrete Produktempfehlung, was kein Wunder ist, schließlich ist es deren Aufgabe, Ihnen möglichst viele davon zu verkaufen. Und da Zeit bekanntlich Geld ist, soll dies in möglichst kurzer Zeit erfolgen, weshalb fast alle Finanzinstitute konkrete Vorgaben haben, wie lange welche Art von Kund*innen »beraten« werden dürfen: die Guten (Vermögenden) länger als die Mittelguten (die Normalbürger*innen mit Geld).

Daher machen viele Finanzberater*innen mit ihren Kund*innen auch kurzen Prozess und verstehen unter Beratung das Durchklicken von vorgefertigten Charts mit vorgefertigten Fragen und vorgefertigten Produktempfehlungen im Hintergrund. Kein Wunder, dass der »Rat« eben NICHT individuell entsprechend dem/der jeweiligen Kund*in ist, sondern höchstens geld-individuell, also passend zur Anlagehöhe oder Sparmöglichkeit.

> **Daher heißt es oft: Ob ein Rentner, eine junge Studentin oder ein Huhn mit 10.000 € vor Finanzberater*innnen sitzen, die »Empfehlung« ist stets dieselbe, da nur das Geld »beraten« wird.**

Sie werden es wohl nie erleben, dass am Ende einer Beratung empfohlen wird: »Sie brauchen kein Finanzprodukt.« Im Gegenteil: Zu oft werden Kund*innen so lange bequatscht und geknetet, bis diese endlich mit den suggerierten (fremden!) Bedürfnissen und maßgeschneiderten (Droh-) Szenarien zum empfohlenen Produkt passen.

Gehen Sie mal in eine Bank und erzählen, Sie wollen sich ein Auto kaufen. Zack, haben Sie ein Kreditangebot vorliegen, obwohl Sie das Geld vielleicht in bar oder auf dem Konto haben, etwas vererbt bekommen haben oder, oder, oder ...

Ein weiterer Beweis für die Verkaufsorientierung statt des erwarteten (und oft versprochenen) Rates ist die Art, wie die Finanzberater*innen mit Ihnen die Beratungszeit verbringen. Wer spricht wohl die meiste Zeit und über was wird dann gesprochen? Aus unseren Begleitungen von Echtgesprächen wissen wir, dass ca. 70 % der Zeit der/die Berater*in spricht.

Bevor wir einem Freund einen Rat geben, hören wir – anders als Finanzberater*innen – intensiv zu und stellen viele Fragen, damit wir überhaupt einen hilfreichen Rat geben können. Sollte uns das nicht zu denken geben?

TIPP 32:

AUCH DIE NETTESTEN BERATER*INNEN HABEN VERKAUFSZIELE.

Ziele sind wichtig, das bringt man uns oft schon sehr früh als Kinder bei. Setzen wir uns Ziele, wissen wir genau, was wir wollen und sind zudem motiviert, aktiv zu sein und uns auf den Weg dorthin zu machen. Soweit, so nachvollziehbar. Problematisch wird's nur, wenn jemand anderer das Ziel für uns setzt und uns sagt, wo's langgeht. Und noch schlimmer ist es, wenn wir selbst das Ziel anderer sind, zum Beispiel eine lebende Verkaufs-Zielscheibe, auf die Berater*innen fleißig mit ihren Produktpfeilen schießen.

Ja, Verkaufen ist an sich etwas Gutes, aber nur dann, wenn der/die Kund*in etwas wirklich braucht und dies zum richtigen Zeitpunkt angeboten bekommt. Im Idealfall noch zu einem fairen Preis. Doch auch dies ist in der Finanzwelt nicht so, denn Finanzberater*innen denken fast ausschließlich »von der Bank zum/zur Kund*in«, nach dem Motto: »Wie kriege ich meine Produkte am besten an wen verkauft?«. Es wird eben nicht danach gefragt: »Welche Ziele, Wünsche, Bedürfnisse, Sorgen haben meine Kund*innen und bei welchen kann ich Ihnen mit einem (kostenlosen) finanziellen Rat oder mit einem wirklich zu Ihrem Bedarf passenden Produkt weiterhelfen?«.

Schade, aber natürlich verständlich, denn wie soll sowas in der Praxis auch gehen? Schließlich betreut ein/eine Berater*in viele Hundert Kund*innen (manche sogar über 1.000). Da kann man nicht jede*n kennen und wissen, was er/sie braucht. Logisch. Würde man so etwas wollen, dürften Berater*innen nur so viele Kund*innen betreuen, dass sie diese und ihre Lebenssituationen samt aktuellen Bedürfnisse auch kennen könnten. Daran würde man aber zu wenig verdienen – denkt die Finanzbranche, weshalb diese Art der »intensiven Betreuung« auch nur den »guten« (vermögenden) Kund*innen zuteil wird. Mit denen kann eben mehr verdient werden, wobei es oft gerade die nicht-vermögenden Kund*innen sind, die finanzielle Hilfe bräuchten. Aber wen interessiert's?

> **Die meisten Banken und Sparkassen sind »Privat-Finanz-Praxen«, die sich am liebsten um die Menschen »kümmern«, die über genügend Geld verfügen. Die anderen dürfen auch kommen, werden aber so schnell es geht abgefertigt und bekommen eben auch nicht die »Finanz-Pflege«, die sie brauchen.**

Jeder/Jede Berater*in hat Verkaufsziele, die es zu erfüllen gilt. Was würden Sie tun, wenn Sie einen Flohmarktstand haben mit der Maßgabe, dass dieser bis zum Abend abverkauft sein muss? Würden Sie dann mit jedem/jeder Vorbeigehenden eine Bedarfsanalyse machen, was er/sie gerade braucht, was fehlt, wo Hilfe gebraucht wird, ob Sie überhaupt was Passendes für ihn/sie haben? Sie würden sicherlich versuchen, alles an wen auch immer zu verkaufen – vor allem, wenn davon Ihr Job abhängen würde wie in der Finanzindustrie.

Wann haben Sie zuletzt einen Berater*innen-Anruf bekommen, wo man Ihnen einen kostenlosen Tipp gab, der Ihnen weitergeholfen hat (und dem Anrufenden keinen Vorteil brachte)? Warum auch. Die Arbeitszeit der Berater*innen heißt intern nicht umsonst »Vertriebszeit« und in der soll nicht anderen geholfen, sondern verkauft werden.

Zudem entscheidet bei Finanzberater*innen zumeist der eigene (Produktverkaufs-)Bedarf, und nicht IHR Lebensbedarf über die Empfehlungen, die Sie bekommen. Das ist besonders dann ärgerlich, wenn Sie nach Rat fragen und nicht das angeboten bekommen, was Ihnen helfen könnte, sondern das, was der Vertriebsziel-Erfüllung des/der Beratenden dient. Dies kommt häufiger vor, als die meisten wissen, denn für jedes Jahr gibt es eine »Kampagnenplanung«, in der feststeht, welche Produkte Ihnen wann »total kundenorientiert« präsentiert werden. Im Herbst gibt es häufig Fonds, weil man Sie da auf die »Jahresendrallye« heißmachen kann (die nur nicht immer eintritt). Allgemein herrscht zum Jahresende vielerorts hektische Betriebsamkeit, weil alle Berater*innen dann fleißig unter Druck daran arbeiten, die noch nicht bei 100 % liegenden Produktziele zu erreichen. Da kann es schon mal vorkommen, dass man Ihnen beim Filialbesuch, bei dem Sie nur Ihre Adresse ändern wollen, einen Bausparvertrag empfiehlt. Total bedarfsorientiert, oder?

TIPP 33:

BERATER*INNEN BIETEN IHNEN IMMER NUR EINE SEHR BEGRENZTE PRODUKTPALETTE AN.

Mein Superangebot: Ich biete Ihnen ein Produkt, das nicht das Günstigste ist, nicht das Beste, dessen Preis-/Leistungsverzeichnis schlecht ist und das Sie zudem gar nicht brauchen. Und: »Deal oder Deal?«.

Eines eint wohl alle Käufer*innen: Jede*r möchte mindestens ein Produkt, das einem weiterhilft, sonst bräuchten wir es schließlich nicht kaufen. Und mögliche Produkte gibt es auf unserer übervollen (westlichen) Welt genug, die für uns infrage kommen.

Wie viele Finanzprodukte gibt es? Schätzen Sie mal. Zählen ist nämlich gar nicht möglich, weil immer neue Produkte »erfunden« werden, die sich zudem immer wieder verändern und teilweise unzählige Varianten haben. Die spannendste Frage ist jedoch: Welche Produkte bietet Ihr/Ihre Berater*in Ihnen davon an? Sucht er/sie entsprechend Ihrer Anforderungen und Wünsche genau das dazu Ideale aus? Wie ein/eine Schuhverkäufer*in, der/die auch erst Maß nimmt und dann hinten im Lager die für Sie passende Variante herausholt? Nein!

Ihr/Ihre Finanzberater*in wäre wohl mehrere Leben lang weg, um in den unendlichen Finanzweiten nach dem Passenden zu suchen. Damit Sie nicht so lange warten müssen, haben Finanzinstitute nach eigenen Angaben schon »die Besten« auf Lager genommen, aus denen sie Ihr persönliches Superprodukt heraussuchen können. Wie der BMW-Verkäufer, der Ihnen ja auch nicht einfach einen BMW X5 verkauft, sondern das Auto, das – aus seiner Vertriebswelt gesehen – am besten zu Ihnen passt.

Nun ist eine limitierte Produktpalette nichts Schlimmes, wenn die Qualität stimmt, die Preise fair sind und sie Ihnen einen echten Mehrwert erbringen. Alles drei zweifele ich in den allermeisten Fällen an, wie Sie unter anderem in **Kapitel 5 (Finanzprodukte)** selbst nachprüfen können.

Vorher ist es wichtig zu wissen, wie die Berater*innen überhaupt ermitteln, welches Superprodukt sie für Sie aus dem Finanzlager zaubern. Wenn am Ende Standardprodukte rauskommen, geht das schon mal nicht mit »individueller Beratung«. Sie haben (wenn überhaupt) die Wahl, welche der *VORGEGEBENEN* Leistungspakete und »Konfigurationsmöglichkeiten« Sie wie nutzen wollen.

Übrigens: Werden Sie mit einer Software beraten, sollten Sie wissen, dass es immer voreingestellte Produktkörbe gibt, aus denen Sie Ihre »Empfehlungen« bekommen – auch wenn es möglicherweise Produkte gibt, die besser zu Ihrem Bedarf passen, aber leider nicht im Körbchen sind (weil man daran zu wenig verdient).

Aber was ist da eigentlich so drin in diesen Produktkörben? Das Günstigste? Das Beste? Die Produkte mit Top-Preis-Leistungsverhältnis? Die, die Ihnen wirklich helfen?

Angenommen, es gäbe eine Art »Finanz-Nahrungskette«, was denken Sie, wo stehen wir »Normalbürger*innen« dort: oben oder unten? Eben. Dabei würde es uns ja oftmals schon reichen, wenn wir statt immer neuer Produkte hilfreiche produktbegleitende Empfehlungen erhielten. Hat Sie Ihr/Ihre Berater*in zum Beispiel schon mal angerufen und erklärt,

- wie Sie bei Ihren bestehenden Versicherungen in günstigere Tarife wechseln und Geld sparen können?
- welche Ihrer (teilweise seit Jahren) bestehenden Finanzprodukte Sie nicht mehr brauchen und die Sie sich damit im wahrsten Sinne des Wortes sparen können?
- wie Sie Ihre finanzielle Situation verbessern können?
- wie Sie ein günstigeres Girokonto nutzen können, weil Sie das aktuelle (teure) gar nicht mehr brauchen?
- wie Sie aus dem teuren Dispokredit herauskommen?
- dass Sie Ihren Investmentfonds verkaufen könnten, um Gewinne zu realisieren und das Geld für Ihr Leben zu nutzen?

> **Während Schuhverkäufer*innen ab und an mit leeren Händen aus dem Lager zurückkommen, weil Sie uns nicht bieten können, was wir brauchen, haben Finanzberater*innen immer etwas »Passendes«, das sie aus dem Finanz-Hut zaubern. Wenn wir den Trick erkennen, können wir tun, was man bei schlechten Zaubervorstellungen tun sollte: gehen.**

TIPP 34:

ZU VIELE BERATER*INNEN SIND FINANZIELL INKOMPETENT, VOREINGENOMMEN ODER EINSEITIG.

Klingt hart, weshalb ich betone, dass ich mich weder überhöhen noch andere abwerten möchte. Es ist nur mein Eindruck aus mehr als 20 Jahren Begleitung von Finanzberater*innen. Die meisten, die ich kennengelernt habe, sind nett und privat sicherlich gute Menschen, aber beruflich tun sie trotzdem zu oft das, was nicht gut für Sie und andere ist.

Vielleicht kann ich hiermit auch etwas von dem Druck nehmen, der auf vielen Berater*innen lastet, denn nur, weil jemand in einer Bank oder Sparkasse arbeitet, heißt dies noch nicht, dass der/diejenige auch wirklich Ahnung von Finanzen hat. Die meisten Berater*innen kennen zwar – zumindest zum Teil – die Produkte, die sie verkaufen (wobei die meisten heute so komplex sind, dass selbst die »Produkterfinder*innen« bei kritischen Detailfragen so ihre Antwortprobleme haben, wie ich mehrfach selbst miterleben durfte). Aber Berater*innen wissen viel zu selten, wie der komplexe sich permanent ändernde Finanzmarkt funktioniert, und noch weniger, was die aktuellen Entwicklungen für Auswirkungen auf die Kundengelder haben (könnten).

Hierfür braucht man neben Lust auch Zeit, die Berater*innen »auf Arbeit« nicht haben. Und privat haben viele nach eigenem Bekunden keine Lust auf weitere Finanzbeschäftigung. Dies ist auch kein Muss, heißt die originäre »Beratungsaufgabe« ja: Produkte verkaufen. Hinzu kommen die bereits erwähnten persönlichen Produktaffinitäten und -aversionen, die dazu führen, dass man sich vor allem mit dem, was man nicht mag, weniger bis gar nicht beschäftigt. Erklären Ihnen Berater*innen zum Beispiel ein »ungeliebtes« Produkt, kommen nicht selten nur ein paar grundsätzliche Infos, aber wenig zur Wirkungsweise des Produkts, zu Vorteilen, Risiken und Nebenwirkungen – aber genau darauf würde es natürlich ankommen.

Erschwerend kommt hinzu, dass Berater*innen auch nur Menschen sind. Kein Vorwurf, aber wir Menschen haben alle nun einmal individuelle Ängste und Sorgen, Ziele und Wünsche, Vorstellungen und Werte, die leider zu oft unbewusst auf die Kund*innen übertragen werden. Oft vermeintlich zu deren Bestem, denn ist man selbst überzeugt, dass Versicherungen gut sind und man davon möglichst viele haben sollte, dann wird das doch auch gut für die Kund*innen sein, oder?

Eine unserer Auswahlfragen an Trainer*innen, die sich bei uns bewarben, war: »Sie beraten einen Kunden mit fünf kleinen Kindern, der sich nicht versichern will, weil er an den lieben Gott glaubt, der immer auf ihn und seine Familie aufpasst und sie alle beschützt. Was sagen Sie ihm?«

Die allermeisten Bewerber*innen erklärten, wie wichtig es sei, dass die Familie auch für den Fall abgesichert ist, wenn ihm etwas zustößt, weil halt immer etwas passieren kann. Alle so antwortenden Trainer*innen waren sofort raus. Warum? Weil für mich nichts über dem eigenen Willen eines Menschen steht und seiner festen Überzeugung. Wir müssen das, was andere denken und/oder tun nicht gutheißen. Wir dürfen es für uns anders machen, müssen aber akzeptieren, dass andere anders leben als wir.

Für Finanzberater*innen, die seit Jahren auf Ängste, Sorgen, Risiken, Versicherungen, Rendite, Geldvermehrung konditioniert sind (weil sie darüber verkaufen), sind andere Lebenswelten, Lebensvorstellungen und Überzeugungen oft unvorstellbar – was ihre »Empfehlungen« erklärt, aber nicht rechtfertigt.

Zumal Finanzberater*innen laut unseren Befragungen im Schnitt ca. doppelt so viele Finanzprodukte haben, wie der/die Durchschnittskund*in, nämlich 20 bis 40. Logisch, dass Sie oft hören: »Das Produkt habe ich auch.« Ich antworte dann: »Schön, aber was hat das *MIT MIR* zu tun?« Wenn eine Modeverkäuferin eine Bluse aus dem Ständer zieht und schwärmt, dass sie davon zwei hat, muss die ja nicht auch etwas für mich sein. Zudem: Glauben Sie, eine Modeverkäuferin kann wirklich *ALLE* Kleidungsstücke empfehlen, die sie verkauft (wenn sie ehrlich ist)? Warum tun dies aber Finanzberater*innen und verkaufen oft das am häufigsten, was sie selbst am besten finden (auch, wenn's den Kunden überhaupt nicht steht)?

TIPP 35:
VORSICHT VOR MANIPULATIVER BERATUNGS-SOFTWARE.

Software. Ein Wort, unendliche Möglichkeiten. Hören wir Software, denken wir an für unseren Alltag und unsere Arbeit wichtige Hilfsprogramme, ohne die Vieles gar nicht mehr möglich wäre. Software erleichtert uns das Leben und ermöglicht uns, Dinge zu tun, die ohne sie nicht zu schaffen wären. Wie wundervoll, dass auch Finanzberater*innen auf diese Computerzauberprogramme zurückgreifen, wenn sie uns beraten, – denken wir. Software kann Komplexes in Millisekunden verarbeiten und führt uns anhand der richtigen Struktur mit richtigen Fragen zum richtigen Ergebnis – glauben wir. Während wir vor dem Bildschirm staunend zusehen, arbeitet die Software im Hintergrund das perfekt zu uns Passende aus. Pustekuchen!

Fragen Sie sich mal, von wem die Software programmiert wurde. Von Verbraucherschützern? Von unabhängigen Expert*innen? Natürlich von der Finanzindustrie selbst. Wie würden Sie eine Software programmieren, wenn es Ihr Ziel wäre, so viele Produkte wie möglich zu verkaufen? Immer dann, wenn eine Beratungssoftware eingesetzt wird, begeben Sie sich in ein digitales Verkaufsprogramm, das am Ende niemals Sätze ausspucken wird wie:

- »Sie brauchen kein Finanzprodukt.«,
- »Sie sollten gar nichts ändern. Alles tiptop!« oder gar
- »Verkaufen Sie diese drei Finanzprodukte und nutzen Sie lieber preiswerte oder kostenlose Alternativen« (wie in meinen **Tipps ab Nummer 90** beschrieben).

Ein großes Übel ist, dass Finanzinstitute entscheiden, welche Produkte bei welchen Fragen bzw. Beratungsthemen standardisiert empfohlen werden. So passiert es, dass oft immer die gleichen Produkte am Ende als »Empfehlung« herauskommen, ganz gleich, was Sie antworten, was der/die Berater*in für Sie anklickt und ob es überhaupt zu dem passt, was Sie wirklich wollen.

Zudem folgt jede Beratungssoftware einer klaren Struktur, die, Sie ahnen es, immer zum Verkauf führen soll. Auch sind viele Fragen, die Ihnen gestellt werden, suggestiv oder bieten nur wenige bereits *voreingestellte* Antwortmöglichkeiten. Stellen Sie sich vor, Sie sind beim Einkaufen und Ihnen wird am Eingang des Ladens ein/eine Berater*in zur Seite gestellt, der/die Ihnen mithilfe einer »Einkaufssoftware« zehn Fragen zu Ihren Bedürfnissen stellt. Wenn am Ende dann der extra für Sie gepackte Einkaufswagen kommt, würden Sie schnell selbst wissen, ob Sie wirklich das bekommen, was Sie brauchen (und wollen). Das Fiese bei Finanzempfehlungen ist: Kunden können die Empfehlungen in der Regel fachlich gar nicht einschätzen. Das ist ja auch der eigentliche Grund, warum sie zur Beratung gehen und darauf vertrauen MÜSSEN, dass ihr/ihre Berater*in ihnen nicht nur die richtigen Fragen stellt, sondern ebenso die richtigen Antworten gibt. Vertrauen ist gut, Kontrolle ist besser, heißt es so schön. Aber wie soll man etwas kontrollieren, das man nicht versteht? Wem vertrauen Sie mehr: sich selbst oder jemand anderem?

Da ich selbst bereits Mit-Inhaber und Geschäftsführer eines Meinungsforschungsinstituts war, kenne ich mich mit der Konzeption von Fragebögen und Beratungssystemen ganz gut aus. Ob Sie's glauben wollen, oder nicht, aber wenn Sie mir sagen, welches Ergebnis Sie haben wollen, dann baue ich Ihnen die passenden Fragen, damit Sie genau das bekommen.

> **Natürlich könnte man auch ohne Software verkaufen, sorry, beraten. Aber mit einem programmierten Tool ist es tausendmal leichter, weil Kund*innen zur Technik mehr Vertrauen haben als zum Mensch. Ist das nicht traurig!?**

ALLE Fragen, die man Ihnen in der Finanzberatung stellt (und im Internet mit Softwaretools), münden immer in Produktempfehlungen. Das Versprechen ist die vermeintliche Vereinfachung von Hochkomplexem, gepaart mit der Integration Ihrer ganz individuellen Bedürfnisse und Wünsche. In Wahrheit ist es ein Labyrinth mit nur einem Ausgang: dem Produktkauf auf Ihre Kosten, ob Sie's individuell brauchen oder nicht.

TIPP 36:

VORSICHT VOR BLUMIGEN WERBEBOTSCHAFTEN, »AUSGEZEICHNETEN« PRODUKTEN ODER KOSTENLOSEN BEIGABEN.

Wenn Sie irgendwo eine großflächige Hochhausanzeige oder hollywoodreife Werbespots sehen, denken Sie dann: »Aha, interessantes Produkt. Sollte ich mir vielleicht auch kaufen?« oder eher: »Wofür man so aufwändig werben muss, das kann so doll nicht sein.« Höchstwahrscheinlich ersteres, oder? Kein Wunder, können wir der Werbung heute doch gar nicht mehr entgehen, weil sie uns überall anspringt.

Dabei würde ich schätzen, dass Sie für den Großteil der Dinge, die Sie regelmäßig kaufen, nicht zusätzlich durch Werbung motiviert werden müssen, oder?

Für das, was man braucht, benötigt man keine Kaufanreize. Das Problem bei Finanzprodukten ist: Die allerallerallermeisten braucht man einfach nicht. Das erschwert es der Finanzindustrie natürlich, weil es in der Bevölkerung keinen natürlichen Bedarf nach ihren Produkten gibt (außer beim Girokonto, das nun einmal jede*r braucht).

Wie schafft die Finanzindustrie es aber dann, ihre Produkte zu verkaufen? – Indem sie alles an Werbearsenal auffährt, was so möglich ist: Werbespots und Hochglanzbroschüren voll wohlklingender (luftleerer) Versprechen. Inklusive eines inflationären Einsatzes von Schlüsselwörtern wie »sicher«, »günstig«, »Steuern sparen«, »Gewinnchance«, »Renditemöglichkeit«, »Inflations- bzw. Crashschutz«. Unser Gehirn wird mit Heilsbringer-Argumenten bezirzt, unsere Emotionen werden mit schönen Bildern umgarnt, damit wir endlich kaufen, was wir ohne all diese Manipulationen niemals gekauft hätten.

Garniert werden die »Top-Produkte« oft noch mit Qualitätssiegeln, die geprüfte Sicherheit versprechen, das Produkt zum Testsieger ausrufen, es mit fünf von fünf möglichen Sternen versehen und mit Wunderworten bestücken wie »ausgezeichnet«, »Premiumanbieter« oder »Bester seiner Klasse«. Was die meisten Kund*innen nicht wissen, weil sie's nicht wissen sollen (denn dann würden sie diese »ausgezeichneten« Produkte nicht kaufen): Für diese Siegel bezahlen die Finanzinstitute teilweise sehr viel Geld.

Moment: Man kann sich Auszeichnungen kaufen? Ja, das kann man und macht man.

Ich erlebte das über viele Jahre hinweg live mit und weiß, wie die meisten »Qualitätssiegel« zustande kamen. Oft mit pauschalen Tests oder sehr, sehr wenigen »wohlwollenden« Testkäufen. Ich kenne Sparkassen mit mehr als 1.000 Berater*innen, in denen nur ein bis drei Testkäufe durchgeführt wurden, die scheinbar ausreichten, um die ganze Sparkasse zum »Testsieger« in der Region auszurufen.

Mittlerweile ist eine ganze »Prämierungsindustrie« entstanden, die nur davon lebt, ihre Siegel teuer zu verkaufen. Daher, fallen Sie auf solche »schein-unabhängigen« Auszeichnungen bitte nicht herein, da diese Sie nur zum Kauf verführen sollen.

Auch sogenannte »Produkte des Monats«, die Sie daran erkennen, dass die ganze Website samt den Filialen damit zugekleistert werden, sind nichts als große Mogelpackungen. Hier bauscht man ein Thema im großen

Stil auf und suggeriert, dass es wahnsinnig wichtig sei (und das entsprechende Produkt daher absolut kaufenswert). Gleiches gilt für Produktpost oder Produkt-Mails, die Sie anlasslos erhalten. Weg damit! Sie würden sich doch auch nicht das Auto des Nachbarn kaufen, nur weil dieser Ihnen einen Flyer in die Hand drückt?

Noch schlimmer sind Zugaben zu Finanzprodukten wie etwa Tankgutscheine zur Vollkaskoversicherung oder ein Teddybär zum Bausparvertrag. Was hat das mit dem Produkt zu tun? Braucht es eine kostenlose Beigabe, weil das Produkt nicht für sich selbst spricht? Würde Apple Duftbäume an seine iPhones hängen, damit Kund*innen es für eine dufte Kauf-Idee hielten? Einziger Sinn dieser Beigaben ist das Wecken unserer Gier, die sich immer freut, wenn's was zusätzlich umsonst gibt. Der Bausparvertrag samt Teddy war übrigens vielerorts ein Hit, weil Großeltern ihren Enkeln den Teddy schenken wollten und »ein Bausparvertrag ja nie schaden kann« (wer das denkt, lese **Tipp 59**). Wer ein Finanzprodukt kauft, weil er die Beigabe haben möchte, bedenke: Das könnte ein sehr, sehr teurer Teddy werden.

TIPP 37:

VORSICHT VOR BELIEBTEN VERKAUFSTRICKS WIE BACK-TESTS, EXPERTENEMPFEHLUNGEN, DEM ANLAGEDREIECK ODER DER JA-JA-SCHLEIFE.

Wo fange ich an, oder besser, wo höre ich auf? Das Buffet an Verkaufstricks ist schier unendlich. Das Wichtigste vorweg: Immer dann, wenn ein/eine Berater*in mehr erzählen muss als »so funktioniert das Produkt«, »das sind seine Vorteile für Sie«, »das sind mögliche Nachteile« und »das kostet es«, sollten Sie hellhörig werden. Denn dann geht es nicht mehr um Z-D-F (die eben genannten **Z**ahlen, **D**aten und **F**akten), sondern um A-R-D: **A**blenkung, **R**ückendeckung und **D**ruck.

ABGELENKT wird beispielsweise bei Investmentfonds mit »Back-Tests«. Man zeigt Ihnen vom empfohlenen Fonds einen (selbst gewählten) *vergangenen* Zeitraum, der natürlich sehr gut gelaufen ist. Frei nach dem Motto: »Hier haben unsere cleveren Anleger*innen 8 % Rendite verdient.« – Natürlich ohne Abzug von Kosten sowie Steuern und außerdem hat niemand genau zu den frei ausgewählten Zeitpunkten ge- und verkauft, aber das lassen wir lieber weg).« Negative Entwicklungen werden (logischerweise) nie gezeigt.

Mit sämtlichen dieser und anderer »Positiv-Versprechen« für die Zukunft verleiht man seinen Empfehlungen so selber RÜCKENDECKUNG, sie sind aber unseriös. Ebenso wie Verkaufsgrafiken, die so aufbereitet werden, dass kleine Gewinne groß wirken (wegen der wohlwollenden Darstellung) und große Verluste klein werden. Bilder wirken immer besser als Worte. In diesem Fall: leider.

Beliebt ist auch das Aufzeigen des »Worst-Cases« oder (scheinbar) schlimmer Entwicklungen, wenn man Anleger*innen Angst machen und somit den KaufDRUCK erhöhen möchte, um Sie dann (mit dem verkauften Produkt) wieder zu beruhigen. Gern greifen Finanzberater*innen auch auf »Expertenempfehlungen« zurück, die man zum Produkt serviert mit den Worten: »Die Experten empfehlen auch, dass dieses Produkt in Ihrer Lebenssituation wichtig ist.« Wieder suggeriert das Wort »Experte« etwas, das es bei genauer Prüfung nicht hält. Wissen Sie, wer diese Experten eigentlich sind, die ihre Empfehlung abgeben? Unabhängige Fachleute? Unwitzigerweise erstellen die Finanzinstitute und/oder die Produktlieferanten diese Empfehlungen selbst.

Vielleicht kennen Sie auch das »Anlagedreieck«, das gern bei Geldanlage-Beratungen eingesetzt wird. Die drei Ecken stehen sinnbildlich für drei gegensätzliche Pole von Geldanlage-Produkten: Rendite, Sicherheit, Verfügbarkeit. Sie werden gefragt, was Ihnen bei Ihren Anlagen am wichtigsten ist. Egal, was Sie sagen: Glauben Sie im Ernst, das danach empfohlene Produkt bringt Ihnen garantierte Rendite oder garantierte Sicherheit? Wer Rendite wählt, bekommt Produkte empfohlen, die *IMMER* Risiken enthalten, weil es ohne Risiko keine Rendite gibt. Wer Sicherheit oder Verfügbarkeit wählt, bekommt Empfehlungen, die oft mehr Geld kosten, als Sie damit verdienen, was bedeutet, dass Ihr Geld nach Abzug von Gebühren und Steuern oft weniger ist als vor der Anlage.

Davon abgesehen ist das Anlagedreieck an sich schon unsinnig, weil es Sie in eine Struktur zwingt, die voraussetzt, dass Sie ein Finanzprodukt brauchen (egal, wofür Sie sich entscheiden). Rein sachlich müsste man »Rendite« ersetzen mit »Risiko« (und der Möglichkeit des Totalverlustes) und »Sicherheit« mit »Minusrendite« (weil als sicher geltende Anlagen kaum Zinsen/Rendite bringen, aber ganz sicher Kosten verursachen).

Übrigens: Das Anlagedreieck ist inzwischen um einen Punkt erweitert und damit zum Anlageviereck geworden: Nachhaltigkeit. Das ist eine neue »gesetzlich verordnete Verkaufsmasche«, bei der man Sie fragen muss, wie wichtig Ihnen ökologische Ziele bei der Geldanlage sind. Klingt toll, aber sehen Sie sich die dahinterliegenden vermeintlich nachhaltigen Produkte genau an. Dann erkennen Sie mit ein bisschen klarem Verstandes-Blick, dass auch dies nur Werbe-Augenwäscherei und Produkt-Schönfärberei ist. Man kann darüber nur schmunzeln, das aber nachhaltig.

Es gibt noch viele andere Verkaufstricks, wie die »Ja-Ja-Schleife«, bei der man Ihnen drei Fragen stellt, die Sie nur mit »Ja« beantworten können, bevor man Ihnen die vierte Frage stellt (weswegen man diesen Unsinn überhaupt macht): »Wollen Sie das Produkt kaufen?«. Man hofft auf den »Anwort-Wiederholungseffekt«. Genauso wie das bewusste Schönreden von Negativworten wie Schwankungen statt Risiko. Armselig, oder? Leider zu weit verbreitet und somit brandgefährlich.

TIPP 38:

VIER WIRKLICH HILFREICHE FINANZ-EMPFEHLUNGEN, DIE NICHTS KOSTEN UND VIEL BRINGEN.

Es gibt unzählige Tipps, die Ihnen wirklich weiterhelfen und Sie oftmals sogar keinen Cent kosten. Viele davon kommen noch später im Buch. Die meisten davon gibt Ihnen kein/keine Finanzberater*in, weil nur Sie davon profitieren werden. Die folgenden Tipps *MÜSSTE* jedoch jede/jeder Berater*in geben, weil sie (aus meiner Sicht) zwingend zu deren Aufgabengebiet gehören, wenn er/sie es wirklich gut mit Ihnen meinen würde.

1. Die Patientenverfügung, Betreuungs- und Vorsorgevollmacht

Hiermit regeln Sie für alle verständlich und verbindlich, was Sie wollen, das mit Ihnen geschieht, wenn Sie es eines Tages selbst nicht mehr für sich entscheiden können. Zum Beispiel bei einem Krankenaufenthalt im Koma. Was nach Panikmacherei klingt, ist das Gegenteil. Viele Menschen haben Angst davor, einmal in eine solche Situation zu kommen. Verständlich, und dies kann leider kein Geldratgeber der Welt verhindern. Wohl aber können Sie sich DAGEGEN entscheiden, dass in diesem Fall Dinge über Ihren Kopf entschieden werden, die Sie NICHT wollen. Und genau dies können Sie schon heute regeln, einmalig mit einer Patientenverfügung, Betreuungs- und/oder Vorsorgevollmacht, damit Sie (und Ihre Lieben) für später Gewissheit haben. Sogar kostenlos!

2. Das Testament

Wer denkt gern über seinen Tod nach? Niemand. Und dennoch kann es hilfreich sein, rechtzeitig alles zu regeln. Ein Testament hilft hierbei, weil Sie darin Ihren freien Willen ausdrücken und alles so in die Wege leiten können, wie Sie es wollen. Das gibt Ihnen (und Ihren Lieben) Klarheit, bringt das Thema aus dem Kopf und aufs Papier und kann sogar selbst aufgesetzt werden. Wichtig ist nur, dass Sie Ihr Testament an einem Platz aufbewahren, wo es Ihre Lieben auch finden, wenn Sie nicht mehr da sind.

3. Die freiwillige Einzahlung in die gesetzliche Rentenversicherung

Im Gegensatz zu den meisten Finanzprodukten kann die gesetzliche Rentenversicherung für manche wirklich eine (relativ) gute Geldanlage sein. Mit einer Einzahlung »erkauft« man sich hier Entgeltpunkte (Rentenpunkte) und kann so seine spätere Rente aufstocken. Konkret könnte die freiwillige Einzahlung in die gesetzliche Rentenversicherung etwas sein für:

- *Angestellte über 50,* da für die Ü50-Jährigen die Beiträge samt Rentenniveau stabil sind (allerdings: ab 2040 wird die Rente eines Durchschnittsverdieners nach Abzug der Beiträge für Kranken- und Pflegeversicherung vor Steuern jedoch nur noch 42 % des durchschnittlichen Nettoeinkommens betragen).
- *Selbstständige,* die derzeit nicht oder nur teilweise privat für das Alter vorsorgen. Sie können sich hierüber zumindest eine spätere Basisabsicherung »erkaufen«.
- *Menschen, die zur Zeit nicht gesetzlich rentenversichert sind, aber bereits einige Jahre eingezahlt haben und durch die Erziehung von Kindern oder die Pflege von Verwandten bereits Rentenpunkte gesammelt haben.* Fehlen Beitragsjahre, um Anspruch auf eine gesetzliche Rente zu haben, kann man sich diese auch mit freiwilligen Einzahlungen »erkaufen«.

Halt! Bevor Sie schon die Überweisung eintippen: Die gesetzliche Rente ist abhängig von politischen Entscheidungen und wirtschaftlichen Entwicklungen. Sollte z. B. das Rentenalter erneut angehoben werden, hat dies natürlich auch Auswirkungen auf Ihre Rentenansprüche bzw. -auszahlungen. Ebenso spielt die demographische Entwicklung eine wichtige Rolle, denn wenn immer weniger Beitragszahler für einen/eine Rentner*in aufkommen müssen (wie es prognostiziert ist), hat dies auch Auswirkungen auf die Höhe bzw. Erhöhungen Ihrer Rente. Also: Machen Sie sich (sorry, wieder einmal) eigene Gedanken!

4. Die Immobilienrente

Alle, die über eine (möglichst schuldenfreie) Immobilie verfügen, könnten über eine Immobilienverrentung nachdenken. Hier kauft zum Beispiel eine Bank Ihre Immobilie und zahlt Ihnen, als Äquivalent zum Kaufpreis, eine lebenslange Rente. Der Clou: Sie dürfen Ihr Leben lang weiter in Ihrem Zuhause wohnen bleiben. Diese Form der »Immobilienwert-Auszahlung« eignet sich für alle, deren Kinder finanziell selbst gut über die Runden kommen, und ist besonders für Kinderlose interessant, deren Immobilie(nvermögen) nach dem Tod ansonsten an den Staat fallen würde.

TIPP 39:

ACHT FRAGEN AN IHREN/IHRE BANKBERATER*IN, DAMIT SIE WISSEN, WIE KOMPETENT ER/SIE WIRKLICH IST.

Was nach kindischem »Ich weiß was, das du nicht weißt«-Spiel klingt, ist es (hoffentlich) nicht. Redliche Berater*innen haben kein Problem mit Ehrlichkeit und nichts zu verbergen. Sie als Kund*in haben ein Anrecht auf eine kompetente Beratung. Fordern Sie diese ein. Hier einige Finanzfragen, die Ihnen zeigen, wie gut es Ihr/Ihre Berater*in wirklich mit Ihnen meint:

1. *»Wenn Sie mir ein Finanzprodukt empfehlen, durch das ich einen finanziellen Schaden erleide, kann ich Sie oder Ihre Bank/Sparkasse dann regresspflichtig machen? Schließlich sind Sie der/die Experte*in auf dessen/deren Empfehlung ich mich als Laie verlassen muss.«*

2. *»Gibt es Finanzprodukte oder andere Finanzlösungen, die besser für mich wären, die Sie mir aber nicht empfehlen können (zum Beispiel, weil Ihr Finanzinstitut diese nicht anbietet oder nichts daran verdient)?«*

3. *»Empfehlen Sie das, was Sie mir empfehlen, auch Ihren Kindern?«*

Hier aber Vorsicht! Antwortet hier jemand mit »Ja« (was ja eigentlich gut klingt), kann es gut sein, dass der/die Berater*in eigene Vorstellungen auf Sie übertragen will. Optimalerweise sucht man die *zu IHNEN* passende Lösung (die genau zu Ihrer individuellen Situation, Ihren Gedanken, Emotionen und Lebensvorstellungen passt).

4. *»Was schätzen Sie, wie entwickeln sich die Zinsen, der Aktienmarkt, die Lage an den Finanzmärkten, Bitcoin, Gold (eben was immer Sie wissen wollen) und was raten Sie mir deshalb für mein Geld?«*

Der richtige erste Satz wäre: »Ich weiß es nicht.« Und der beste zweite und dritte wären Fragen wie: »Warum wollen Sie Ihr Geld denn überhaupt anlegen?« und »In was wollen Sie Ihr Geld wann wieder ins Leben zurücktauschen?«.

> Verlassen Sie jeden/jede Berater*in, der/die irgendeine persönliche Einschätzung abgibt, etwas nachkaut, was andere sagen oder sagt: »Am sichersten (oder lukrativsten) wäre es wohl, wenn ...«.

5. *»Würden Sie die Werbung für Ihre Kreditangebote (also Dispokredit, Kreditkarte oder Konsumentenkredite) auch an Ihre Kinder und/oder Enkelkinder verschicken?«*

Schon oft habe ich Verantwortliche in Banken und Sparkassen diese Frage gestellt und die Antwort war immer die gleiche: Nein!

Klar, niemand will, das sich seine Kinder/Enkel unnötig verschulden (erst recht nicht für Handys, Fernseher, Reisen oder Autos). Komischerweise ist den meisten Berater*innen das bei den eigenen Kunden egal. Warum nur?

6. *»Was halten Sie von Gold und Silber als Geldanlage, gerade, wenn man sich vor einem neuen Crash sorgt?«*

Zwar verkaufen Banken und Sparkassen in der Regel beides, aber nicht gern, weil sie an anderen Produkten deutlich mehr verdienen (zum Beispiel an Investmentfonds über hohe Abschlussprovisionen und laufende Verwaltungsgebühren). Doch gerade in turbulenten Zeiten sind Gold und Silber (zumindest als Beimischung) interessant (siehe auch **Tipp 81**).

7. *»Welche der Finanzprodukte, die Sie hier vertreiben, sind grundsätzlich NICHT zu empfehlen?«*

Googeln Sie mal Kritik an Renten- und Lebensversicherungen, Riester-Rente, Rürup oder anderen. Es gibt reichlich. Finanzberater*innen sollten um die Kritikpunkte wissen und es Ihnen sagen. Wer Pfui-Produkte vertreibt und sie Ihnen auch noch aktiv verkaufen will, den sollten Sie meiden – für immer!

8. »*Sind Ihre Empfehlungen unabhängig von den Vertriebszielen und Vorgaben Ihrer Bank/Sparkasse und würden Sie mir das Gleiche empfehlen, wenn ich Ihr Freund/Ihre Freundin wäre?*«

Ich finde, Kund*innen berät und bedient man wie seinen besten Freund bzw. seine beste Freundin: ehrlich, offen, echt interessiert, verbunden und lebenslang zur Seite stehend. Was denken Sie, was denkt Ihr/Ihre Berater*in darüber?

TIPP 40:
SICHERN SIE SICH EINE EHRLICHE BERATUNG DURCH EINE EHRENERKLÄRUNG.

Die vorherigen Tipps sollen nicht den Eindruck erwecken, dass es da draußen nicht auch tolle Berater*innen gibt. Klar gibt es die. Ich selbst habe in meinen 20 Jahren aktiver Finanzarbeit einige von ihnen kennengelernt. Aber was nützt Ihnen der/die netteste und sogar kompetenteste Mitarbeiter*in, wenn er/sie am Ende abliefern, sprich Verkaufsergebnisse erzielen muss?

Ich möchte Sie für die größten Beratungsfallen sensibilisieren. Wenn Ihr/Ihre Berater*in all diese nicht aufstellt, damit Sie hineintappen: dann meinen aufrichtigen Glückwunsch. Dann wird Ihnen zumindest nicht offensichtlich versucht, etwas anzudrehen, das Sie nicht brauchen. Ob der Rat aber wirklich gut ist, kommt auf die Produkt-Empfehlungen an, die Sie erhalten. Mehr dazu finden Sie ab dem folgenden Kapitel »Finanzprodukte«, wo's ans »Produkt-Eingemachte« geht.

> Der beste Tipp, wenn Sie eine Beratung aufsuchen wollen, ist: Formulieren Sie vorher schriftlich klipp und klar, was Sie genau wollen, was Sie von dem/der Berater*in erwarten und unter welchen Bedingungen Sie bereit sind, ein Produkt abzuschließen!

Gehen SIE in die Führung und überprüfen Sie am Ende, ob der/die Dienstleister*in (denn genau das sind Berater*innen) Ihnen das liefert, was Sie bestellt haben. Achten Sie vor allem darauf, dass die Empfehlungen *WIRKLICH* Ihr Problem lösen, Ihnen *WIRKLICH* Ihre Sorgen und Ängste nehmen oder Ihnen *WIRKLICH* helfen, Ihre Ziele und Wünsche dadurch leichter, schneller oder günstiger zu erreichen.

Ist dies der Fall und das empfohlene Produkt somit *WIRKLICH* hilfreich für Sie, achten Sie im Weiteren vor allem darauf, dass Sie

1. ALLE Risiken und Nebenwirkungen kennen (sowohl die offensichtlichen als auch mögliche versteckte und zukünftige),
2. das Finanzprodukt wirklich verstehen und mit EIGENEN Worten erklären können, wie es funktioniert,
3. ALLE Kosten kennen (sowohl etwaige einmalige Abschlussgebühren als auch laufende Kosten und später auftretende, zum Beispiel beim Verkauf).

Falls Sie sich demnächst oder zukünftig finanziell beraten lassen möchten (von wem und wo auch immer): Lassen Sie sich verbindlich unterschreiben, dass Sie eine ehrliche, faire und zu Ihrem Bedarf passende Beratung erhalten. Drehen Sie den (Finanz-)Spieß um und stellen SIE die Bedingungen, nach denen beraten wird. Was frech und nicht umsetzbar klingt, ist es nur, weil sich bisher alle Kund*innen den Vorgaben der Finanzinstitute unterworfen haben. Kein Wunder, dass viele Ratsuchende finanzielle Schäden davongetragen haben.

Wenn Sie wollen, nutzen Sie gern meine »Ehrenerklärung für Finanzberater*innen«, die ich extra für Sie zum Schutz entwickelt habe. Diese beinhaltet nichts, was Sie sich als Kund*in nicht wünschen und ebenso nichts, was ein/eine Finanzberater*in, der/die es wirklich gut mit Ihnen meint, nicht unterschreiben würde.

> **Warum verpflichten Sie mit einer Ehrenerklärung Ihren/Ihre Berater*in nicht einfach zu etwas, das sowieso selbstverständlich sein sollte? Gerade weil manche Finanzberater*innen nicht wissen, was sie tun, sollten wenigstens Sie tun, was Sie (spätestens jetzt) wissen.**

Die »Ehrenerklärung für Finanzberater*innen« können Sie kostenfrei herunterladen unter www.youlife.de/rettedeingeld. Dort gibt's übrigens noch eine weitere kostenlose Überraschung für Sie, die Sie begeistern könnte. Dazu aber später mehr (damit ich Sie nicht gierig mache). Nur so viel: Wenn Sie wüssten, wie Sie finanziell wirklich »aussehen«: Sie würden sich selbst darüber kaputtlachen und dann hoffentlich so Einiges an Ihrem Finanzkleiderschrank ändern (dabei helfe ich Ihnen später gern, wenn Sie mögen).

VIERTES KURZ-FAZIT
»FINANZBERATER*INNEN«

Und: Was denken Sie jetzt über Finanzberater*innen? Wo fühlen Sie sich bestätigt, wo finden Sie meine Worte zu hart oder ungerecht? Und das Wichtigste: Was schlussfolgern Sie für sich, Ihr Geld und zukünftige Beratungen, die Sie aufsuchen?

Tipp 31: Die meisten Finanzberater*innen sind reine Finanzproduktverkäufer*innen.

Tipp 32: Auch die nettesten Berater*innen haben Vertriebsziele.

Tipp 33: Berater*innen bieten Ihnen immer nur eine sehr begrenzte Produktpalette an.

Tipp 34: Zu viele Berater*innen sind finanziell inkompetent, voreingenommen oder einseitig.

Tipp 35: Vorsicht vor manipulativer Beratungs-Software.

Tipp 36: Vorsicht vor blumigen Werbebotschaften, ausgezeichneten Produkten des Monats oder kostenlosen Produktbeigaben.

Tipp 37: Vorsicht vor beliebten Verkaufstricks wie Back-Tests, Expertenempfehlungen, dem Anlagedreieck oder der Ja-Ja-Schleife.

Tipp 38: Vier wirklich hilfreiche Finanz-Empfehlungen, die nichts kosten und viel bringen.

Tipp 39: Acht Fragen an Ihren/Ihre Finanz-Berater*in, damit Sie wissen, wie kompetent er/sie wirklich ist.

Tipp 40: Sichern Sie sich eine ehrliche Beratung durch eine Ehrenerklärung.

KAPITEL 5

FINANZ-PRODUKTE

ÜBERSCHÄTZEN SIE DIE WIRKUNG VON FINANZPRODUKTEN NICHT UND ERKENNEN SIE, WAS WIRKLICH HINTER DER WERBEFASSADE STECKT (ODER GERADE NICHT)!

> »Finanzprodukte sind echte Schlankmacher. Sie haben kaum Rendite-Ballaststoffe, dafür einen 100-prozentigen Geld-Verbrennungsanteil und verschlanken Ihr Vermögen garantiert – sogar dauerhaft.«

- Was macht man mit Geld, das man nicht ausgibt und gerade nicht braucht? Na, man spart es oder legt es an, was sonst!? Und wo? In Geldanlagen, wo sonst!? Und warum? Weil die aus unserem Geld noch mehr Geld machen, was sonst!? Je länger wir es anlegen, desto mehr wird's sogar – fast umsonst.
- Und was macht man, wenn man Geld braucht, aber davon nicht genug hat? Na, man leiht es sich, was sonst!? Und von wem? Von einer Bank, von wem sonst? Und warum? Weil Banken einem gern helfen und man dafür sogar kaum Zinsen zahlen muss.
- Und wie sieht's aus, wenn man Sorgen und Ängste hat: Was kann man dagegen tun? Na, dann schließt man eine Versicherung ab. Und warum? Weil die einen absichert und einem ein gutes sicheres Gefühl gibt.

Dumme Fragen, oder? Oder doch eher dumme Antworten?

Manche Dinge klingen total banal, wenn man sie auf ihren Kern reduziert. Und genau dies sollte, wenn es um Geld geht, unsere Aufgabe sein, damit wir verstehen, womit wir es *WIRKLICH* zu tun haben. Finanzprodukte sind, obwohl man uns es werbewirksam seit Jahrzehnten indoktriniert, keine Heilsbringer an sich. Und sie sind erst recht nicht alternativlos.

Der Betrug mit Finanzprodukten ist in der Finanzindustrie leider mehr und mehr zum gelebten Geschäftsmodell avanciert. Im Strafgesetzbuch unter § 263 (Betrug) heißt es:

(1) Wer in der Absicht, sich oder einem Dritten einen rechtswidrigen Vermögensvorteil zu verschaffen, das Vermögen eines anderen dadurch beschädigt, dass er durch Vorspiegelung falscher oder durch Entstellung oder Unterdrückung wahrer Tatsachen einen Irrtum erregt oder unterhält, wird mit Freiheitsstrafe bis zu fünf Jahren oder mit Geldstrafe bestraft.

(2) Der Versuch ist strafbar.

Weiter unter (3) heißt es unter anderem, dass in besonders schweren Fällen Freiheitsstrafen bis zu zehn Jahren ausgesprochen werden können, wenn der Täter gewerbsmäßig oder als Mitglied einer Bande handelt, einen Vermögensverlust großen Ausmaßes herbeiführt, eine andere Person in wirtschaftliche Not bringt, seine Befugnisse oder seine Stellung missbraucht ...

Klingt es sehr hart, wenn ich das Wort Betrug im Zusammenhang mit der Finanzindustrie erwähne? Ist es ja leider auch, denn überlegen Sie einmal, wie viele Menschen Sie persönlich kennen, die Geld angelegt haben, weil man ihnen Renditen und/oder Sicherheit versprach, und die dann Geld (viel oder sogar alles) verloren haben. Denken Sie an geschlossene Immobilienfonds, Steuersparmodelle, Aktienempfehlungen, riskante Fonds ... Oder denken Sie an Menschen, die eine Versicherung abschließen für den absoluten Notfall, und diese dann, wenn der Notfall eintritt, nicht zahlen will. Davon gibt es Tausende, wenn nicht sogar mehr. Sind das alles keine Fälle von Finanzbetrug? Der gezielten Vorspiegelung falscher Tatsachen? Der Verschleierung von Risiken?

Für mich spielt dabei keine Rolle, wie schlimm die finanziellen Auswirkungen in Summe sind. Schon ein paar Tausend Euro können für manche zum wirtschaftlichen Kollaps führen, wenn diese durch eine falsch empfohlene Geldanlage weg sind. Finanzprodukte sind oft Wölfe im Schafspelz, die sich von Ihrem Geld nähren.

Sicherlich gibt es auch einige wenige hilfreiche und unschädliche Finanzprodukte (siehe **Kapitel 8**). Aber das Gros der angebotenen Verträge ist nur dazu da, um Ihnen Geld abzunehmen, Sie in Schein-Sicherheit zu wiegen und Sie davon abzuhalten, wofür Sie eigentlich hier sind auf der Welt: Um Verantwortung zu übernehmen für sich, Ihr Leben UND Ihr Geld!

TIPP 41:
ERKENNEN SIE, WAS FINANZPRODUKTE NICHT KÖNNEN.

Fragen Sie Ihren/Ihre Finanzberater*in mal, was ein Finanzprodukt ist. Die Antwort wird Sie vielleicht überraschen, mich hat sie früher zuerst amüsiert, dann schockiert: SIE WISSEN ES NICHT!

Während Autoverkäufer oder Modeverkäuferinnen wissen, was Autos und Hosen sind, können die allermeisten Finanzberater*innen diese einfache Frage zum Kern ihrer Produkte nicht beantworten. Ich habe diese Frage wohl mehreren Tausend Berater*innen gestellt, doch nie bekam ich eine richtige Antwort. Nur Rückfragen: »Was meinen Sie mit Finanzprodukt? Es gibt ja verschiedene Finanzprodukte, also Versicherungen, Aktien, Kredite ...«. Schon klar, aber was EINT sie alle? Was ist ihr Kern? Warum existieren diese Dinger überhaupt?

> Finanzprodukte haben keinen Selbstzweck und sind vielmehr wie
> der Scheinriese Tur Tur aus Jim Knopf. Je näher man sich ihre groß-
> artigen Versprechen anschaut, desto kleinlauter wird's.

Natürlich ist mir klar, dass Finanzberater*innen die wahren Zwecke dieser Produkte niemals offenbaren. Auch, weil die meisten diese selbst
kaum auf dem Schirm haben. Finanzprodukte dienen zum Beispiel zum
Geldverdienen für die Finanzindustrie, zur Abnahme der gottgegebenen
Selbstverantwortung, zur Vorspiegelung von Scheinsicherheit, zur Bedie-
nung immer weiterer Gier, zur Herstellung finanzieller und damit persönlicher Abhängigkeiten.

Klingt wieder einmal hart?

Wissen Sie, was ich hart finde? Dass Menschen ihr Geld einer oftmals
ganz eindeutig betrügerischen Industrie anvertrauen und sogar Teile
ihres Lebens, indem sie ihre finanziellen Entscheidungen abhängig
machen vom »Rat« der »Expert*innen«.

Doch zurück zur Frage, was Finanzprodukte im Kern sind. Ich drücke
mich hier bewusst so sachlich wie es geht aus, da Sie verstehen sollen,
wozu Finanzprodukte (ganz gleich welche) immer nur genutzt werden
KÖNNEN:

**»Finanzprodukte sind Hilfsmittel, mit denen Sie bestimmte Ziele oder
Wünsche unter gewissen Umständen schneller oder einfacher erreichen können.«**

Klingt eigentlich nicht schlecht, oder? Auf den Detailblick entzaubert sich
dieser Satz aber, und mit ihm gleichzeitig die Existenzberechtigung vieler Finanzprodukte.

Haben Sie die verräterischen Wörter im Satz bemerkt? »Bestimmte Ziele/
Wünsche«, »gewisse Umstände«, »erreichen können«.

Finanzprodukte sind immer nur für *bestimmte* Ziele und Wünsche gedacht. Sie helfen nur bei sehr, sehr, sehr wenigen bestimmten (Lebens-)
Zielen und Wünschen wirklich weiter. Das Girokonto ist ein schönes
Schnell-Beispiel dafür. Hier ist unser Ziel, eingehendes Geld automati-
siert an einem Ort zu sammeln, um davon unsere Zahlungen leisten zu
können. Ein Girokonto ist ein Geld-Rangierbahnhof für unseren (Finanz-)
Alltag. Die Lebenshilfe vieler anderer Finanzprodukte ist hingegen ungewiss, im schlimmsten Fall nicht vorhanden.

Finanzprodukte *KÖNNEN* helfen, müssen aber nicht. Die Macht des Worts »können« und der Eingrenzung (»unter gewissen Umständen« und »nur für Bestimmtes«) ist vor allem den Menschen bekannt, deren Versicherung bei eingetretenem Notfall die vereinbarte Zahlung verweigert hat. Gerade Versicherungsverträge stecken oft voller Möglichkeitsformen und Einschränkungen, die Sie im Endeffekt richtig Geld kosten können. In jedem Fall aber nutzen sie den Zielen und Wünschen der Finanzindustrie. Aber dafür schließen Sie diese Verträge ja nicht ab, oder?

> Wer keine Ängste und Sorgen hat, braucht keine Versicherungen. Wer keine Ziele oder Wünsche hat, für die man sich Geld leihen muss, braucht keinen Kredit. Wer nicht gierig ist, braucht keine »Supergeldanlagen«.

Unser Leben sollte auch finanziell den Takt vorgeben und Finanzprodukte passen dann, wenn sie dazu etwas Unterstützendes liefern können. Wenn nicht, sollten Sie das tun, was natürlich ist: soweit es geht OHNE Finanzprodukte leben, wie die Menschen vor nicht allzu vielen Jahren es auch taten.

TIPP 42:
KAUFEN SIE KEINE PRODUKTE, DIE (MEIST VERSTECKTE) WETTGESCHÄFTE BEINHALTEN.

Wetten, dass Sie mit Wetten bisher eher Spielkasinos oder Sportwetten in Verbindung gebracht haben als Finanzprodukte!? Verständlich, denn bei einer seriösen Bank oder Sparkasse erwartet man schließlich keine unsicheren Wettgeschäfte. Dass die Finanzwelt schon lange ein riesengroßes Spielkasino ist, lässt sich leicht an zwei Zahlen ablesen.

Das Volumen der Finanz-Wettgeschäfte (in »bankisch« Derivate) lag bereits vor einigen Jahren nach Schätzung der Bank für internationalen Zahlungsverkehr bei mehr als 700 BILLIONEN Dollar. Das ist mehr als das Zehnfache des Welt-Bruttoinlandsprodukts, sprich: Es gibt zehnmal mehr Finanzwetten als echte Güter und Dienstleistungen. Und es ist fast dreimal mehr als die weltweiten Schulden zusammen. Heute kann man davon ausgehen, dass die Finanz-Wetten bei weit über 1.000 Billionen liegen. Warum niemand den genauen Wert kennt? Weil viele Wettgeschäfte nur zwischen Investoren laufen und nicht an den Börsen gehandelt werden. Allein daran kann man schon erkennen, wie intransparent die Finanzwelt ist, wobei das natürlich auch passt. Schließlich ist die Finanzwelt nichts Reales. In ihr wird nichts Reales hergestellt, dafür wird durch sie aber für reale Schäden gesorgt, weil auf Reales gewettet wird, was erheblichen Einfluss auf etliche Preise und Werte hat.

> **Meiden Sie ALLE Finanzprodukte, die selbst eine Wette sind oder eine Wette beinhalten. Die Finanzindustrie hat es zwar geschafft, das Prinzip »mit kleinem Einsatz zum Millionär werden« aus dubiosen verrauchten Hinterzimmern von Kasinos in die Welt von uns »Normalos« zu verlagern, aber wir müssen dort nicht mitmachen. Gier aus, Hirn an.**

Wetten bedeutet *IMMER*, dass Sie Geld verlieren können. Zudem wetten Sie gegen diejenigen, die die Wetten erfunden haben. Wie hoch schätzen Sie hierbei Ihre Gewinnchancen ein? Okay, wenn Sie auch gegen Hütchenspieler in der Fußgängerzone antreten, weil Sie denken, Sie würden die ganz easy ums Geld erleichtern, nur zu. Alle anderen lade ich zu einer (Denk-)Übung ein:

Stellen Sie sich vor, Sie besitzen ein Haus und haben dafür eine Wohngebäudeversicherung abgeschlossen, die Sie finanziell gegen Brandschäden absichert. Soweit, so sinnvoll. Was wäre aber, wenn auch Ihr Nachbar eine solche Versicherung abschließen könnte – auf Ihr Haus? Und ebenso jede*r andere – weltweit? Hätten diese Menschen dann nicht ein Interesse, dass es bei Ihnen brennt, weil erst dann die Versicherung den »Wettpreis« ausbezahlt?

Dieses Prinzip liegt den meisten Finanzwetten zugrunde. Derjenige, der wettet, hat ein großes Interesse daran, dass seine Wette aufgeht – und wird dafür im Zweifel selbst zum (Finanz-)Brandstifter, was an den Börsen für Großinvestor*innen kein Schweres ist und leicht Kleininvestor*innen wie uns trifft. Manchmal sogar hart.

Aber welche Finanzprodukte enthalten Wettgeschäfte, bei denen man es nicht ahnt?

- Zertifikate (siehe **Tipp 58**)
- Bausparverträge wegen der Wette auf steigende Zinsen, weshalb man sich den »günstigen« Bauspardarlehenszins sichert (**Tipp 59**).
- Auch bei Lebensversicherungen (**Tipp 57**) gehen Sie die Wette ein, dass man Ihnen das Versprochene auch wirklich auszahlt (was Versicherungen zu verhindern wissen, wie man oft an den nicht so üppig wie versprochenen Überschussbeteiligungen sieht).

- Andere Finanzprodukte sind ebenso Wetten, weil niemand zum Beispiel weiß, wie sich gewisse Aktien, Währungen, Kryptowährungen, Anleihen, Rohstoffe entwickeln werden. Und um das Ganze auf die Spitze zu treiben: Auch auf alle gerade Genannten wird gewettet. Und das nicht zu knapp, was wiederum bedeutet, dass nichts plan- und kalkulierbar ist, weil niemand weiß, wer auf was, warum, wie lange und mit welchem Volumen wettet.

Also: Wetten Sie nicht, dann müssen Sie sich nicht darüber ärgern, dass Sie abgezockt wurden.

TIPP 43:
KAUFEN SIE KEINE KOMBINIERTEN PRODUKTE UND DAMIT (MINDESTENS) EIN UNNÖTIGES MIT.

Kombination klingt toll. Im Skifahren steht sie für Abwechslung und Dynamik, im Boxen für Trickreichtum und Wucht. Und auch in unserem Konsum-Alltag sind Kombinationen für manche eine tolle Sache: das zur Hose passende Hemd, die Pflegecreme zum Schuh oder das Fußball-Angebot »Bier und Chips im Doppelpack zum Sonderpreis«.

Aber was wäre, wenn Sie Ihre geliebte Salami nur zusammen mit der vegetarischen Variante kaufen könnten (umgekehrt natürlich auch)? Wären Sie dann immer noch ein Kombi-Fan?

Kombinationsangebote sind immer dann sinnvoll, wenn das Kombinierte auch zusammenpasst und die kombinierten Produkte zusammen günstiger sind als einzeln. Sonst könnte man sie schließlich auch separat kaufen.

Daher finden sich in der echten Welt auch keine unlogischen (Salami-)Kombinationsangebote. Oder haben Sie schon mal Dinge gesehen wie einen Mähroboter, der Ihnen gleichzeitig die Haare schneiden kann? In der Finanzwelt gibt es diese Kombi-Zombies aber zuhauf, was den wenigsten auffällt und kaum jemand infrage stellt.

Die Produktkombination ist eine beliebte Verschleierungstaktik in der Finanzwelt. Nicht selten werden Produkte miteinander zwangsverheiratet, die gar nichts miteinander zu tun haben, wie ein Rentensparplan und eine Todesfallversicherung, was man dann als Kapitallebensversicherung verkauft (**Tipp 57**), eine Ausbildungsversicherung (**Tipp 58**) oder den so beliebten Bausparvertrag (**Tipp 59**). Warum macht man das? Eine Kombination macht für den Verkäufer nur dann Sinn, wenn der ein Produkt, das sich schlecht verkaufen lässt, an eines koppelt, das sehr oft verkauft wird. Dann ergibt sich für den Verkäufer ein sogenannter »positiver Mitnahme-Verkaufseffekt«.

Durch eine Produktkombination werden entweder Schein-Mehrwerte geschaffen, die niemand braucht oder solche, die man auch (günstiger) selbst »dazukaufen« könnte. Diese Kombis treiben nur die internen Kosten hoch, weil Sie nun nicht nur für *EIN* Produkt bezahlen, sondern für *ZWEI* oder mehrere. Verkaufsargumente wie »Das ist da auch noch mit drin« oder »viele zusätzliche Vorteile« hören sich gut an, aber was bringen diese Ihnen, wenn Sie mit dem eigentlichen Zweck eines mitverkauften Produkts gar nichts zu tun haben (Sie also für eine Leistung bezahlen, die Sie gar nicht brauchen)? Wer einen Städteurlaub möchte, bucht ja auch keine Kreuzfahrt, nur weil der dort mit inbegriffen ist.

Das meiste, was viele Finanzprodukte so »zu bieten« haben, mag schön aussehen und nützlich klingen. Davon in Anspruch nehmen werden Sie oftmals genau so viel, wie Sie als einzelne*r an einem opulenten Kreuzfahrt-Buffet essen können.

> Finanz-Kombis werden auch deshalb gern gemacht, weil man damit alten vergorenen (Anlage-)Wein in neue (Produkt-)Schläuche füllen kann. Sprich: Man tut so, als hätte man ein »neues« Produkt erfunden, was einfach Unsinn ist, da in der (alten) Finanzwelt alles schon »erfunden« wurde.

Gerade Investmentgesellschaften und Versicherungen leben davon, immer wieder etwas »Neues« bieten zu müssen, weil den alten Mist keiner mehr kauft. Neu lässt sich einfach besser vermarkten als alt. Daher verwurschtelt man Produkte miteinander, ändert Inhalte/Leistungen, denkt sich wohlklingende Produktnamen aus, erstellt schicke Werbeanzeigen, Flyer, Imagefilmchen usw. Alles, damit unsere Gier ruft: »Wow! Was für 'ne Kombi! Kauf ich!«.

Vielleicht rufen Sie Ihrer Gier in solchen Fällen einfach zu: Gammelfleisch wird auch nicht genießbarer, nur weil man es immer wieder neu mariniert.

TIPP 44:

KAUFEN SIE KEINE PRODUKTE, DIE SIE NICHT WIRKLICH VERSTEHEN.

Würden Sie ein Medikament einnehmen, von dem Sie nicht zu 100 % wissen, wie es genau in Ihrem Körper wirkt, welche Nebenwirkungen es beinhaltet, auf welche Ihrer Unverträglichkeiten es einen Einfluss hat ... Ich tippe: Ja, Sie würden es nehmen, denn wer liest sich bitteschön *bei ALLEM IMMER* die Packungsbeilage durch (mit dem Ziel, diese auch zu verstehen)?

Ein großer Teil unseres Lebens beruht auf Vertrauen. In einer liebevollen Welt, in der alle nur das Beste für andere wollen, wäre dies wundervoll. In unserer geldgetriebenen Welt ist es aber problematisch. Wir vertrauen nicht nur Schein-Expert*innen, deren guter Rat uns helfen soll, sondern auch Schein-Finanzmedikamenten, mit denen man uns positive Wirkungen verspricht. Dabei begnügen wir uns mit globalen Produkterklärungen, oft reichen schon ein paar rhetorisch wohlgefeilte Worte, gepaart mit schlau klingenden Fachbegriffen und zack kaufen wir's.

Mal unter uns: Könnten Sie mir ALLE Ihre Finanzprodukte erklären? Wirkungsweisen, Vorteile, Nachteile? Müssen Sie natürlich nicht. Klar können Sie Bitcoin kaufen, wenn Experte X das sagt, sich bei 500 % Gewinn über die eigene clevere Entscheidung freuen und bei Verlust auf den Experten schimpfen.

Die Finanzwelt mit ihren ganzen Geld-Zauberern und Rendite-Illusionisten trägt natürlich einen großen Anteil daran, dass so viel Schindluder getrieben wird mit uns normalen Kund*innen. Doch verantwortlich dafür sind nur WIR.

- WIR könnten uns informieren.
- WIR könnten mehr wissen wollen als das, was man den (sorry!) dummen Kaufschafen in Hochglanzbild und Werbesprache präsentiert.
- WIR könnten nach dem Grundsatz vieler weiser Großmütter handeln und nur das kaufen, was wir auch wirklich verstehen, oder, besser noch, es mit eigenen Worten jemand anderem verständlich erklären können.

Warum ist dies so wichtig? Hätten die Millionen von Menschen, die Geld verloren haben in Aktienfonds, mit Steuersparmodellen, Währungsspekulationen usw. VOR dem Abschluss gewusst, was sie da *WIRKLICH* tun, wäre vielen das finanzielle Desaster erspart geblieben. Hätten die Millionen von Versicherten *WIRKLICH* gewusst, wie Versicherungen ticken und was diese alles unternehmen, um im (vertraglich verein-barten!) Fall nicht zu zahlen, es hätte vielerorts kein böses Erwachen gegeben, bei denen, die auf vertraglich vereinbarte Zahlungen warte-ten – vergeblich.

Aber wer liest schon das Kleingedruckte? Zumal, wenn viele Verträge bewusst etliche Seiten lang und voller Fachsprache sind. Je komplexer ein Produkt ist, je komplizierter es funktioniert, je mehr (Vertrags-)De-tails es braucht, desto besser kann man hier all das verstecken, was sich im Verkaufsprospekt schlecht liest. Natürlich müssen auch Anfor-derungen des Gesetzgebers berücksichtigt werden, doch die Finanzin-dustrie liebt es, sich im Detaildschungel zu verstecken, weil man hier immer irgendwelche Schlupflöcher einbauen kann. Für sich selbst, logo.

Seien Sie gewarnt von Aussagen wie »umfangreiches Produktdesign samt vielfältigster Möglichkeiten«. Alles Komplexe, das man Ihnen in »bankisch« erklärt, mag so wichtig und klug klingen wie Medizineraussa-gen. Bei genauer (eigener) Prüfung kommt man dann jedoch nicht selten darauf, dass die heiße Verkaufsluft nur Ihren kritischen Blick benebeln soll. Selbst Kleinigkeiten oder Selbstverständlichkeiten der »Produkt-Features« werden nicht selten so aufgebläht, dass man denkt, man hätte das achte Weltwunder vor sich.

> In einfach funktionierenden transparenten Produkten kann man Risi-ken, Kosten und Nebenwirkungen schlecht verstecken, weil jede*r auf den ersten Blick sieht, was das Produkt kann – oder eben nicht. Wenn Sie die Beschreibung eines Finanzprodukts nicht rasch so für sich vereinfachen können, dass Sie den Nutzen und die Risiken sofort sehen können, dann lassen Sie die Finger davon.

Begegnen Sie Behauptungen, manche Produkte seien nur deshalb so komplex, weil die Finanzwelt halt so komplex ist, mit gesundem Men-schenverstand: Die gesündesten Lebensmittel sind immer die, die ein-fach der Natur entnommen werden, ohne lange industrielle Verarbeitung hinterher. Die wahre Kunst ist nicht die Verkomplizierung, sondern die Vereinfachung, weil man den Nutzen und die Risiken dann sofort sieht. Würde auch die Finanzindustrie nach diesen Naturgesetzen funktionie-ren: Wohl niemand würde ihre Produkte kaufen.

TIPP 45:

KAUFEN SIE KEINE PRODUKTE, DIE NACHTEILIGE VERPFLICHTUNGEN FÜR SIE ENTHALTEN.

Wer weiß schon wirklich, welche Verpflichtungen er/sie beim Abschluss eines Finanzprodukts eingeht? Oft werden diese einem erst klar, wenn sie anstehen und man überrascht davon (und nicht selten auch sauer darüber) ist.

Genauso erging es meinem früheren Geschäftspartner und mir, als wir unsere Firma auflösen wollten, dies aber nicht konnten, weil wir dafür erst die für unsere Mitarbeiter*innen abgeschlossenen betrieblichen Altersversorgungen gegen nicht wenig Geld an eine Versicherungsgesellschaft übertragen mussten. Für Mitarbeiter*innen, die bei uns teilweise seit 10 Jahren nicht mehr arbeiteten. Hätten wir als »Finanz-Experten« wissen können, haben wir aber nicht.

Und darum erzähle ich Ihnen das auch, denn bei aller eigenen Finanzexpertise gibt es immer etwas, das Sie nicht eindeutig aus den Verträgen herauslesen können, das gar woanders steht, während im Vertrag nur Verweise auf diverse Gesetzestexte und Bestimmungen enthalten sind. Oder es gibt etwas, von dem Sie zwar wissen, aber hoffen, dass es nie eintrifft, wie die Nachzahlungspflichten bei »Steuersparmodellen«, zum Beispiel Schiffs- und Medienfonds (siehe **Tipp 55**). Wenn diese nämlich mehr Kapital von ihren steuersparenden Anleger*innen erfordern (weil's doch nicht so gut läuft wie ergaunert, sorry, versprochen), muss dieses nachgeschossen werden. Im schlimmsten Fall wirft man bereits versenktem Geld weiteres nach. Einen guten Freund ereilte dieses Schicksal und es kostete ihn nicht nur viel Geld, das er nie wiedersah, sondern auch unfassbar viel Schriftverkehr, Zeit und Nerven, was man alles nicht bei Amazon Prime nachbestellen kann.

Abes es müssen nicht immer solch weitreichende Verpflichtungen sein, die störend sind:

Wenn Sie Aktien gekauft haben, dann haben Sie das Recht, diese jederzeit wieder zu verkaufen. Aber wenn der Kurs unter Ihrem Einstand ist, werden Sie das sicher nicht tun, oder? Es gibt also auch unsichtbare Verpflichtungen, die manche Anlagen mit sich bringen. Im schlimmsten Fall verpflichten Sie sich dazu, auf einen nicht kom-

menden Tag zu warten, bis sie ihr immer weniger werdendes Geld endlich befreien können.

Manche Anlagen können Sie auch nur unter der Bedingung kaufen, diese eine gewisse Anzahl von Jahren zu halten. Das mag unproblematisch klingen, aber was ist, wenn Sie das Geld dann doch früher brauchen, weil etwas Unvorhergesehenes eintritt? Für Steuersparliebhaber*innen mag es eine Ehre sein, nach 12-jähriger Lebensversicherungs-Haltedauer die erreichten Erträge nur halb zu versteuern. Aber auch das ist eine Verpflichtung, die man bewusst eingehen sollte. Das Gleiche gilt, wenn man Versicherungen abschließt, bei denen man sein eingezahltes Geld erst ab einem gewissen Alter ausgezahlt bekommt, was viele gar nicht wissen und dann negativ überrascht sind, wenn das erwartete Geld noch ein paar Jahre auf sich warten lässt. Wobei auch hier die Frage erlaubt sein darf, was eine hälftige Versteuerung bringt, wenn man kaum Erträge erwirtschaftet!? Vorsicht vor solch verlockend klingenden Schein-Vorteilen, die Sie nur zum Kauf unsinniger Produkte »überzeugen« wollen.

All diese und weitere mögliche Verpflichtungen einzugehen, ist in Ordnung, wenn es zu Ihrem Leben passt, von Ihnen so gewählt ist und Sie sich nicht unbewusst den Bedingungen der Finanzindustrie anpassen müssen. Doch genau das ist oftmals eben das Problem, denn während vertragliche Verpflichtungen meist konstant bleiben, fließt das Leben. Es kann aber nicht fließen, wenn Sie hierfür Geld brauchen, das gebunden ist.

Und schlucken Sie auch dann keine gravierenden Verpflichtungen, wenn man Sie mit »der steuersparenden Supergeldanlage« ködert, wie es oft mit geschlossenen Immobilienfonds, Schiffs- und Medienfonds gemacht wird. Widerstehen Sie und denken Sie an ein einfaches Beispiel.

Angenommen, Sie besäßen ein Geschäft und bekämen eine echte Neuheit geliefert. Wem würden Sie diese anbieten? Dem Erstbesten, der hereinkommt oder Ihrem besten Kunden, Freunden, der Familie? Was auch immer, Sie würden es sicherlich nicht irgendwo in den Laden stellen und darauf warten, dass irgendeiner irgendwann zugreift, oder? Besondere Angebote sind besonders, weil sie rar sind und sie nicht jede*r bekommt. Dieses Prinzip gilt natürlich auch in der Finanzindustrie! Nicht umsonst sind viele Schein-Vorteile entweder künstlich aufgebläht und zu mehr gemacht, als sie sind, oder sie sind für Sie sogar nachteilig (auch, wenn's Ihnen anders verkauft wird).

TIPP 46:

VERSCHULDEN SIE SICH NICHT UNNÖTIG.

Was würden Sie mit geschenkten 10.000 € anstellen? Ab in den Urlaub? Neuen Computer, Fernseher? Neues Handy, Auto? Neue Couch, Küche?

Leider fliegt selten eine Fee vorbei und erfüllt (Geld-)Wünsche. Dafür aber die Geld-(B)Engel der Finanzinstitute. Dank ihnen und ihren supergünstigen Kreditangeboten können Sie sich fast alle Ihre Träume erfüllen. Jetzt sofort! Mit einem Kreditangebot. Das klingt doch himmlisch und macht uns den Glücksgenuss schon fast greifbar, oder?

Es ist ja heute so leicht, an (zumindest »kleines«) Geld zu kommen. Warum wohl? Sicher, damit's allen Menschen gut gehen kann, oder? Deshalb sind derzeit auch mehr als sechs Millionen Bürger*innen in Deutschland überschuldet. Nicht *VER*schuldet, *ÜBER*schuldet. Jeder/jede Neunte kann die Rechnungen nicht dauerhaft bezahlen. Wie viele Menschen insgesamt verschuldet sind, lässt sich statistisch nicht sauber auswerten. Schließlich ändert sich dies recht schnell, weil schon ein neuer abgeschlossener Ratenkredit für einen Fernseher aus einem Unverschuldeten einen Verschuldeten machen kann.

Aber alles halb so wild. Schulden machen ist »in«. Staaten sind verschuldet, Firmen. Warum wir nicht auch!? Sogar in Supermarkt-Produkten stecken Schulden. Manchmal sogar 30 % bis 50 %, weil die produzierenden Unternehmen ihre Zinszahlungen für ihre Kredite an uns Verbraucher weitergegeben (wird leider nicht als Inhaltsstoff angegeben).

Schulden machen sexy, wobei das Wort zu sehr nach dem klingt, was es ist: Schuld. Daher heißen sie heute charmanter: »Null-Prozent-Finanzierung«, »Der-wie-für-mich-gemacht-Kredit« usw. Aber auch diese Schulden machen abhängig. Wissen Sie, welche Verpflichtungen Sie mit der Null-Prozent-Finanzierung eingehen, wie viel versteckte Gebühren und welche integrierten Versicherungen Sie bezahlen?

> Schulden (und die Kreditgeber) haben Sie immer in der Hand, weil sie permanent bedient werden wollen. Schulden machen Sie klein und unfrei, obwohl Ihnen das Gegenteil suggeriert wird.

Je größer Ihre Schulden, desto stärker wirken sich diese auf Ihr Leben aus. Ich kenne zu viele Menschen, die nicht arbeiten, um zu leben, sondern um ihre Schulden zu tilgen. Teilweise jahre- und jahrzehntelang. Die können dann nicht so einfach den ungeliebten Job verlassen oder den Partner, von dem Sie finanziell abhängig sind, weil ihre Schulden ihnen wie Betonklötze an den Beinen hängen. Sie müssen gegebenenfalls Dinge erdulden und tun, weil ihre Schulden sie dazu zwingen (die sie natürlich selbst eingegangen sind).

Zudem kann »sich verschulden« süchtig machen. Immer wieder was Neues kaufen, obwohl man es sich (eigentlich) nicht leisten kann, sich kaufend belohnen. Rein in die Schuldenspirale geht's schnell, raus viel schwerer. Machen Sie sich nicht zum/zur Gefangenen Ihrer Schulden. Sparen Sie lieber VOR statt NACH. Beim Vorsparen legen Sie solange Geld zurück, bis Sie sich das Gewollte zu 100 % leisten können. Haben Sie das Geld nicht und nehmen einen Kredit auf, sparen Sie sozusagen rückwärts. Sie kaufen sich das Gewünschte heute, sparen das benötigte Geld dann nach und zahlen dafür Zusatzgeld in Form von Kreditzinsen und/oder (versteckten) Gebühren. Wenn überhaupt, sind nur zwei Schulden-Arten sinnvoll: Die Immobilienfinanzierung und der Weiterbildungskredit. Immobilien haben auch aktuell viele Vorteile (**Tipps 86 und 87**) und in sich selbst und seine wachsenden Fähigkeiten zu investieren, ist immer gut (am besten natürlich mit nicht-kreditiertem Geld).

Gehen Sie so wenig Abhängigkeiten wie möglich ein und wenn, dann nur solche, für die Sie sich ganz bewusst entscheiden, weil Sie sie überblicken und abschätzen können. Prüfen Sie lieber, was Sie unbedingt brauchen und sparen Sie dafür vor (bis auf Immobilien ist das fast immer möglich). Der Vorteil: Üben Sie sich bei manchen Dingen in Geduld, wird das, was Sie unbedingt haben wollen, über die Zeit vielleicht sogar noch günstiger. Geduld zahlt sich oft aus. Bei Gier zahlen Sie drauf. Bleiben Sie vernünftig und damit Chef*in über sich selbst und Ihre Nicht-Schulden.

TIPP 47:
FINGER WEG VON DISPOSITIONS-, PRIVAT-/AUTOKREDITEN

Sicher kennen Sie diese »verlockenden« Kreditangebote der Finanzinstitute, die mit supergünstigen Zinsen, kleinen Monatsraten und Prämien für den »Kreditkauf« locken, seien es Cash-Back, Gutscheine oder Teddybären. Was tut man nicht alles, damit Sie endlich das Ihnen hinterhergetragene Geldgeschenk annehmen. Die Finanzindustrie ist sogar so zuvorkommend, dass sie interne Affinitätsanalysen durchführt, mit denen sie schätzt, bei wem die »Kreditaufnahme-Wahrscheinlichkeit« hoch genug ist, um diese Menschen mit Angeboten zu versorgen. Lassen Sie uns auf zwei Arten von Krediten einen genaueren Blick werfen:

Dispositionskredit (kurz: Dispo)
»Machen Sie sich keinen Kontodeckungsstress – auch, wenn das Gehalt mal ein paar Tage auf sich warten lässt und erfüllen Sie sich spontane Wünsche doch einfach, bevor das Gehalt kommt!«

Ursprung und Sinn dieses Kontokreditrahmens wurden verfremdet, denn damit ist kein Geld zu verdienen. Ein »Dispo« war ursprünglich *NUR* dafür gedacht, um damit sich überschneidende Geldeingänge und Abbuchungen auszugleichen. Diese Funktion macht Sinn, denn es kann sein, dass man für kurze Zeit zu wenig Geld auf dem Konto hat, weil Geldeingänge auf sich warten lassen, die Abbuchungen aber pünktlich stattfinden müssen. Der Dispo war als Schutz vor ungewollter Überschuldung gedacht und dafür durchaus sinnvoll.

Und wozu wird ein Dispo heute genutzt? Um sich für Wünsche zu verschulden oder damit seinen Lebensunterhalt zu bezahlen. Zu viele sind permanent in dieser jederzeit nutzbaren »Geld-Naschkammer« unterwegs, sei es auch mit kleinen Beträgen, doch bei Zinssätzen um die 10 % kommt einem das Leihgeld-Naschen teuer zu stehen. Zumal es auch verführt. Wer eine Naschschublade hat, weiß um die Macht des jederzeit Verfügbaren.

Zudem macht es bequem, eigentlich eher faul, weil man sich um seine Kontobewegungen nicht kümmern muss, da man ja immer den »sicheren« Puffer in der Hinterhand hat, der ein fehlendes Plus abfedert. Scheinbar, denn dieser Verschuldungszugang steigert den Hang zum Dauerminus. In gewissem Maß gibt man sich selbst sozusagen Kredit, was bei manchen schon dazu führt, dass ihre 0-€-Kontogrenze bereits mit der Dispogrenze verschmolzen ist (»Ich habe ja noch Kredit-Spielraum!«). In den USA nehmen derzeit rund 130 Millionen Amerikaner*innen Schulden auf, um ihre Wocheneinkäufe zu bezahlen. Dieses »Buy now, pay later«-Prinzip summiert sich auf ein Kreditvolumen von 80 Milliarden US-Dollar. Aber auch in Deutschland tut sich hierbei etwas, denn laut einer YouGov-Umfrage aus dem Jahr 2022 waren hierzulande fast 15 Millionen Menschen im Dispo unterwegs. Unfassbar, oder?

Lassen Sie lieber immer einen kleinen Betrag an Guthaben auf Ihrem Konto stehen und sorgen Sie so selbst für einen eigenen Spar-Dispo, der Sie nicht in (Kredit-)Versuchung führt und Ihnen zudem hohe Kreditzinsen erspart. Dann freut's Sie und nicht die Bank.

Privat-/Autokredite
Das Versprechen dieser Kredite: »Gönnen Sie sich schon heute, was Sie sich wünschen!«

Vorweg: Ich gönne Ihnen eine attraktive neue Küche, die luxuriöse Traumreise, das modernste Handy, den leistungsstärksten Computer, auch die elegantesten Möbel. Aber kaufen Sie all das bitte nicht auf Pump! Sie zahlen dafür nicht nur direkt einen Preis in Form von Kreditzinsen, die immer häufiger nach Ihrer Bonität (Kreditwürdigkeit und Zahlungsfähigkeit) ermittelt werden (je geringer die Bonität, desto teurer ist der Kredit für Sie). Sie rennen dem Kredit teilweise auch lange hinterher, weil sie ihn – meist über viele Monate – abbezahlen müssen. Gefühlt ist es wie im Sport, wenn man permanent einem Rückstand hinterherrennen muss. Das ermüdet mit der Zeit und hält einen in der Abhängigkeit.

Kreditieren Sie vor allem kein Auto, denn das Einzige, das hier wirklich sicher ist, ist der Wertverlust, der bereits beginnt, wenn Sie mit dem Neuwagen vom Hof fahren.

Kreditieren Sie auch keinen Urlaub. Was bringen Ihnen zwei Wochen Traumurlaub mit Partner*in für angenommen 6.000 €, wenn dieser ein Reinfall wird, an den Sie die monatlichen Rückzahlungen auch noch immer wieder erinnern?

TIPP 48:
MEIDEN SIE ALLE STAATLICHEN FÖRDERUNGEN WIE RIESTER, VL UND BAV.

Nutzen Sie die Geschenke des Staates. Gern, wenn man wirklich Geld geschenkt bekommen würde, direkt aufs Konto, ohne Bedingungen und Verpflichtungen. Leider müssen Sie für die »Geldgeschenke« ein Finanzprodukt abschließen, denn nur das wird gefördert. Komisches Geld-um-Ecken-Schenken, oder? Vor allem, wenn das Geldgeschenk am Ende gar nicht komplett bei Ihnen ankommt, weil Teile davon auf dem Weg verloren gehen. Diese schaffen den Weg um die Finanzprodukt-Ecke einfach nicht, weil die Finanzindustrie schließlich auch von etwas leben muss.

Gefördert werden hier somit zum Großteil nicht Sie, sondern die Inhaber der Finanzprodukte, die Fördervorteile zunichtemachen. Ganz gleich, ob es um die Riester-Rente, Wohn-Riester oder Rürup-/Basis-Rente geht.

Seit Jahren stehen die viel zu hohen Kosten für staatlich geförderte Produkte in der Kritik, aber nichts passiert. Hat man bestimmt vergessen. Blicken wir zudem noch auf die sehr geringen Renditen, die mit diesen geförderten Finanzprodukten erwirtschaftet werden (wenn überhaupt welche entstehen), beantwortet sich die Frage nach dem Sinn oder Unsinn von selbst.

Zudem fragen Sie sich mal, warum der Staat überhaupt etwas fördern muss. Weil er uns etwas Gutes noch schmackhafter machen möchte? Weil wir zu doof sind und es ohne Förderung nicht erkennen?

Aus meiner Sicht ist fast alles, was staatlich gefördert werden muss, problematisch (sicherlich immer aus unterschiedlichen Gründen). Finanzielle Finanzprodukt-Förderung gibt es nur, damit Sie Geld in etwas investieren, in das Sie freiwillig eben NICHT investiert hätten.

Dies gilt auch für die vermögenswirksamen Leistungen (VL). Auch hier ist der dafür notwendige Abschluss eines Finanzproduktes das Problem, das neben eigenen Kosten wiederum eigene Nachteile mit sich bringt (sei es ein Bausparvertrag oder ein Fonds, auf den die VL fließen). Zudem wird man verleitet, selbst noch mehr eigenes Geld dazu einzubezahlen. Dass Sie sich zudem gut informieren und kümmern müssen, schmälert die (bei VL sowieso nur geringen) finanziellen Fördervorteile weiter.

Wer Förderungen von seinem Arbeitgeber haben möchte, kann statt der Zahlung des VL-Arbeitgeberanteils lieber um einen Tankgutschein bitten oder um eine Stunde weniger Arbeitszeit pro Monat. Dann hat man wirklich etwas, das man gebrauchen kann.

Falls Sie mir nicht glauben und partout ans geschenkte Staatsgeld herankommen wollen, dann versuchen Sie mal, ein Finanzprodukt zu finden, das *KEINE* Abschlusskosten hat, *KEINE* versteckten Gebühren (auch nicht bei späterem Verkauf) und nur *SEHR GERINGE* laufende Kosten, damit auch was vom Geldgeschenk übrig bleibt. Viel Spaß beim Suchen!

Auch alle Freund*innen der betrieblichen Altersvorsorge (bAV) muss ich enttäuschen. Klar klingt es lukrativ, wenn man direkt von seinem Bruttogehalt spart (also unversteuert). Doch muss man diese »Gehaltsersparnis« auch wieder in eines der dafür geeigneten komplexen (teuren)

Finanzprodukte stecken und geht unnötige Verpflichtungen ein (zum Beispiel die Auszahlung betreffend). Zudem wird durch das geringere ausgezahlte Gehalt dann auch weniger in die Rentenkasse gezahlt, was bedeutet, dass das »bAV-Produkt« diese selbst geschaffene Zusatz-Rentenlücke überhaupt erst einmal schließen muss.

In jedem Fall helfen Sie mit einer bAV dem Staat bei der Entlastung des Rentensystems, was man natürlich auch als altruistischen Solidaritätsbeitrag für die Gesellschaft werten kann.

Zusatzproblem: Jede dritte Pensionskasse steht unter verschärfter Aufsicht der Finanzdienstleistungsaufsicht BaFin. Da jeder/jede achte Bundesbürger*in seine/ihre betriebliche Altersvorsorge über eine dieser (etwa 40) beobachteten Pensionskassen abgeschlossen hat, könnte das Finanz-Erwachen schneller unangenehm werden, als man alt wird.

TIPP 49:

BEACHTEN SIE DIE FÜNF KRITERIEN, MIT DENEN SIE ZU IHNEN PASSENDE FINANZPRODUKTE FINDEN.

Dieser Tipp mag Sie überraschen, haben Sie mich bisher schließlich nicht als Finanzprodukt-Fan erlebt. Keine Sorge, ich werde es auch nicht, aber ich möchte denen, die nicht ganz so radikal sind wie ich, einige hilfreiche Gedanken mit auf den Weg der Finanzprodukt-Suche geben. Denn genau solch eine sollte es sein: eine fundierte Suche.

Wir leben in einer Zeit, in der wir täglich bombardiert werden mit Werbung und Infos, nach denen wir uns richten sollten. Wir kaufen oft nicht nach dem Motto »Ich brauche etwas und suche mal nach einem passenden Angebot«, sondern vielmehr nach dem ungeschriebenen kapitalistischen Gesetz »Ich bekomme gezeigt, was ich finden und kaufen soll«. Das Natürliche wäre jedoch die eigenverantwortliche und selbstbestimmte Suche, die aus einem echten vorhandenen Bedarf entsteht und aus unserem freien Willen, diesen mit einem käuflich erwerbbaren Angebot zu decken.

Die Realität ist jedoch: Wir hören etwas von einem/einer Finanzberater/in, bekommen ein Angebot unserer Hausbank, schauen ein Video eines Finanzexperten, lesen einen Zeitungsartikel und sind interessiert. Im besten Fall prüfen wir das Empfohlene noch selbst und machen uns eigene Gedanken, bevor wir kaufen. Aber wie hoch ist die Wahrscheinlichkeit, dass Sie zum genau für Sie richtigen Zeitpunkt auf das genau für Sie passende Angebot gestoßen werden und das auch noch von Menschen, die Sie nicht kennen?

Also: Wie finden Sie Finanzprodukte, die zu Ihnen und zu dem passen, wofür Sie es benötigen?

Gegenfrage: Was machen Sie, bevor Sie einkaufen gehen? Die meisten schreiben entweder einen Einkaufszettel, damit sie nichts vergessen oder überlegen zumindest, was sie brauchen bzw. kaufen wollen. Sich im Laden inspirieren lassen und »impulskaufen« kann man ja dann immer noch zusätzlich.

Leider gehen die allermeisten Finanzkund*innen ohne Einkaufsliste zum Finanzprodukte-Einkauf. Oft auch ohne eigene vorherige Gedanken über das, was man sucht. Deshalb landet in den finanziellen Einkaufswagen ja so vieles, was dort nicht hingehört, weil die Verkäufer*innen es mit rhetorischem Geschick dort hineingelegt haben. Die Zeche zahlen Sie!

Drehen Sie den Prozess lieber um und kommen Sie weg von der Fremdbestimmung und hin zu einem selbstbestimmten Finanzeinkauf. Stellen Sie selbst die Bedingungen auf, unter denen Sie bereit sind, sich finanziell beraten zu lassen und Finanzprodukte zu kaufen.

Notieren Sie hierfür fünf Dinge:

1. **Mein konkretes Ziel, mein konkreter Wunsch, mein konkretes Problem!**
   Wofür erwägen Sie den Einsatz eines Finanzproduktes, was Sie *NICHT* aus eigener Aktivität erreichen bzw. lösen können, etwa mit der Hilfe anderer und/oder unter direkter Zuhilfenahme von Geld?

2. **Das muss das Produkt in jedem Fall leisten!**
   Welche Leistungen *MUSS* Ihnen das Produkt *VERBINDLICH* bieten? Was sind Ihre *KLAREN* Erwartungen an den Nutzen und die Mehrwerte?

3. **Dann brauche ich die vereinbarten Leistungen genau!**
   Zu welchem (zumindest ungefähren) Zeitpunkt brauchen Sie die Produkthilfe (oder Ihr angelegtes Geld zurück)?

4. Das bin ich bereit, dafür zu bezahlen!

Wie viele Euro sind Sie bereit, für die Produktleistungen zu bezahlen (einmalig oder monatlich)? Was ist ein (für Sie) fairer Gegenwert?

5. Diese Risiken bin ich bereit einzugehen!

Gehen Sie weder zu hohe Risiken ein noch faule Kompromisse. Nicht Sie müssen sich den Produkten anpassen oder sie so nehmen, wie sie sind. Nein! Sie sind Kund*innen und damit Alleinherrscher*innen über sich und Ihr Geld. Sagt uns die Finanzwerbung doch immer, oder? »Der Kunde ist König«. Wir stehen im Mittelpunkt. Verhalten wir uns auch so und setzen sie geschickt und *FÜR UNS* förderlich ein, unsere Mittel. Punkt.

TIPP 50:
REDUZIEREN SIE IHRE FINANZPRODUKTE RADIKAL.

Nicht zucken! Radikal kommt vom lateinischen »radix«, was die Wurzel meint. Also: »Radikal« bedeutet, die Dinge von der Wurzel zu betrachten oder anzupacken. Auf den Finanz-Fall übertragen: Die meisten Menschen haben 10 bis 20 Finanzprodukte, für die sie Geld zahlen, von denen sie viele aber gar nicht brauchen, wenn sie sich dessen bewusst wären.

> In der Finanz-Wurzel-Behandlung liegt somit keinerlei Schmerz, sondern vielmehr Freude, weil Sie viel Geld sparen und aufräumen können. Aufgeräumt lebt's sich leichter.

Wie das am einfachsten geht? Stellen Sie sich einen Mann mittleren Alters vor. Nennen wir ihn Jürgen. Jürgen trägt einen buntkarierten Hut, Herrenhandtasche, Hornbrille, am einen Fuß eine Birkenstock-Sandale mit Tennissocke, am anderen einen Wanderschuh, darüber eine lange Stoffhose mit einem abgeschnittenen Bein, oben mehrere bunte T-Shirts übereinander (in unterschiedlichen Größen), darüber eine silberne Weste, Goldkettchen. Kurzum: Jürgen sieht aus wie ein entlaufener Paradiesvogel. Alles, was er trägt, passt weder in sich zusammen, noch passt es zu Jürgen.

Jürgen ist mein Lieblingsbild für das Finanzprodukte-Wirrwarr der allermeisten Kund*innen. Wenn Sie jedes seiner Kleidungsstücke mit einem Finanzprodukt gleichsetzen, sehen Sie sofort: Das macht so keinen Sinn, wie bei Ihren Produkten vielleicht auch? Manche Produkte mögen einzeln und für sich genommen hilfreich sein, aber nicht für jeden/jede, nicht in jeder Lebenssituation, nicht zu jeder Bedingung.

Räumen Sie Ihren Finanz-Kleiderschrank auf, indem Sie ALLE Produkte suchen und auf einen Haufen werfen. Nehmen Sie Ihren Finanz-Ordner, in dem *ALLE* Verträge enthalten sind, oder gehen Sie Ihre Kontoauszüge durch und schreiben Ihre Produkte heraus. Sehen Sie sich ein komplettes Jahr an, weil nicht alle Kosten für Produkte monatlich zu zahlen sind, sondern manche auch viertel-, halbjährlich oder gar nur jährlich.

- Notieren Sie alle Produkte untereinander auf einem weißen Blatt Papier und daneben die Summe, die Sie für sie bezahlen. Listen Sie hier auch alle Produkte auf, die Sie einmalig angelegt haben (dann mit der Anlagesumme) oder in die Sie hineinsparen (Sparrate).
- Haben Sie alles zusammen, notieren Sie zu jedem Produkt den Verwendungszweck. Warum haben Sie das Produkt? Was ist sein Nutzen für Sie? Vermeiden Sie nichtssagende Verallgemeinerungen wie »Altersvorsorge« oder »Versicherung und notieren Sie Ihre eigenen Mehrwerte. Finden Sie keinen Mehrwert oder haben Probleme mit dem Produkt an sich, ist das ein erstes Indiz, dass Sie sich das jeweilige Produkt gegebenenfalls sparen können.

Und weiter? Sie könnten jedes Produkt auf Sinn oder Unsinn prüfen, indem Sie sich fragen, ob es die fünf Punkte aus **Tipp 49** beherzigt.

- Oft werden Produkte genutzt, die viel zu viele Leistungen enthalten (die man nicht braucht, aber mitbezahlt).
- Manche Leistungen werden Sie vielleicht doppelt finden, in zwei Produkten, und bezahlen diese auch doppelt. Umsonst.
- Es kann auch sein, dass Sie beispielsweise »für später« sparen oder Geld anlegen, aber heute Kreditraten bezahlen. Prüfen Sie hier, ob Sie den Kredit nicht direkt abbezahlen können. Oder, wenn Sie mehrere Kredite bezahlen, ob Sie diese nicht in einen »Schuldenfrei-Kredit« bündeln können, der Sie planbar und direkt in die Schuldenfreiheit führt. Finanziell unabhängig kann man überhaupt erst sein, wenn man schuldenfrei ist. Daher ist es in fast allen Fällen ratsamer, statt für übrige 10.000 € nach der neuen Super-Geldanlage zu suchen, als diese in die Schuldentilgung zu investieren.

Räumen Sie nicht gern allein auf oder brauchen Hilfe:

Unter www.youlife.de/rettedeingeld können Sie meine Finanz-Aufräum-Übersicht »Mein Leben – meine Finanzen« kostenfrei ausdrucken, um Ihr Geld wieder in Ordnung zu bringen. Und Sie können auch Jürgen im Echtbild sehen, denn den Finanz-Verrückten gibt's wirklich. Sie werden Ihren Augen nicht trauen und vielleicht sogar lachen, obwohl's eigentlich traurig ist!

FÜNFTES KURZ-FAZIT
»FINANZPRODUKTE«

Was denken Sie jetzt über Finanzprodukte? Womit konnte ich Sie überraschen, wo bestätigen? Und das Wichtigste: Was nehmen Sie mit für Ihren Finanz-Putz und Ihren zukünftigen Produktkauf?

Tipp 41:   Erkennen Sie, was Finanzprodukte nicht können.

Tipp 42:   Kaufen Sie keine Produkte, die (meist versteckte) Wettgeschäfte beinhalten.

Tipp 43:   Kaufen Sie keine kombinierten Produkte und damit (mindestens) EIN unnötiges mit.

Tipp 44:   Kaufen Sie keine Produkte, die Sie nicht wirklich verstehen.

Tipp 45:   Kaufen Sie keine Produkte, die nachteilige Verpflichtungen für Sie enthalten.

Tipp 46:   Verschulden Sie sich nicht unnötig.

Tipp 47:   Finger weg von Dispositions-, Privat- und Autokrediten.

Tipp 48:   Meiden Sie alle staatlichen Förderungen wie Riester, VL und bAV.

Tipp 49:   Beachten Sie die fünf Kriterien, mit denen Sie zu Ihnen passende Finanzprodukte finden.

Tipp 50:   Reduzieren Sie Ihre Finanzprodukte radikal.

KAPITEL 6

GELDANLAGEN UND SPAR-VERTRÄGE

PRÜFEN SIE GENAU, WO SIE IHR GELD INVESTIEREN UND MACHEN SIE IHR LEBEN NICHT ABHÄNGIG VON DER ENTWICKLUNG VON GELDANLAGEN UND SPARVERTRÄGEN!

»Lassen Sie Ihr Geld für sich arbeiten.«, »Werden Sie reich im Schlaf.«, »Sparen Sie mit kleinen Raten langfristig ein großes Vermögen an.« Wer sowas glaubt, schickt auch noch Wunschzettel an den Weihnachtsmann.«

Nichts tun und dabei automatisch vermögend(er) werden. Reich werden, ohne dafür arbeiten zu müssen. Das will doch jede*r, oder!? Und glaubt man der Finanzbranche, dann kann das auch jede*r. Das Einzige, was man dafür tun muss, ist, ein Finanzprodukt abzuschließen. Einfacher und besser geht's nicht, oder? Wer da nicht zuschlägt, braucht dringend einen Termin beim Psychiater.

Haben Sie sich mal gefragt, warum irgendjemand, sei es ein/eine Berater*in, eine Bank/Sparkasse, eine Investmentgesellschaft oder wer auch immer, ausgerechnet IHNEN solch ein Gottesgeschenk machen sollte?

Sind das alles Gutmenschen? Müssten solche scheinbar risikolosen Geldvermehrungsprodukte nicht sehr rar gesät sein (insbesondere in der heutigen Niedrig- bis Negativzinszeit)? Wie kann es sein, dass solche Sensationsprodukte überhaupt für jede*n frei zugänglich sind? Wie Goldnuggets, die einfach so in der Fußgängerzone herumliegen. Oder sind diese Goldnugget-Anlagen gar nicht echt, sondern nur mit unechtem (Werbe-)Glitzer überzogen? Aber warum sollte man so manipulativ vorgehen?

Ganz einfach: Man will Ihr Geld. Und da Sie das freiwillig nicht einfach so hergeben, braucht es gute (Schein-)Argumente, um es von Ihnen zu lösen und fremden Händen anzuvertrauen, die sich dann um Ihr Geld »kümmern«. Was den meisten vertrauensvollen Anleger*innen nicht klar ist: Sie geben nicht nur Ihr Geld für eine gewisse Zeit weg, sondern auch die Verantwortung dafür.

Ein kleiner Vertragsabschluss und schon begibt man sich in unsichtbare Abhängigkeiten. Kein schönes Wort, oder? Da denkt man sofort an Drogenabhängige, Alkoholabhängige, Spielabhängige. Aber es gibt eben auch Geld- und Finanzabhängige, die man leicht mit verheißungsvollen Anlageverlockungen ködern kann. Warum auch sonst sollte man jemand anderem sein Geld geben, wenn man nicht die Hoffnung hegt, irgendwann mehr davon zurückzubekommen. Ohne in Aussicht gestellte neue Geld-Babys könnte man sein Geld ja auch zu Hause in die Vitrine stellen und den Anblick genießen.

Nur möchte der Geld-Babysitter für Aufsicht samt angepeilter Vermehrung etwas haben: einen Teil Ihres Geldes. Denn er muss zuerst seine eigenen Kosten einspielen (damit Sie das eingezahlte Geld wiederbekommen), dann die Inflation (damit Ihr Geld im Wert erhalten bleibt) und dann noch ein Schnäpschen obendrauf, damit Sie auch DE FACTO mehr Geld zurückbekommen. Während Ihr erhoffter Geldzuwachs nicht garantiert ist, ist es der der Finanzindustrie immer, weil deren Kosten in jedem Fall von Ihnen bezahlt werden müssen – auch, wenn sich die Geldvermehrungs-Versprechen nicht erfüllt haben. Eine*r gewinnt immer. Sie leider nicht.

Besonders bitter ist es, wenn Sie langfristig Geld an- und zurücklegen und dann, wenn Sie es brauchen, feststellen, dass gar nicht so viel da ist wie erhofft. Und dann? Das Finanzinstitut in Regress oder den/die Berater*in in persönliche Haftung nehmen? Schließlich haben Sie das Produkt aufgrund deren Werbung und Empfehlungen hin gekauft. Schön wäre es, aber der Dumme ist am Ende immer der/die Käufer*in, also Sie.

Und selbst wenn es das EINE Superprodukt gäbe, das für die heutige Zeit perfekt ist: Was ist denn, wenn sich, wie es permanent geschieht, während des Anlagezeitraums alles um das Produkt herum verändert und das Superprodukt gar nicht mehr super in die neue Umgebung passt? »Drum prüfe, wer sich länger bindet«, gilt eben nicht nur für Partnerschaften, sondern auch für Finanz-Ehen.

TIPP 51:
FINGER WEG VON AUSLÄNDISCHEN WÄHRUNGEN.

Jeder/jede Normalbürger*in sollte sich sofort fragen: Was soll ich mit Währungen, wenn ich gar nicht ins Nicht-Euro-Ausland verreisen will? Genau. Was soll man mit dem chinesischen Renminbi hier in Deutschland machen? Bezahlen kann man damit nirgends und schön sind die Scheine auch nicht wirklich. Wie gut, dass es in der Finanzindustrie auch für dieses Nicht-Problem eine Lösung gibt: *Währungen als Geldanlage!*

Was früher nur Firmen und Großinvestoren vergönnt war, das dürfen Sie jetzt auch. Toll, oder? Eher weniger. Aus Ermangelung halbwegs normaler Geldanlagen hört man häufiger vom lohnenden Währungsinvestment. Und ja, manche Pro-Währungs-Argumente mögen vernünftig klingen, wie:

- *»Wenn der Euro zerbricht, ist man im US-Dollar sicher.«* Kann sein, muss aber nicht. Erstens, wer weiß schon, ob der Euro zerbricht (so stark die Anzeichen dafür auch sind). Zweitens, wer weiß schon, ob man dann

mit US-Dollars mehr profitiert. Weil: Hellsichtige Glaskugeln gibt's immer noch nicht zu kaufen. Der US-Dollar ist zwar die am weitesten ver-
breite Währung der Welt (noch), aber die US-Verschuldung ist ebenfalls
extrem hoch, was nicht wirklich zur Stabilität einer Währung beiträgt.
Vor allem die neu geschmiedeten Allianzen der BRICS+-Staaten lassen erahnen, dass sich währungstechnisch noch so manches verändern wird in den kommenden Jahren und Jahrzehnten. Was genau?
Ich weiß es nicht, Sie?

- Und auch der viel gerühmte Schweizer Franken hat seine Vorteile und
  gilt nicht umsonst als Inbegriff der Stabilität. Die Schweiz verfügt – vor
  allem im Vergleich zu anderen europäischen Ländern – unter anderem (noch) über eine niedrige Staatsverschuldung, stabile politische
  Verhältnisse und eine robuste Wirtschaft. Aber heißt das, dass der
  Schweizer Franken durch die Decke geht? Die Schweizer Regierung
  wird dafür sorgen, dass dies nicht geschieht, denn ein hoher Schweizer Franken sorgt für Freude bei den Währungszockern, nicht aber bei
  den Ländern, die Schweizer Waren (dann teurer) einkaufen müssen.
  Jedes Land der Welt sollte zumindest bemüht sein um eine stabile
  Währung, was bedeutet, dass man mit einer Währung in den allermeisten Fällen zumindest langfristig keinen Reibach machen kann.

Manchen Währungsanleger*innen geht's vielleicht auch nur um den Werterhalt ihres Geldes. Aber ist die Wahrscheinlichkeit hierauf nun im Euro
größer oder im kanadischen oder australischen Dollar? Kanada und
Australien sind rohstoffreiche Länder und somit auch in Krisenzeiten
attraktiv bzw. wirtschaftlich eher in einer guten Ausgangslage. Aber was
ist, wenn man gegen sie wettet? Oder sie in Kriege verwickelt werden,
politische Unruhen im eigenen Land auftreten oder, oder, oder? Niemand
weiß es, daher Finger weg von Geldanlagen in ausländischen Währungen.

Diese würden grundsätzlich überhaupt nur Sinn machen, wenn sie sich
im Vergleich zum Euro (den man dann ja in die andere Währung um-
tauscht) besser entwickeln, sonst könnte man ja gleich den Euro behalten. Haben Sie sich schon einmal mit so etwas wie Wechselkursen
beschäftigt (außer im Urlaub)? Wissen Sie, wovon es abhängt, dass die
eine Währung steigt und die andere fällt? Nicht? Müssen Sie auch nicht.

Selbst »Experten« können es oft nicht hinreichend erklären, warum sich
Währungen so verhalten, wie sie es eben tun. Kein Wunder, sind die Wäh-
rungskurse doch von Faktoren abhängig, die schwer zu verstehen und
noch schwerer vorherzusagen sind, etwa die politische und wirtschaftliche Entwicklung eines Landes, die jeweilige Inflation, bestehende und
zukünftige geopolitische Abhängigkeiten und Verwicklungen, staatliche

Währungsreservekäufe oder -verkäufe. Zu diesen ganzen Unsicherheiten kommen noch die Wettfreunde von den Hedgefonds, die mit Freude auf die Auf- und/oder Abwertung von Währungen (und damit auch Staaten) setzen und damit über die Entwicklung einer Währung samt zugehöriger Staaten mitentscheiden.

Übrigens: Wer nur so viel Geld auf dem Girokonto hat, wie er zum Zahlungsverkehr braucht (sehr zu empfehlen!) und den Rest anderweitig sinnvoller angelegt hat (siehe ab **Tipp 81**), der braucht sich mit Währungen als Geldanlage eh nicht zu beschäftigen. Erst, wenn es (wieder) eine goldgedeckte Währung gibt wie einige Länder, z. B. Russland oder China, es vorhaben sollen, könnte man darüber nachdenken (wenn man sonst nichts anderes mit seinem Geld anzufangen weiß).

> Wer wirklich glaubt, sein Geld ist besser in einer anderen Währung aufgehoben als im Euro, der trägt immer auch das Kursrisiko. Gibt es denn überhaupt eine empfehlenswerte Währung zur Geldanlage? Die Frage ist doch eher: Wonach suchen Sie wirklich? Oder besser: Was haben Sie hier im Währungsmarkt eigentlich zu suchen?

TIPP 52:
FINGER WEG VON BITCOIN UND ANDEREN KRYPTOWÄHRUNGEN.

Oha, jetzt fasse ich wohl eines der aktuell heißesten Finanz-Eisen an, oder besser gesagt, ich fasse es eben *nicht* an. Zumindest nicht als Geldanlage und das trotz aller schon hingelegten Rekorde und einer (scheinbar) glorreichen Zukunft. Vorweg: Ich kann total verstehen, dass sich die Hoffnungen vieler frustrierter Niedrigzins-Anleger*innen oder vom Aktien-Auf-und-Ab müder Investor*innen auf Bitcoin und Co. fokussieren. Gelten Kryptowährungen schließlich als das digitale Gold, dabei sind es, rein laut Wortherkunft, nur geheime verborgene Rechte an etwas. Im Fall von Bitcoin an etwas, das sich jemand ausgedacht hat namens Satoshi Nakamoto, von dem/der nach mehr als 10 Jahren immer noch niemand weiß, ob es ihn, sie oder es wirklich gibt.

Da Währungen vor allem vom Vertrauen leben, das man ihnen und ihrem Wert entgegenbringt, erhöht diese Tatsache mein Krypto-Vertrauen nicht wirklich. Auch bin ich kein Fan von Geldanlagen, die es real gar nicht gibt. Vielleicht lehne ich daher auch viele Finanzprodukte ab, weil diese oft auf unsichtbaren (Produkt-)Wetten beruhen und keinen Eigennutzen, geschweige denn Eigenwert, haben, außer der versprochenen Geldvermehrung. Kryptowährungen gelten zwar als alternative Währungen, sind dies aber weder heute wirklich, noch werden sie es aus meiner Sicht in Zukunft sein. Selbst Bitcoin, die derzeit bekannteste, wird wohl niemals eine weltweit genutzte Währung werden – weil er begrenzt UND nicht primär als Zahlungsmittel gedacht ist. Kaum jemand zahlt mit digitalen Währungen und ob sich das ändert, steht in den Sternen (in die Sie auch nicht investieren würden, oder?).

> **Wenn man Kryptowährungen also nicht weltweit (noch nicht mal deutschlandweit) als Zahlungsmittel verwenden kann, wozu braucht man sie dann? Es bleibt wieder nur die Wette darauf, dass der Kurs (Preis) für die Kryptowährungen steigt. Aber was soll das? Wer wetten möchte, sollte lieber auf Sachen setzen, die man wenigstens einigermaßen sehen und verstehen kann, statt auf eine Nicht-und-Nichts-Währung, die nichts wert ist, außer dem Wert, den ihr andere zumessen.**

Im Gegensatz zu Firmen, die über einen sogenannten inneren Wert verfügen (also Eigenkapital, Güter etc.), haben Kryptowährungen einen negativen inneren Wert, weil man für ihre »Produktion« und die Verwaltung Strom benötigt – viel Strom.

Gerade beim Bitcoin kann man das Grundproblem des Nichts sehr schön an der Kursentwicklung ablesen. Schwankungen von 10 % oder gar 20 % innerhalb kürzester Zeit sind hier keine Seltenheit. Währungen leben jedoch von ihrer Stabilität, weil sonst niemand Güter gegen sie tauschen würde. Würden Sie einige Ihrer Bitcoins gegen eine Ware tauschen, wenn Ihr Kryptogeld eine Stunde später schon 20 % mehr wert sein könnte? Oder andersherum, wenn Sie etwas verkaufen: Würden Sie Bitcoins akzeptieren, wenn diese eine Stunde später schon 20 % weniger wert sein könnten (und der Wert Ihrer Ware dann mit ihnen)? Und auf welcher validen Grundlage soll sich der Bitcoin-Kurs eigentlich weiterentwickeln? Bisher erkenne ich hier nichts, nur Hoffnung und Emotionen, die beide bei der Geldanlage nichts zu suchen haben sollten.

Es gibt für mich noch viele weitere Gründe, die gegen Bitcoin sprechen, etwa die Begrenzung auf maximal 21 Millionen »Stück«. Mehr als Dreiviertel davon sind schon im Markt und es wird zwar noch Jahrzehnte dauern, bis der Algorithmus, der die Bitcoins »erstellt«, den letzten Bitcoin ausspuckt, aber bisher ist es vor allem diese gewollte Verknappung, die für die teilweise extremen Kursanstiege gesorgt hat (plus die Unsicherheit der Finanzwelt natürlich). Wie sieht's aber mit der Preisentwicklung aus, wenn (fast) alle Bitcoins vorhanden sind? Was sorgt dann für Kursphantasie?

Und was passiert, wenn die von der Nachrichtenagentur Bloomberg geschätzten 1.000 Personen, die 40 % der Bitcoins besitzen sollen, diese zu Höchstkursen verkaufen und wieder ganz viele Bitcoins auf dem Markt sind? Ganz zu schweigen von dem Problem, dass man seine Wallet-Datei, in der private Schlüssel für die Bitcoins gespeichert sind, auf keinen Fall löschen und diese natürlich auch nicht gehackt werden darf. Wer schon seinen Haustürschlüssel oft verlegt oder gar seine Computerpasswörter vergisst, den kann ein Bitcoin-Investment richtig auf Trab halten.

Ich weiß aus eigener sehr früherer Geldanlage-Zock-Erfahrung, wie aufregend es sein kann, zu wetten und die Chartentwicklung zu verfolgen wie einen leckeren Schokoladenfluss. Aber nicht selten folgen spektakulären Aufstiegen auch ebensolche Abstiege, wie man sie bei Kryptowährungen schon häufiger erleben durfte (wie Halbierungen und Drittelungen vom jeweiligen Höchstkurs).

Als El Salvador den Bitcoin als erstes Land als gesetzliches Zahlungsmittel zuließ, jubelte die Krypto-Fan-Base. Diese Freude kann aber von kurzer Dauer sein, wenn sie es wieder einstellen (müssen), weil zum Beispiel der Internationale Währungsfonds oder Staaten Druck machen (denen solche Währungen nicht gefallen). Wenn China ein »Mining-Verbot« erlässt, zeigt dies auch bereits, dass Bitcoin und Co. mit reichlich Gegenwind zu rechnen haben. Seien es staatliche Regulationen, Handelsverbote oder die bereits angekündigte Einführung digitaler »Staats-/Notenbank-Währungen«.

In jedem Fall sind Anlagen in Kryptowährungen mal mehr, mal weniger aufregende Achterbahnfahrten, weil hier schon abzusehen ist, dass sie wohl nie langweilig werden. Schon einzelne Twitter-Tweets von Wirtschaftsgrößen wie Elon Musk lassen die Kurse abstürzen oder steil nach oben gehen.

Ja: Es kann sein, dass Sie mit einem Investment irgendwann reich werden oder zumindest viel Geld verdienen. Schon damals beim »Neuen Markt« konnte man das Kursraketen-Phänomen live mitverfolgen. Leider stürzten einige Börsen-Stars nach ihrem prachtvollen Kursfeuerwerk nicht nur kurzfristig ab, sondern verglühten komplett im Boden der Realität.

Ich habe daraus gelernt, dass ich mich von Trends und Hypes nicht beeindrucken lasse. Auch wenn ich das Prinzip von anonymen, begrenzten und transparenten Währungen absolut unterstütze und die Blockchain-Technologie, die auch Bitcoin nutzt, spannend finde, wenn sie zum Nutzen der Menschen eingesetzt wird. Lieber verzichte ich jedoch auf entgangene Gewinne (die man ja auch nur realisiert, wenn man rechtzeitig verkauft), bleibe aber unabhängig von den Entwicklungen anderer Währungen.

Ganz nebenbei: Wenn einzelne Themen wie Bitcoin überall gehypt werden, was denken Sie: Steigen Fachleute wie Großinvestoren dann ein oder eher aus? Schon heute gibt es »Bitcoin-Wale«, die hohe Summen in Einzelwallets bunkern und damit über gezielte Verkäufe jederzeit Einfluss auf die Kursentwicklung nehmen könnten.

Möglich ist ebenfalls eine »51%-Attacke«, wenn sich also die Mehrzahl der Miner vereinigt und beispielsweise (auch rückwirkende) Änderungen am »System« vornimmt. Bei einer derzeit 60-prozentigen Mining-Konzentration in China in Kombination mit dem dort vorherrschenden Kontrollsystem heißt das noch nichts, aber was nicht ist, könnte irgendwann werden. Wie die digitalen Währungen der Zentralbanken, die bereits hinter den Kulissen vorbereitet werden mit dem Ziel der baldigen Einführung.

Was wird passieren, wenn dies geschieht? Ist das dann das Aus für Bitcoin und Co. oder der Turbo? – Alles kann passieren. In jede Richtung. Wie so vieles bei Bitcoin und Co., weshalb ich die weitere Entwicklung gespannt verfolge, aber nicht als aktiver (Anlage-)Spieler, sondern interessiert vom Spielfeldrand.

Was ich von dort bisher sehen kann, ist neben einer hohen Schwankungsbreite des Kurses vor allem die eben nicht vorherrschende (jedoch oftmals suggerierte) Privatsphäre bei Zahlungen. Es handelt sich hierbei nämlich um ein pseudonymes System mit öffentlichem Transaktionsverzeichnis. Heißt: Alle Ihre Bitcoin-Transaktionen können öffentlich nachverfolgt werden. Natürlich muss man dazu erst Ihren Echtnamen herausfinden, weil die meisten Menschen Bitcoin unter einem Pseudonym verwenden. Aber sobald Sie einem Unternehmen oder einer Kryptobörse etwas »in Bitcoin« überweisen, sind Sie dort auch bekannt, weil hier das Prinzip KYC (Know Your Customer) gilt. Wenn Sie einem Freund Bitcoins überweisen, kann dieser auf jeden Fall sehen, was Sie wann und für wen ausgegeben haben. Bei guten Freundschaften vielleicht kein Problem, aber stellen Sie sich mal vor, was das für Unternehmen bedeutet, wenn diese in Bitcoin zahlen würden? Alle deren Vertragspartner, Kundenbeziehungen, Verkäufe und Kontenbeträge wären öffentlich. Diese finanzielle Transparenz gefällt nicht jedem (nur dem Wettbewerber), was bedeutet, dass vor allem Unternehmen von dieser Zahlungsmethode sicher Abstand halten werden. Außerdem schwanken die Transaktionskosten fürs »Bitcoin-Versenden« teilweise so stark, dass es ganz schön ins Geld gehen kann, mit Bitcoin zu zahlen.

Spannender Finanz-Fun-Fact: Selbst »Hardcore-Bitcoin-Fans« empfehlen bei dem Blick auf das gesamte anzulegende Geld meist, nur 5 bis 10 % davon in Bitcoin oder andere Kryptos zu investieren. Was für ein Mega-Hype für so wenig Anlagevolumen, oder? Das ist so, als ob Sie 10 kg abnehmen wollen und ich sage Ihnen: Ich kenne eine Abnehm-Methode, mit der Sie VIELLEICHT 500 g bis 1 kg abnehmen können. Würde Sie das interessieren? Wenn nein: Warum interessiert Sie dann Bitcoin? Was denken Sie, in was Währungsanleger*innen dann lieber investieren: In eine Nichts-Währung (wie alle anderen »echten« Währung übrigens auch) oder in eine mit welchen Realwerten auch immer gedeckte Währung?

Entscheiden Sie selbst, aber wenn, dann nicht getrieben von den beiden größten Manipulationsfaktoren, die auch hier wieder kräftig zuschlagen: Angst und Gier. Denn mal ehrlich: Warum kaufen die allerallerallermeisten Menschen Bitcoin? Entweder haben sie Angst davor, dass das Geld- und Finanzsystem zusammenbricht und echte Währungen irgendwann gar nichts mehr wert sind. Dann sollte man lieber in echte Alternativen investieren, wie ich Sie Ihnen **ab Tipp 91** zeige. Oder sie sind von der Gier getrieben, mit dabei zu sein, wenn die Kurs-Post so richtig abgeht. Was passiert eigentlich, wenn es wieder eine goldgedeckte Währung gibt? Dann gäbe es ihn ja, den aktuell nicht vorhandenen »wirklich sicheren Währungshafen« wegen dessen Fehlen manche auf Bitcoin setzen.

Bitcoin und alle anderen Kryptowährungen mögen als digitaler Rohstoff gehandelt werden und das vielleicht sogar sein (was man aber erst in ein paar Jahren wissen wird). Eine seriöse Geldanlage sind sie für mich nicht, weil hier gerade erst etwas entsteht, dessen Weiterentwicklung niemand sicher vorhersagen kann. Eine interessante Wette kann es hingegen sein. Oder auch nicht. Entscheiden Sie selbst und wenn ja, dann bitte nur mit dem Geld, das Sie wirklich übrighaben und bei dem Sie auch nicht traurig sind, wenn es komplett weg wäre.

TIPP 53:

FINGER WEG VON AKTIEN- UND MISCHFONDS.

Aktienfonds – Finger weg!

»Profitieren Sie von den Chancen am Aktienmarkt und genießen Sie gleichzeitig die Sicherheit der breiten Vermögensstreuung!«

Was zu schön klingt, um wahr zu sein, ist es auch. Aktienfonds gehören in die Kategorie der unnötigen Anlagen, weil sie einen Haufen Probleme bergen. Das fängt schon bei der Aktienauswahl an, die natürlich wieder einmal »Expert*innen« für Sie übernommen haben (und wir wissen ja um das Problem der noch immer nicht vorhandenen Glaskugel). Garniert werden Aktienfonds meist mit einer »Sales-Story«, etwa, dass in Ihrem Aktieneinkaufskorb die 50 wirtschaftlich stärksten Unternehmen der Welt sind oder die Ethischsten, die Zukunftsfähigsten, die mit den höchsten Dividendenzahlungen, was auch immer. Hauptsache, es klingt gut und Sie wollen mit Ihrem Geld dabei sein. Auch bei Aktienfonds schauen zu viele nur auf den äußeren Schein, dabei sollte doch jede*r aus eigener (Liebes-) Lebenserfahrung wissen, dass das Äußere zwar nicht unwichtig ist, aber die inneren Werte langfristig für »Glücksrendite« sorgen.

Dass Werbeversprechen nicht zu Renditen führen, ist klar. Ebenso klar sind die hohen Kosten, die Sie für das Expert*innen-Aktien-Rate-Spiel zahlen dürfen. Bis Sie die von Ihnen gezahlten Ausgabeaufschläge und laufenden Gebühren wieder drin haben, können schon einige Jahre vergehen wie die Vergangenheit immer wieder gezeigt hat. Manche Aktienfondsbesitzer*innen sind froh, wenn sie nach Jahren ihr damals eingezahltes Geld wiederbekommen. Leider vergessen zu viele Fondsinhaber*innen die gezahlten Abschlussprovisionen und Gebühren im Zeitverlauf, lassen sich von der jährlichen Fondsentwicklung blenden, die ohne diese Kosten durchaus mal gut aussehen kann. Aber: Aktienfonds können Sie bei Rückgabe an die Fondsgesellschaft nur mit einem Rücknahmeabschlag verkaufen. Geld bezahlen, um etwas verkaufen zu können. Irre, oder?

Was oft bei der Betrachtung von Aktienfonds übersehen wird: Ihre Entwicklung MUSS ZWINGEND besser abschneiden als Vergleichs-Aktien-Indizes wie der DAX, der DOW JONES oder der S&P 500. Warum? Schließlich kaufen Sie einen Aktienfonds, damit Sie MEHR

Rendite als ein Aktienindex erwirtschaften. Sonst könnten Sie diesen ja über einen ETF kaufen, der einen Aktienindex nachbildet.

Das bedeutet für die Fondsmanager*innen die folgende »Das-muss-ich-erwirtschaften-Rechnung«:

Performances des jeweiligen Aktienindexes (die immer ungewiss ist im Voraus)

+ einmalige Abschlussgebühr

+ laufende Kosten

+ ggf. einen bei Verkauf zu entrichtenden Rücknahmeabschlag

= Ihr Ergebnis (abzüglich Steuern)

Was glauben Sie, wie viele Fondsmanager das hinbekommen? Und zwar konstant über lange Zeit, da Aktienfonds schließlich eine langfristige Anlage sind. Nicht umsonst dauert es oftmals mehrere Jahre, bis ein Fonds überhaupt erstmal den direkt zu Beginn gezahlten Ausgabeaufschlag wieder reingewirtschaftet hat.

Kein Wunder, denn wenn Sie 10.000 € anlegen, von denen sofort 500 € Ausgabeaufschlag abgehen, müssen sich die 9.500 € erst einmal kräftig ins Zeug legen, damit sie die 10.000 € wieder erreichen. Haben Sie sich schon einmal gefragt, warum Sie diesen wohl am Anfang bezahlen müssen? Sicher, weil Sie's später nicht mehr machen würden, wenn Sie an der Anlageentwicklung sehen, wie die leeren Versprechen verpuffen. Was man sonst als unredlich empfindet, ist bei der Finanzindustrie normal. Nicht »erst die Leistung, dann das Geld«, sondern »erst das Geld, dann VIELLEICHT eine Leistung – oder auch nicht«.

Müsste es nicht sofort skeptisch machen, wenn Finanzberater*innen sagen (wie es oft geschieht): »Eine Fondsanlage müssen Sie mittel- bis langfristig sehen!« Klar, wenn zuerst die hohen Kosten wieder eingespielt werden müssen. Zudem: Je länger Ihr Geld irgendwo liegt, desto weniger genau haben Sie es im Blick und desto eher kann man Ihnen bei negativen Performances sagen: »Schlechte Phase gerade, aber keine Sorge. Die Anlage ist ja für 15 Jahre gedacht. Das wird schon! Haben Sie Geduld!« Wie gut für die Finanzindustrie, dass geschätzte 99,99 % aller Fondsanleger*innen nicht genau auf die jeweiligen Fondsentwicklungen und ihre wahre Performance achten. Sonst wären sie nämlich keine Fondsanleger*innen mehr.

Lassen Sie sich auch nicht einlullen von den scheinbaren Vorteilen der Fondsmanager, die über einen »heißen Draht« zu den jeweiligen Vorstandsvorsitzenden der Aktiengesellschaften verfügen. Selbst, wenn es stimmt: Was glauben Sie, erzählt z. B. der VW-Chef dem Fondsmanager (dessen Geld er als Anlage in seinen Aktien natürlich haben will!) über das Unternehmen und seine Zukunftsaussichten? Gerade diese persönliche Nähe schadet eher, als dass sie nutzt. Zudem: Wie falsch Analysten mit ihren Analysen liegen können, für die Sie auch Geld bezahlen, konnte man nicht nur beim spektakulären Absturz des einstigen Börsenlieblings Wirecard erleben (knapp 90 % Verlust innerhalb weniger Tage), den selbst die großen Kapitalsammelstellen nicht vorhergesehen hatten dort aber mit dem Geld ihrer Anleger*innen investiert waren.

Nicht umsonst erhielt der Ökonom Eugene Fama einen Nobelpreis für seine »Theorie der effizienten Märkte«, die davon ausgeht, dass alle verfügbaren Informationen, die es gibt, auch in den Börsenkursen enthalten sind. Macht Sinn, denn wenn Investoren über Informationen verfügen sollten, dass die Kurse bald steigen könnten, werden sie kaufen und somit sind auch diese Informationen enthalten (gilt natürlich ebenso für Verkäufe). Wenn somit immer ALLE Informationen in den Kursen enthalten sind, also NIEMAND zum aktuellen Zeitpunkt über neue Informationen verfügt, dann entwickeln sich die Kurse nur auf Grundlage der nächsten Informationen, die jetzt noch niemand hat.

> Kurzum: Börsenkurse sind unberechenbar und unanalysierbar. Heißt: Sie können sich auf jeden Fall jeden aktiv gemanagten Fonds sparen, weil auch kein/keine Fondsmanager*in oder Unternehmensanalyst*in mehr weiß als der Markt. Es sei denn, Sie prüfen die Aktien, in die der Fonds investiert, auf Herz und Nieren. Aber gerade, um das nicht zu tun, kauft man ja einen Aktienfonds. Oder lieber nicht.

Ein weiteres Problem ist die oftmals phasenweise zu hohe Liquidität, mit der die Fonds bei einer selbst ermittelten guten Kaufgelegenheit »zuschlagen« können. Aufgrund der Regulierungen sind Investmentfonds dazu »gezwungen«, ihre Positionen nicht zu stark zu konzentrieren, was dazu führt, dass nicht selten sehr, sehr viele Werte in einem Fonds enthalten sind, von denen wohl wie viele outperformen und wirklich Rendite bringen (während die mitenthaltene Masse stillsteht oder verliert)? Zudem ist zu beobachten, dass sich in Aktienfonds oftmals die »üblichen Verdächtigen« wiederfinden, also die aktuell größten/umsatzstärksten Unternehmen der Welt. Manche Fonds bilden sogar fast eins zu eins den Dax oder den Dow-Jones ab und unterscheiden sich nur durch einige Aktien-Beimischungen und andere Gewichtungen. Was für ein Wahnsinns-Mehrwert für Sie als Anleger*in, oder?

Übrigens: Auch diese Anlage macht Sie abhängig, weil Sie Ihren Fonds zwar täglich verkaufen können, aber zu welchem Preis? Was ist, wenn Sie Ihr Geld dringend brauchen, der Kurs aber gerade abrauscht? Auch wenn man Ihnen suggeriert, dass Sie mit einem Aktienfonds flexibel sind, entscheidet »der Markt« über Ihr Geld. Selbst wenn es gelingen sollte, damit Rendite zu erwirtschaften (abzüglich Kosten): Einkünfte aus Investmentfonds gelten für Privatanleger*innen als »Einkünfte aus Kapitalvermögen« und unterliegen der Abgeltungssteuer. Auch steuerlich ist eine Fondsanlage kein optimales Investment, wenn man alles bedenkt und richtig »rendite-rechnet«.

Für Freunde passiver Aktienfonds, über deren Zusammenstellung einmal entschieden wird und die dann ohne Veränderungen und ohne Finanzmanager*innen durchlaufen: Auch hier entstehen Kosten. Das größte Problem ist allerdings: Was passiert, wenn Ihr Fonds auf die falschen Aktienpferde gesetzt und sich unumkehrbar vergaloppiert hat? Dann reiten Sie das tote Aktienfondspferd im schlimmsten Fall bis zum bitteren (Laufzeit-)Ende. In Zeiten sich permanent verändernder Märkte ist eine einmalig festgelegte und unveränderbare Strategie extrem riskant.

Übrigens: Hat man Ihnen schon mal davon abgeraten, einen Fonds zu kaufen, weil ein schlechter Zeitpunkt ist? Sicher nicht, denn für Finanzverkäufer*innen ist IMMER ein guter Zeitpunkt. Stehen die Kurse tief, sind es Kaufkurse. Sind sie oben, sei das der Beweis, dass man bei dem positiven Trend schnell einsteigen sollte, bevor's teurer wird. Oder man sagt Ihnen, der Kurs sei egal, weil Sie das Geld ja langfristig anlegen wollen. Sie können somit immer kaufen und liegen goldrichtig. Wow, oder!?

Mischfonds – Finger weg!
Ein Mischfonds ist sowas wie der lecker klingende, aber schlecht gekochte Eintopf der Finanzindustrie. Aktien, Anleihen, Immobilien, was auch immer: Rein damit. Irgendwas davon wird schon schmecken. Mischfonds waren tatsächlich mal ein Renner und eine der meistverkauften Anlageformen mit dem Werbemotto:
»Profitieren Sie von steigenden Aktienkursen und steigenden Zinsen!«

Aber mittlerweile haben auch Anleger*innen gemerkt, dass es nicht reicht, wenn eine Aktien-Karotte im Finanz-Eintopf gut performt, die mit ihr schwimmende Zins-Kartoffel aber vor sich her gammelt. Viele (geringe) Renditen enttäuschten, während die (hohen) Kosten verwunderten. Klar: Unterschiedliche Anlagen in einem Fonds (meist mehrere Fonds in einem) bedeuten meist eben auch mehr Kosten.

Würden Sie einen Eintopf essen, in dem sich mehrere verfaulte Stücke befinden? Selbst wenn Sie darin etwas finden würden, das genießbar aussieht: Meinen Sie nicht, dass sich das Faulige früher oder später auch auf alles andere auswirkt? Oder anders gefragt: Können sich einzelne Bestandteile der Gesamtentwicklung des Eintopfes überhaupt entziehen? Essen Sie nicht brav aus, was man Ihnen auftischt und lassen Sie auch diese faule Geldsuppe daher lieber andere auslöffeln.

TIPP 54:
FINGER WEG VON OFFENEN UND GESCHLOSSENEN IMMOBILIENFONDS.

Auch hier klingen die Werbebotschaften wie süßer Honig: »Investieren Sie in Betongold und profitieren Sie von den Wertsteigerungen und steigenden Mieten fremdgenutzter Immobilien!« Aber dieser Fonds-Honig ist bitter und unverträglich.

Offene Immobilienfonds – Finger weg!
Sie waren in der Tat viele Jahre einer der konstanten Rendite-Renner der Finanzindustrie. In Zeiten, in denen die Immobilienpreise und Mieten stiegen und stiegen, kein Wunder. Zumal hier in reale Werte investiert wird, die selbst in den größten Krisen immer noch etwas wert sein werden.

Offene Immobilienfonds waren, sind und bleiben ein mindestens mittelfristiges Investment (fünf bis sieben Jahre Haltedauer aufwärts). Dies liegt an den recht hohen Kauf- und Verwaltungskosten im Vergleich zur zu erwartenden Rendite, Haltedauer und Rückgabefrist. Zuerst einmal muss man als Neu-Anleger*in Anteile an offenen Immobilienfonds mindestens 24 Monate halten, bevor man sie an die Fondsgesellschaft zurückgeben kann. Und wenn man sie zurückgeben möchte, muss man das ein Jahr vorher unwiderruflich erklären.

Diese Bedingungen sind erst einige Jahre alt und zwei der Lehren aus der großen Finanzmarktkrise 2008, in der viele offene Immobilienfonds kurzfristig schließen mussten, weil zu viele Anleger*innen ihr Geld zurückverlangten und Immobilien natürlich nicht taggleich verkauft werden können (und die angelegten Liquiditätspuffer der Fonds für zu viele

Rückzahlungen nicht ausreichten). Viele Kleinanleger*innen verloren mit offenen Immobilienfonds Geld und das nicht bei dubiosen unbekannten Anbietern, sondern auch bei den bekannten Großen.

Einen Ausweg aus der vertraglichen Unflexibilität gibt es zwar: Man kann seine Anteile auch an der Börse verkaufen. Hier regiert aber das Gesetz von Angebot und Nachfrage, was heißt, dass man seine Anteile gegebenenfalls für weniger Geld loswird, als man es gern hätte (und dafür bezahlt hat).

In jedem Fall grenzt es die eigene Unabhängigkeit und finanzielle Freiheit extrem ein, weil: Wissen Sie, wann der bestmögliche Zeitpunkt ist, um Anteile zu verkaufen? Sie müssen es bei der Rückgabe an die Gesellschaft sogar EIN JAHR vorher wissen und sich dann verbindlich und unwiderruflich darauf festlegen (ohne zu wissen, welchen Preis Sie dann für Ihre Anteile erhalten).

Zu diesen vertraglichen Hindernissen kommt erschwerend die Frage nach der zukünftigen Entwicklung von offenen Immobilienfonds hinzu. Wer fleißig Zeitung liest, hat hier und da schon mal das Wort »Immobilienblase« gelesen. In der Tat kann man sich vielerorts nur schwerlich vorstellen, dass die Preise für Immobilien und Mieten noch weiter steigen. Das heißt: Die großen Gewinnzeiten für alle und alles könnten vorbei, die Höhepunkte erreicht sein, denn auch bei offenen Immobilienfonds sind vergangene Erfolge kein Garant für zukünftige. Schlecht für alle, die jetzt bei hohen Kursen einsteigen und dann gegebenenfalls nur beim Rückgang dabei sind.

Wenn beispielsweise Immobilienwerte und/oder Mieten in den immer schlechter frequentierten Innenstadtlagen sinken. Immobilien in Innenstädten gelten als gern genommenes Investment von offenen Immobilienfonds wegen der dort hohen erzielbaren Mieten bei durchgängiger Auslastung und gleichzeitiger Wertsteigerung aufgrund des begrenzten Angebots.

Aber auch private Mietimmobilien werden von Krisen nicht verschont. Wenn Mieter*innen ihren Mietverpflichtungen nicht mehr nachkommen können, Wohnungen (länger) leer stehen, die Miet-Quadratmeterpreise sinken, sinken auch die Erträge der offenen Immobilienfonds, die in diese Objekte investiert haben.

Und überhaupt: Welcher/welche Anleger*in schaut sich die Objekte denn genau an, in die der offene Immobilienfonds investiert? Sind diese wirklich in dem Verkaufsprospekt-Zustand? Wurden sie günstig oder zu teuer gekauft? Befinden sie sich an einem Standort, an dem (dauerhaft!) gute Mieten zu erzielen sind, samt einer möglichst 100-prozentigen Auslastung und einer spürbaren Objektwertsteigerung? Wie viele Objekte sind überhaupt im Fonds? Ist die Kapitalverwaltungsgesellschaft renommiert, ganz frisch am Markt, selbst in Zahlungsschwierigkeiten? Welche Art von Objekten beinhaltet der Fonds (private und/oder gewerbliche Mietobjekte) und ist das eher förderlich oder kritisch? Wie werden diese Objekte von unabhängiger Seite beurteilt? Hat der Fonds eine hohe Liquidität (was bedeutet, dass zu viel Geld zinslos/-arm und renditefrei herumliegt) oder zu wenig davon (was dazu führen kann, dass der Fonds in Zahlungsschwierigkeiten kommt oder gar schließen muss)?

Fragen über Fragen, die geklärt werden sollten, bevor man sein Geld investiert. Macht nur keine*r. Verständlich.

> Müssen wir uns nicht auch bei offenen Immobilienfonds eingestehen, dass wir hier den Investitionen anderer (wieder einmal) blind vertrauen müssen, weil dies alles niemand von uns wirklich einschätzen kann!? Und bei allem, was man nicht wirklich einschätzen kann: Finger weg – so schön die Immobilien auch in den Hochglanzbroschüren aussehen mögen. Investieren Sie lieber in die eigene Immobilie (Tipp 86).

Geschlossene Immobilienfonds – Finger weg!

Bei geschlossenen Immobilienfonds wird einmalig eine (hohe) feste Summe eingeworben, um damit dann eine oder mehrere Immobilie(n) zu finanzieren. Als Teil der »geschlossenen« Anlageveranstaltung muss man lange dabeibleiben – und auf sein Geld verzichten. Logisch, denn gerade die größeren Immobilien, die geschlossene Immobilienfonds oft finanzieren, bauen sich nicht von heute auf morgen. Und selbst wenn: Erträge erwirtschaftet der Fonds nur, wenn die Immobilie fertiggestellt UND vermietet oder wieder verkauft wird. Daher ist ein Investment in einen geschlossenen Fonds langfristig zu betrachten – oder besser gar nicht.

Renditen sind hier ungewiss, zu zahlende Kosten hingegen sind gewiss und etwaige Nachschusspflichten möglich, wenn der Fonds mehr Geld braucht als geplant. Was häufiger vorkommt, als man denkt. Da der Sinn geschlossener Immobilienfonds das langfristige Arbeiten mit dem investierten Geld ist, kommt man vor einer festgelegten Frist nicht an sein Geld (auch nicht an der Börse, da es hierfür keinen Zweitmarkt gibt). Die möglichen Steuererleichterungen machen das automatisch mitgelieferte Totalverlust- und Haftungsrisiko nicht wett.

Man müsste die Objekte, in die der Fonds investiert, so umfangreich prüfen wie das eigene Haus, weil davon die Zukunft des Geldes abhängt. Aber wer macht das schon? Würde man es tun, ließe man die Finger davon.

TIPP 55:

FINGER WEG VON RENTENFONDS UND (ANGEBLICHEN) STEUERSPARFONDS (SCHIFFS-/MEDIENFONDS).

Rentenfonds – Finger weg!

»Genießen Sie die Vorteile sicherer Rentenpapiere!«, so oder ähnlich werben Rentenfonds für ihr Produkt. Fallen Sie nicht darauf rein!

Rente – im echten Leben gut, in Form von Fonds schlecht. In Niedrig- bis Negativzinszeiten sind Fonds, die Ihr Geld mehrheitlich in festverzinsliche Wertpapiere (sog. Renten) investieren, keine gute Anlage (wegen dem »zins« im Wort festverzinslich). Und obwohl Rentenfonds als sichere Anlage gelten, haben auch sie neben dem wohl größten Makel der Mini-Rendite (wenn überhaupt wegen der Kosten) auch weitere Nachteile wie ein Fremdwährungsrisiko (weil manche Fonds auch Anleihen in fremden Währungen kaufen) und ein Bonitätsrisiko (weil manche Fonds, um wenigstens eine Chance auf Rendite haben, höher verzinsliche Anleihen kaufen, die natürlich auch höhere Risiken beinhalten). Ein Fonds, der primär von Zinsen lebt, hat erst recht in einer zinsarmen bis zinslosen Zeit nichts zu suchen.

Schiffs-/Medienfonds – Finger weg!

»Steuern sparen!«, für manche Anleger*innen reichen schon diese beiden Worte, damit sie ihre Vertragsunterschrift unter was auch immer setzen. Steuern sparen klingt immer gut und wenn das mit einem Finanzprodukt geht – umso besser. Oder eben gerade nicht. Was sich viele in ihrer Steuern-sparen-Gier nicht fragen:

»Warum lässt der Staat bei gewissen Finanzanlagen zu, dass ich damit zum Beispiel durch Abschreibungen Steuern sparen kann?«

Oder anders gefragt:

»Warum sollte der Staat das Steuersparen aktiv fördern, wenn er doch von Steuern lebt und ein Interesse daran hat, dass er möglichst viel Steuern bekommt?«

Vielleicht, weil man die Finanzanlagen ohne Steuererleichterungen gar nicht verkauft bekäme? Vielleicht, weil der Staat selbst (oder ihm nahestehende Lobbyisten, Firmen, Organisationen) etwas davon haben? Wer weiß es schon genau ...

Wer selbst schon einmal in einen Schiffs- oder Medienfonds investiert hat (zwei recht weit verbreitete »Steuersparmodelle«) weiß wie der Hase läuft, nämlich in die falsche Richtung. Nicht selten wird das investierte Kapital durch die Steuersparanlage zu Risikokapital – auf eigene Rechnung. Bei klarem Blick aufs Ganze auch nachvollziehbar, denn ein Schiffsfonds baut mit dem eingesammelten Geld ein Schiff (oder mehrere) und ein Medienfonds produziert damit meist einen Film.

Was denken Sie, warum sich die produzierenden Firmen des schwierigeren Weges bedienen und das Geld vieler Anleger*innen einzuwerben versuchen? Vielleicht weil ihnen sonst niemand das Geld leiht? Warum finanzieren Banken diese Supergeldanlagen nicht? Warum wohl.

Ganz zu schweigen von den meist vertraglich mitunterschriebenen Nachschusspflichten, den seitenweisen Informationen zu Rechtlichem und Steuerlichem, die kein normaler Mensch versteht (und verstehen soll). Wer in ein Steuersparmodell investiert, wird über die Jahre hinweg auf jeden Fall ordnerweise Papier sammeln – aber ganz gewiss keine sichere Rendite einfahren. Ich kenne Fälle, in denen die Investoren seit vielen Jahren erfolglos gegen die Verantwortlichen der versenkten Schiffs- oder Medienbeteiligungen klagen und ihren Geldern nerv- und zeitraubend hinterherrennen. Warum wohl befinden sich nicht wenige dieser Steuersparanlagen weit weg auf ausländischem Boden? Und warum wohl werden die Fonds nicht selten durch große Anwaltskanzleien vertreten, die genau wissen, was in den verklausulierten Verträgen steht (und warum), die Sie unterschrieben haben, weil sie diese bewusst so formuliert haben?

Falls Sie dennoch immer noch Gefallen an dieser Art des »Steuersparens« haben sollten, stelle ich hier eine letzte Frage: Was passiert wohl mit Finanzanlagen, die sich nur rechnen, weil der Staat sie fördert oder subventioniert, wenn dies irgendwann nicht mehr passiert? Auch staatliche Subventionen können schneller eingestellt werden, als man denkt.

TIPP 56:

FINGER WEG VON STAATS- UND UNTERNEHMENSANLEIHEN.

Staatsanleihen – Finger weg!

»Nirgendwo ist Ihr Geld sicherer als beim Staat!« Das kann gut sein, aber wenn Sie dem deutschen Staat in Form einer Staatsanleihe Ihr Geld leihen, bekommen Sie aktuell weniger Geld zurück – komischer Tausch, oder? Weil Deutschland als ein sehr wirtschaftskräftiges und zahlungsstarkes Land eingestuft wird (mal sehen, wie lange noch), darf der deutsche Staat sogar am Schuldenmachen verdienen, weil man seine Anleihen nur bekommen kann, wenn man dafür »Negativzinsen« in Kauf nimmt. Geldverdienen durch Verschuldung – ein weiterer Finanz-Irrsinn.

Es gibt aber noch genügend Staaten, die reichlich Zinsen zahlen, wenn man ihnen Geld leiht. Das Problem dabei: Je höher die Zinsen dieser Staatsanleihen, desto dringender braucht der jeweilige Staat das Geld bzw. kommt nicht anderweitig (oder günstiger) an Geld heran. Hohe Zinssätze sollten daher kritisch machen. Wer weiß, ob der Staat das Geld auch zurückzahlen kann, das Sie ihm leihen. Wenn sich Staaten von Großinvestoren oder gar Privatpersonen Geld leihen müssen, sollten bei jedem doch die Alarmglocken klingeln, oder?

Welchen Staaten kann man sein Geld überhaupt anvertrauen? Die mit den hohen Zinssätzen sind riskant, die mit den niedrigen scheinbar sicherer, aber renditetechnisch uninteressant. Wobei: Gerade weil die Finanzwelt immer verrückter spielt, kann alles passieren. Oder hätten Sie gedacht, dass die Europäische Zentralbank sogenannte Ramschanleihen (also Anleihen von nicht so wirklich finanzkräftigen Staaten, eher Pleitestaaten) als Sicherheit akzeptiert? Man kann also neues Geld geliehen bekommen, indem man unsichere Staatsanleihen als Gegenwert hinterlegt? Unfassbar.

Was für Renditejunkies gut klingt, ist wieder einmal nur ein Geschäft für die Großen, die ebenso aktiv gegen Staaten wetten oder (finanzmarkt-) politischen Druck auf sie ausüben, wenn sie ihre Anleihen in großem Stil kaufen oder verkaufen. Auch Staatsanleihen sind Leckerbissen für Hedgefonds, von denen man nie weiß, wen sie als Nächstes auf dem Zockzettel haben. Ganz abgesehen von den geopolitischen Abhängigkeiten, in denen

Staaten stecken (oder in die sie geraten können), was Auswirkungen auf die Entwicklung Ihrer Staatsanleihen haben kann. Über den Einfluss der (privaten!) Rating-Agenturen ganz zu schweigen, deren oft sachlich nicht nachvollziehbare Einstufungen schnell dafür sorgen können, dass Staaten in finanzielle Probleme kommen (und Ihre Staatsanleihen darunter leiden). Wer weiß denn wirklich, warum welche Staaten wie »geratet« werden, was erheblichen Einfluss auf die Anlagezinssätze (und somit deren Kreditmöglichkeiten hat)? Entweder ist Rating nur raten oder, noch schlimmer, ein vorsätzlicher und teilweise entscheidender Eingriff in die Staatsfinanzen und deren Möglichkeiten.

> **Begeben Sie sich daher nicht auf finanzielle Weltreise, sondern lassen Sie Ihr Geld lieber da, wo's hingehört: zu Hause.**

Unternehmensanleihen – Finger weg!

»Profitieren Sie von sicheren Renditen starker Unternehmen!« Klingt gut, oder?

Aber würden Sie eher Ihrem Nachbarn Geld leihen, den Sie kennen, oder einem fernen Unternehmen, in das Sie Ihr Geld in Form von Anleihen über einen gewissen Zeitraum zu investieren? Die Vertrauensfähigkeit und damit auch die Chance auf Geldrückzahlung Ihres Nachbarn können Sie besser einschätzen. Oder können Sie Bilanzen lesen und verstehen? Angesichts der oft weiterverzweigten Detail-Firmenstrukturen und des undurchdringlichen Buchungsdschungels verzweifeln selbst Wirtschaftsprüfer*innen.

> **Auch hier gilt meist: Hohes Zinsversprechen gleich unsicheres Unternehmen. In jedem Fall: Achtung!**

Und überhaupt: Trauen Sie sich wirklich zu, einzuschätzen, wie sich das ausgewählte Unternehmen zumindest in den Jahren, in denen Sie ihm einen Kredit gewähren, entwickeln wird? Vor allem, wenn auch Hedgefonds fleißig auf den Aufstieg und Fall von Unternehmen wetten. Sei es zum Geldverdienen, für feindliche Übernahmeplanungen, Zerschlagungen oder anderes. Das alles kann direkte Auswirkungen auf Ihre Unternehmensanleihe haben, die zwar einen versprochenen Zins beinhaltet, aber auch einen Kurs hat, der schwankt. Im schlechtesten Fall zu Ihren Ungunsten, weil die erwirtschafteten Zinsvorteile wieder zunichte gemacht oder zumindest erheblich geschmälert werden können. Daher Vorsicht beim »Zinsverlieben« und nicht beim ersten Rendite-Versprechen-Blick stehenbleiben, sondern tiefer in die inneren Werte der Produktbeschreibung gehen. Die haben's oft ins sich (wie wir Menschen ebenso).

TIPP 57:

FINGER WEG VON KAPITALLEBENSVERSICHERUNGEN UND (FONDSGEBUNDENEN) RENTENVERSICHERUNGEN.

Kapitallebensversicherungen – Finger weg!

Das Kapitallebensversicherungen überhaupt noch verkauft werden und dass ich so etwas hier und heute noch behandeln muss ..., ach ja, ich müsste es nicht, wenn's keiner mehr kaufen würde. Tun aber leider noch zu viele. Dabei müsste doch jede*r wissen, dass sie Schrott sind.

Stellen Sie sich einen Supermarkt vor, der Fleisch verkauft, das bewiesenermaßen gammelig ist, oder Joghurts, die bewiesenermaßen gesundheitsschädliche Stoffe enthalten. Was würden Sie sagen, wenn der Supermarkt diese Produkte weiterhin verkaufen würde? Auch noch werbewirksam angepriesen? Mit großer Sicherheit würde man solch einen Supermarkt sogar schließen, wenn er gesundheitsschädliche Produkte nicht aus seinem Sortiment nimmt.

Warum werden dann nicht auch Finanzinstitute geschlossen, die wohlwissend und teilweise ganz aktiv Menschen finanziell schädliche Produkte verkaufen?

»Legen auch Sie Ihr Geld an in ›des Deutschen liebstes Kind‹ und sichern sich eine lukrative (Zusatz-)Rente!« Von wegen!

Wer nach den negativen Berichten überall seit Jahren noch nicht mitbekommen hat, dass man KEINE kapitalbildende Lebensversicherung abschließen sollte, dem ist nicht mehr zu helfen. Vielleicht denken diese Menschen ja noch gern an früher zurück, an die guten alten Garantiezinszeiten. Aber diese sind schon lange vorbei. Wer freiwillig von zum Beispiel 100 € monatlich nur knapp 80 € spart (weil der Rest für Gebühren und die inkludierte Todesfallversicherung draufgehen), der ist vielleicht ein Geld-Masochist und liebt die finanzielle Bestrafung. Um mit diesen 80 € überhaupt wieder auf die eingezahlten 100 € zu kommen, braucht es Jahrzehnte in Niedrig- bis Negativzinszeiten. Der Vorstand einer der größten weltweiten Versicherungsgesellschaften sagte mir einmal, dass sein Unternehmen die 100 € nur bei allerbesten Marktbedingungen am Vertragsende hinbekommt – wenn überhaupt, was er selbst nicht glaubte –, was klar ist bei Laufzeiten von teilweise 40 Jahren. Wie auch, bei so hohen eigenen internen Kosten und so wenig sicherer

Rendite da draußen? Machen Sie selbst mal 100 € aus 80 €. Viel Spaß beim Selbstversuch.

Vielleicht sollte man seine 100 € monatlich stets in bar bei der Lebensversicherung einzahlen. Wenn der nette Versicherungsmensch von den 100 € dann 20 € wegnimmt, in die eigene Tasche steckt und nur 80 € ins »Sparschwein« packen würde, wäre jedem klar, was für ein Irrsinn hier Geschäftsmodell ist.

Tja, wer ein Versprechen im Produktnamen trägt, das nicht erfüllt werden kann (Kapital zu bilden), der kann nur eines: hoffen, dass dieser Zaubertrick nicht auffliegt. Wäre doch zu schade, wenn die Versicherten merken würden, dass der Versicherungszauberer ihr Geld tatsächlich verschwinden lassen kann – sogar für immer!

Mittlerweile ist die lange nur Insidern bekannte Grundproblematik der Lebensversicherer auch in die Öffentlichkeit gelangt. Schon heute haben ein Viertel aller Lebensversicherer (20 an der Zahl) echte Schwierigkeiten und sind nicht grundlos unter strenger Überwachung der BaFin. Mal sehen, wie lange das noch gut geht.

Auch Kund*innen von Lebensversicherungen wetten übrigens, trotz vermeintlicher gekaufter »garantierter« Sicherheit: Zum einen wetten sie darauf, dass es die Versicherung bei Auszahlung (und bis zum Lebensende) noch gibt. Zum anderen darauf, dass sie länger leben, als es die Versicherung kalkuliert. Denn während Sie sich freuen, wenn Sie lange leben und Ihre Zusatzrente aus der Versicherung bekommen, freut sich die Versicherungen über jeden Monat, den Sie früher sterben als einkalkuliert.

> **Sollten Sie eine Kapitallebensversicherung Ihr Eigen nennen: Prüfen Sie, ob sich eine vorzeitige Auszahlung rechnet (Laufzeit, Dauer und Lebensalter beachten). Wer weiß, wie lange das noch möglich ist …**

Fondsgebundene Rentenversicherungen – Finger weg!
»Bauen Sie unbeschwert Vermögen für Ihre Rente auf und erwirtschaften Sie sich dank Aktienchancen eine schöne Zusatzrente.« Alles Werbe-Blabla, oder doch nicht?

Rente + Versicherung + Fonds = die perfekte Anlage. So klingt's doch, oder? Rente klingt nach monatlich sicherer Zahlung, Versicherung nach garantierter Sicherheit und Fonds nach superleckerer Rendite, die dem Geld einen saftigen Speckmantel verleiht.

In Wahrheit ist die fondsgebundene Rentenversicherung nichts als ein Fondssparplan im Mantel einer Rentenversicherung. Ob Sie mit Ihrem hier investierten Geld überhaupt Rendite erwirtschaften, hängt von der Fondsauswahl und von deren Entwicklung ab. Die aktiven Fondsmanager*innen kosten in jedem Fall aktiv Geld und auch ein Fondsverlust kann die versprochene Rente reduzieren – lebenslang. Wie hoch diese Rente sein wird, entscheidet sich meist erst am vereinbarten Auszahlungsende (und auf Basis des dann aktuellen Fondsvermögens). Was ist, wenn kurz vor Ihrer Auszahlung ein Crash oder Kurssturz Ihr Vermögen erschüttert? Dann reduziert sich auch Ihre Zusatzrente.

Gern wird mit einem (schein-)garantierten »hohen Rentenfaktor« geworben, mit dem man Ihnen eine hohe Beispielrente errechnet. Diesen können Versicherungsgesellschaften aber unter gewissen Umständen anpassen (in welche Richtung wohl?), ebenso Berechnungsgrundlagen wie Rechnungszins, Überschüsse und Lebenserwartung. Die Versicherung entscheidet also ein gehöriges Wörtchen mit darüber, wie viel Rente Sie später erhalten oder auch nicht. Schon 2017 haben Allianz, Axa und Zurich ihre Rentenfaktoren einfach mal um sieben bis 25 % gesenkt, 2021 ging's munter weiter nach unten – bis irgendwann nix mehr übrig ist.

Übrigens: Der beworbene steuerliche Vorteil einer fondsgebundenen Rentenversicherung gilt nur, wenn Sie die Beitragszahlung auch bis zum vereinbarten Auszahlungstermin (meist Ihr Renteneintritt) durchhalten. Schwer bei den vielen Nachteilen und dem meist integrierten Hinterbliebenenschutz, der zusätzlich (unnötiges) Geld kostet. Besser ist: Gar nicht erst damit anfangen.

TIPP 58:
FINGER WEG VON AUSBILDUNGSVERSICHERUNGEN UND ZERTIFIKATEN.

Ausbildungsversicherungen – Finger weg!
»Tun Sie Ihrem Kind/Enkel etwas Gutes und ermöglichen Sie ihm einen guten Start ins eigene selbstständige Leben!« Ja, aber bitte ohne Ausbildungsversicherung.

Über Kinder/Enkel verkaufen sich Finanzprodukte sehr leicht, denn welche (Groß-)Eltern wollen nicht das Beste für ihre Liebsten. Geld für seine nachfolgenden Generationen zu sparen, ist an sich ja auch eine wunderbare Sache. So wird dem Kind/Enkel das Leben erleichtert, wenn es irgendwann in die eigene Unabhängigkeit startet.

Für die Finanzindustrie sind diese »Kinder-/Enkel-Anlagen« ein gefundenes Finanz-Fressen, weil sie in der Regel über viele Jahre laufen. Oftmals schließen (Groß-)Eltern bereits nach der Geburt solche Verträge ab, die dann gut und gern 18 Jahre laufen, da sich Volljährigkeit gut als Verkaufsargument eignet. Dann freut sich das (Enkel-)Kind über das Geldgeschenk und kann selbst entscheiden, was es damit anstellt: sich ein Auto kaufen, es für die erste eigene Wohnung nutzen, ein Jahr ins Ausland verschwinden und Erfahrungen sammeln. Alles wunderbar, nur bitte nicht mit einer Ausbildungsversicherung als Sparschwein.

> **Die Tatsache, dass bei Ausbildungsversicherungen ein Sparplan mit einer Risikolebensversicherung kombiniert wird, sollte schon alle Alarmglocken klingeln lassen. Was hat das eine mit dem anderen zu tun (ohne sich bankische Verkaufsargumente aus den Fingern zu saugen)?**

Zwei Leistungen in einer kosten auch zweimal Geld – und Gebühren. Logisch, dass diese Verträge kaum Rendite erwirtschaften können, zumal die Beiträge für die Risikolebensversicherung gerade bei Großeltern (die so einen Unsinn gern und mit guten Absichten für ihre Enkel abschließen) natürlich höher sind, weil deren eigene Lebenserwartung geringer ist und IHR Sterberisiko abgesichert wird.

Wenn Sie Ihrem Kind/Enkel etwas Gutes tun wollen, dann investieren Sie es HEUTE in seine Bildung, Gesundheit und Hobbys und seien Sie sichtbarer Teil der alltäglichen Lebensfreude (siehe **Tipp 85**). Und wenn Sie weiterhin etwas fürs »kleine Wunder« sparen wollen, zum Beispiel für den 18. Geburtstag, kaufen Sie Edelmetalle und übergeben irgendwann etwas Handfestes, das immer einen Wert haben wird (siehe **Tipp 81**).

Zertifikate – Finger weg!

»Kaufen Sie den sicheren Renditebringer!« So wird oft für Zertifikate geworben, bei denen eine langweilige, relativ zinsbefreite Inhaberschuldverschreibung mit einer lukrativen (und riskanten) Wette (einem Derivat) kombiniert wird. Was wieder nach unnötiger Kombination klingt, ist es auch, zumal hier die Kosten hoch sind (sie werden aber intern versteckt über eine Kursreduzierung) und zudem nicht

nachvollziehbar ist, wie die Preisbildung während der Laufzeit funktioniert (weil auch ein Zertifikat einen »Kurs« besitzt, der schwankt).

Je nach Zertifikat kann so zum Beispiel Ihr möglicher Gewinn begrenzt werden, wohingegen Ihr Verlust nicht begrenzt wird. Bei sogenannten Knock-Out-Zertifikaten ist auch ein Totalverlust möglich und in jedem Fall gibt es ein Emittentenrisiko, was bedeutet, dass Sie im Falle der Insolvenz des Herausgebers Ihr eingesetztes Kapital verlieren können. Klingt theoretisch, wurde für die Inhaber*innen von Zertifikaten der US-Investmentbank Lehmann Brothers 2008 aber sehr schnell praktisch.

Bei manchen Zertifikaten macht es Sinn, diese vor dem Laufzeitende zu verkaufen, andere sollte man bis dahin behalten – je nach Bedingungen, Entwicklungen des Basiswertes, von denen Zertifikate abhängen, usw.

Sie merken schon: Zertifikate sind so komplex und risikobehaftet, dass man sich lieber mit anderen Dingen beschäftigen sollte.

TIPP 59:
FINGER WEG VON BAUSPARVERTRÄGEN.

»Sichern Sie sich schon heute günstige Bauzinsen für die Zukunft und profitieren Sie von einem attraktiven Anlagezins.« Auch das klingt so schön, oder?

Früher, als die Zinsen noch hoch waren, erfreuten sich Bausparverträge zu Recht großer Beliebtheit in der Bevölkerung. Da machte es Sinn, sich die (damals teilweise wirklich) günstigeren Kredit- und die höheren Sparzinsen in Form eines Bausparvertrags zu sichern. Allerdings auch nur dann und nicht, wie sehr oft geschehen, als einfachen Sparvertrag, auf den dann teilweise noch die vermögenswirksamen Leistungen flossen. Das machten Finanzberater*innen nur, um die Abschlussprovision zu bekommen, was die teils hohen Bausparsummen von 50- oder 100.000 € erklärt (auf die die Provision gerechnet wird).

Heute braucht kein Mensch mehr einen Bausparvertrag, außer vielleicht diejenigen, die die mit Abschluss ausgehändigten Bausparurkunden lieben und damit ihre weißen Wände verzieren wollen. Alle anderen nehmen lieber Abstand, weil vor allem die »Versicherung gegen in Zukunft viel höhere Bauzinsen« nutzlos ist in einer Zeit, in der die Zinsen auf längere Sicht niedrig bleiben bzw. immer wieder schwanken könnten. Ein Bausparvertrag ist eben auch nur eine Wette darauf, dass der versprochene »günstige« Darlehenszins wirklich niedriger ist als der zum Zuteilungszeitpunkt vorherrschende Zins am Kapitalmarkt. In aktuellen Zinszeiten eine schlechte Wette. Auch die, wenn überhaupt nur minimale, Guthabenverzinsung ist kein Verkaufsargument, zumal auch beim Bausparvertrag eine hohe Abschlussgebühr aufgerufen wird. Zu all den Nachteilen kommt noch die lange Spardauer und die Zuteilung, die nicht garantiert ist. Im Zweifel kriegen Sie den versprochenen »günstigen« Bausparkredit nicht zu dem Zeitpunkt, zu dem Sie ihn brauchen, weil die Bausparkassen komplizierte und eigenwillige Verfahren haben, nach denen sie entscheiden, wer wann wie viel Geld »zugeteilt«, also als Kredit bewilligt bekommt.

> **Bausparen kann man sich also getrost sparen – auch, wenn's für manche eine staatliche Förderung gibt (auf die Sie aber gut und gern verzichten können, weil die vielschichtigen Nachteile die Fördergelder bei Weitem übersteigen).**

Übrigens: Hier sehen Sie wieder sehr schön, welche Produkte der Staat »befördern« möchte. Oder haben Sie schon mal staatliche Obst- und Gemüsezuschüsse bekommen? Die könnte jede*r gut gebrauchen, weil sie wirklich helfen – im Gegensatz zu Bausparförderungen.

TIPP 60:
FINGER WEG VON AKTIEN (ZUR GELDANLAGE!) UND FINGER WEG VON AKTIEN-INDEXFONDS (ETF).

Aktien zur Geldanlage – Finger weg!
»Reich werden mit Aktien! Verdoppeln Sie Ihr Geld innerhalb von Wochen! Kaufen Sie den nächsten Börsen-Star heute noch günstig!«

Wie habe ich Aktien geliebt – früher. Als ich anfing, mich mit Aktien zu beschäftigen und in sie zu investieren (vor dem Jahr 2000), war zumindest noch etwas Verlass auf die sogenannten Fundamentaldaten, sprich Umsatz, Gewinn, Eigenkapitalquote, Kurs-Gewinn-Verhältnis, kurzum alles, was man von außen von einem Unternehmen (testiert) einsehen konnte. Oft spiegelten sich diese abgesicherten Zahlen, Daten, Fakten wenigstens einigermaßen im Kurs wider – samt Geschäftsmodell, Produkten, Zukunftsaussichten etc.

Irgendwann war das Sachliche anscheinend unsexy geworden und allein der Glaube an ein mögliches »gutes Kurs-Morgen« dominierte. Kurse schossen nach oben, weil manche Investoren glaubten, gewisse Unternehmen könnten zukünftig erfolgreich werden – oft sogar fernab bereits erreichter Gewinne. Als ich vor langer, langer Zeit die Aktie von Amazon zum Preis von unter 30 € kaufte, war das schon sehr riskant, weil Amazon gar keine Gewinne schrieb, nur herbe Verluste und das über viele Jahre hinweg. Es war eine Zukunftswette. Mittlerweile hatte Amazon vor dem neuesten Aktiensplit schon die 3.000 €-Kursgrenze geknackt, was unglaublich ist. Wie so vieles andere an der Börse, wo Wissen zunehmend Glauben und Hoffnung gewichen ist.

Heute regiert an der Börse fast ausschließlich die Manipulation, das Zockertum. Ich könnte unzählige Beispiele aufführen, wie die Hertz-Aktie, dessen Unternehmen pleiteging, die aber trotzdem immer wieder stieg und fiel und stieg und fiel, weil Spekulanten mit ihr Geld verdienen wollten (und konnten). Oder Wirecard. Innerhalb von nur einer Woche fiel die Aktie von 104 € auf unter 12 €, weil Bilanzmanipulationen öffentlich wurden. Auch hier folgte dem gestellten Insolvenzantrag erneut das große Zocken. Vom Tiefststand (knapp 1 €) ging es innerhalb eines Tages wieder hoch auf knapp 6 €. Was will man als Privatanleger*in davon halten und vor allem: Worauf soll man sich noch verlassen, wenn alles manipuliert werden kann?

Ebenso weiß niemand, über welchen Einfluss die (Groß-)Investoren verfügen, etwa die amerikanische Cerberus, die unter anderem bei der Commerzbank ihre Finanz-Finger im Spiel hat, oder chinesische Investoren, die an vielen deutschen DAX-Unternehmen beteiligt sind. Wer weiß denn wirklich, was diese Investoren treibt und wohin sie ihre Investments treiben (vor allem, wenn man weiß, das Großinvestoren bei steigenden UND fallenden Kursen gewinnen können)? Der US-Investor Carl Icahn beispielsweise war bekannt und berüchtigt für seine aggressiven Bemühungen, die Unternehmenspolitik in seinem Sinne zu beeinflussen – teils auch durch öffentliche Forderungen an die Geschäftsleitung. So stieg Icahn 2013 bei Apple ein und machte Apple-Chef Tim Cook ordentlich Dampf, bevor er knapp drei Jahre später wieder ausstieg – mit 1,5 Milliarden Dollar Gewinn.

Oder nehmen Sie die Corona-Krise und ihre Börsenverlierer und -gewinner. Ein einziges weltweites Ereignis stürzte ehemals große Börsenstars in den Abgrund: Boeing und Lufthansa, die nur eine Staatsbeteiligung vor dem kompletten Absturz bewahrte. Zur gleichen Zeit erreichten Unternehmen wie Amazon als Krisengewinner immer neue Höchststände.

> Wer soll hier noch ruhigen Anleger*innen-Gewissens investieren, wenn einzelne unplanbare Ereignisse die Kurse von jetzt auf gleich ins Bodenlose fallen lassen können?

Zumal die bisherigen Aktienkurse fast ausschließlich getragen waren von der ehemaligen niedrigen Leitzinspolitik der Notenbanken und deren stützenden Anleihenkaufprogrammen. Dieses unnatürliche Wachstum kann nicht endlos so weitergehen. Vor allem nicht in einem weltweiten Umfeld, das zunehmend prekärer wird, denn nicht nur Staaten sind überschuldet, auch die Wirtschaft ist immer stärker von Schulden belastet. Dazu kommen die heute schon real gewordenen Lieferkettenprobleme, Rohstoffmangel und hohe Energiepreise, die allein bereits einzelne Branchen in die Insolvenz treiben könnten. Nicht zu vergessen die steigende (Schatten-)Arbeitslosigkeit, zunehmende geopolitische Auseinandersetzungen, die aus dem Ruder laufende Inflation und vieles mehr. Alles drückt immer weiter auf die Wirtschaft, gefährdet die Gewinne samt Existenz von Unternehmen, deren »wichtigste« Repräsentanten Sie (noch) an den Börsen kaufen können.

Und jetzt? Finger weg von Aktien, jedenfalls zur Geldanlage. Wer, wie ich damals, Freude an der Beschäftigung mit Wirtschaft, politischen Entwicklungen und philosophischen Gedankenspielen über die Zukunft von uns Menschen, aber auch von ganzen Branchen hat, kann gern die eine und andere Aktie kaufen. Aber nur zum Spaß und als Zukunftswette.

> Investieren Sie nur dann einen KLEINEN (verzichtbaren!) Teil Ihres Geldes in EINZELNE Aktien, wenn Sie damit KEINE ernsthafte Geldanlage betreiben wollen, denn dafür sind Aktien im aktuellen Krisenzyklus nicht sicher genug.

Natürlich beteiligen Sie sich mit Aktien an einem Sachwert, was Ihr Investment theoretisch sicherer macht als eine Beteiligung an einem Nichts (wie Bitcoin und Co.). Aber was hilft Ihnen das im Ernstfall? Kriegen Sie nach einem Konkurs dann den Tacker vom Unternehmens-CEO? Aktien sind trotz allem – sachlich korrekten – Sachwerte-und-Inflationsausgleich-Gerede ein Spekulationsobjekt. Natürlich kann man damit die Inflation ausgleichen, weil Aktien mehr Rendite bringen KÖNNEN als die aktuelle Inflationsrate Verluste verursacht. Aber das muss nicht zwingend klappen, wie man an unzähligen Beispielen täglich sehen kann.

Wenn Sie nur kleines Geld investieren, auf das Sie im schlimmsten (Kurs-)Fall auch verzichten können, ohne sich zu ärgern, kann es Spaß machen und die mentale Fitness erhalten, sich eigene Aktien-Gedanken zu machen und Ihre Favoriten zu kaufen. Neudeutsch nennt man das Stock-Picking. Im Gegensatz zum Ansatz »Kaufen Sie, was Sie selbst nutzen«, der wenig fundamental Inhaltliches bietet (weil nicht alles, was man nutzt, auch börsentechnisch nützlich ist), empfiehlt sich beim Stock-Picking der »Mein Blick in die Zukunft«-Ansatz. Also, was denken Sie persönlich, wird in 10, 15, 20, 25 Jahren unsere Welt dominieren? Wie werden wir leben, was für Produkte nutzen? Welche Probleme werden wir weltweit (noch mehr) haben und wer könnte hierfür hilfreiche Lösungen bieten? Welche Branchen sind aus Ihrer Sicht die Zukunftsgewinner: Lebensmittel, Energie, Biotechnologie, Blockchain, künstliche Intelligenz, Pharma? Woran glauben Sie aus EIGENEN Stücken?

Anhand Ihrer Einschätzung (nicht der von Finanzexpert*innen) können Sie entweder den jeweiligen Branchenführer kaufen oder einen aus Ihrer Sicht spannenden »Verfolger« oder »Hidden Champion«. Wenn Sie nicht der Gier oder Angst verfallen, können Sie Ihre Aktienwerte so lange liegen lassen, wie Ihr Zukunftsblick reicht. Und dann gucken Sie später einfach, wie richtig Sie lagen. Zugegeben: Bei mehr als 40.000 börsennotierten Unternehmen weltweit ist das kein einfaches Unterfangen, weshalb die meisten sicherlich bei den »Großen« landen werden wie Apple, Microsoft, Alphabet, Amazon und Co. (machen die meisten Fonds ja nicht anders, weshalb man diese auch nicht braucht).

Aus Geld-Vermehrungs-Aussicht ist dieser »Champion-Ansatz« in den kommenden turbulenten Jahren keine schlechte Idee. Denn was die letzten Jahre und Jahrzehnte galt (die Flut hebt alle Schiffe und das lockere Notenbankgeld hebt alle Aktienkurse), gilt sicher nicht ewig, eher kurz. Aber mitentscheidend für den Aktienerfolg ist neben der unternehmerischen Marktmacht immer das jeweilige Wirtschaftsumfeld. Und hier lauert schon das nächste Hindernis bei der Findung der für Sie passenden Aktien, denn: Was erwartet uns in den nächsten Jahren: Aufschwung? Hochkonjunktur (Boom)? Abschwung, also Rezession? Oder eine harte Depression (Tiefphase)?

Ich rechne am ehesten mit einer Stagflation, also einem sich immer weiter abschwächenden Wirtschaftswachstum mit einer hohen Inflation – die sich vielleicht bis zur Rezession erstreckt. In solchen Phasen gilt: steigende Arbeitslosigkeit, sinkendes Bruttoinlandsprodukt. Steigende Preise, sinkende Unternehmensgewinne. Chancen auf eine positive Kursentwicklung haben in solch schwierigen (Investment-)Zeiten vor allem stabile Aktienunternehmen mit Marktmacht (die heutigen Champions also). Natürlich wird es auch andere Kursgewinner geben, aber können Sie Trends rechtzeitig vor anderen erkennen und auf die jeweils richtigen Unternehmen setzen? Oder beherrschen Sie das »Leerverkaufen«, also das gezielte (Geld-)Setzen auf die Börsenverlierer, indem Sie sich Aktien leihen und diese verkaufen, um sie später zu einem günstigeren Kurs zu kaufen und zurückzugeben (und die Differenz beider Kurse als erzockten Gewinn einstreichen)? Verlierer gibt es immer reichlich. Aber wollen Sie wirklich das Risiko dieser »Renditemöglichkeit« eingehen und zudem Geld verdienen mit dem Absturz anderer? Führt das den Sinn einer Unternehmensbeteiligung in Aktienform nicht komplett ad absurdum?

Leerverkäufe, sozusagen Anti-Beteiligungen, sind aus meiner Sicht einer der Gründe, warum Börsen zu modernen Hahnenkampf-Arenen verkommen sind, mit den Unternehmen als spielballartigen Beteiligten, auf die man beliebig wettet und wo man meist von schweren Verletzungen und Abstürzen finanziell mehr profitiert als von glorreichen Siegen.

Man kann natürlich auch in Unternehmen investieren, die in Krisenzeiten stark profitieren, weil sie selbst ein Bestandteil davon sind. Mal ehrlich und nicht Ihren Kopf angesprochen, sondern Ihr Herz: Würden Sie Ihr Geld in ein Unternehmen aus der Waffen- und Rüstungsindustrie investieren? In kriegslüsternen Zeiten sicher ein toller Renditebringer. Aber wollen Sie sich über steigende Aktienkurse freuen, weil ein neuer Krieg ausbricht, Bomben fallen und Menschen sterben?

Gleiches gilt für Minen (Gold, Silber, Lithium, Kobalt etc.). Natürlich kommt vor allem den Großen unter ihnen in einer Welt der begrenzten Ressourcen eine immer wichtigere Rolle zu. Aber wenn Sie sich einmal damit auseinandergesetzt haben, wie die Edelmetalle und Rohstoffe dort aus der Erde geholt werden, unter welchen Bedingungen Menschen dafür arbeiten ... Für mich heißt es: Nein, Undanke!

> **Keine Rendite der Welt sollte uns fröhlich stimmen, wenn wir wissen, dass andere dafür ihr Leben auf Spiel gesetzt (vielleicht sogar gegeben) haben oder ausgebeutet werden.**

Allgemein sollten Sie auch keinen Trends hinterherrennen, die andere bewusst initiieren, um davon finanziell zu profitieren, weil jene selbst in den empfohlenen Trendtiteln schon längst investiert sind.

Übernehmen Sie auch nicht ungeprüft irgendwelche von den Medien oder von »Experten« aus dem Hut gezauberten Trends. Davon gibt es einige, wie zum Beispiel auch das Thema Wasserstoff. Ganz gleich, was Sie und ich davon halten: Niemand weiß, ob sich Wasserstoff als Antriebsmittel durchsetzt (oder durchsetzen darf), ob Firmen marktfähige Produkte produzieren können und damit wirklich rentabel werden, ob die dann mit Wasserstoff fahrenden Autos von den Käufer*innen angenommen und bezahlt werden, ob Wasserstoff-Produkte vom Staat gefördert werden (oder bewusst steuerlich belastet, weil's großen Lobbyindustrien schadet), welche Regulierungen man sich hierfür noch ausdenkt und, und, und ...

> Jeder Trend und jeder Aktienkauf ist immer eine Wette – vollkommen egal, wie überzeugend die Gründe dafür auch klingen mögen. Ein einziger Fakt reicht oftmals schon aus, um selbst hochfliegenden Trends den Kursstecker zu ziehen. Alle, die am »Neuen Markt« investiert waren, kennen Freud und Leid des blinden Folgens. Werden Sie lieber selbst zum Trendsetter und folgen Sie nur den Trends, von denen Sie selbst wirklich überzeugt sind, weil sie Ihrem Kopf entsprangen.

Übrigens: Manche Aktien zahlen jährlich interessante Dividenden aus, eine Art Erfolgsbeteiligung für die Miteigentümer*innen (also für Sie als Aktionär*in). Nur: Auch wenn manche Aktien rückblickend allein wegen ihrer ausgeschütteten Dividenden interessant waren (weil diese oftmals höher lagen als woanders erzielbare Zinsen), heißt das nicht, dass es auch zukünftig so sein wird. Natürlich sind Dividendenzahlungen schön, aber wenn der Kurs dafür abgeschmiert ist, ist es nur ein schwacher Trost. Trotzdem könnten Sie hier einen Blick riskieren und selbst abwägen, ob Sie mit einem kleinen Teil des für lange Zeit nicht benötigten Geldes etwas für den »Ich habe clever investiert«-Jieper tun wollen.

Mein absolutes Hauptproblem mit Aktien ist jedoch, dass Sie durch ein Investment ein (langfristiger) Teil dieser zockenden Finanzwelt bleiben, deren permanenten News folgen und ihren Entwicklungen damit ausgesetzt sind. Niemand weiß, was noch passiert und welche Auswirkungen das auf welche Aktien hat. Denken Sie an den Ukraine-Krieg: Hier wurden zeitweise russische Aktien vom Handel ausgesetzt und gravierende Maßnahmen gegen Russland beschlossen, was direkte Auswirkungen auf unzählige Unternehmen und Länder weltweit hatte, die niemand vorhergesehen hatte, die aber teils erheblichen Einfluss auf Kursentwicklungen hatten.

Wenn Sie Aktien kaufen, dann bitte aus Spiel- und Zukunftsfreude nach dem Motto: »Wenig Geld investieren, kaufen und liegen lassen«, bis zu dem von Ihnen festgelegten Tag X, der *MINDESTENS 15 JAHRE* von heute entfernt liegen sollte. Widerstehen Sie dem Verfolgen der Kursentwicklung, weil dies nur Ihre Angst schürt (wenn der Kurs gerade runtergeht) oder Ihre Gier unruhig werden lässt (wenn der Kurs gerade steigeht). Hätte ich mich an diesen Rat von mir selbst gehalten, wäre ich nur mit meinem (damals kleinen) Amazon-Aktien-Investment heute mehrfacher Millionär. Aber auch nur, weil ich ZUFÄLLIG aufs richtige Pferd gesetzt hatte, dessen Besitzer es teilweise aggressiv zu immer neuen Höchstständen getrieben haben.

Das gilt nur leider nicht für alle Aktienpferde und die Besitzer sind oftmals nicht die, die man aus den Unternehmensetagen kennt. Denn was (zu) viele nicht wissen: In Wahrheit läuft in der Finanzwelt nichts ohne die beiden größten Schattenbanken der Welt, die sich fast schon verniedlichend als »Vermögensverwaltungen« bezeichnen:

Die Schattenbanken Blackrock und Vanguard

»Blackrock« verwaltet aktuell rund 10 BILLIONEN US-Dollar, »Vanguard« etwa 7,5 BILLIONEN. Und wo steckt das Geld? In allen großen und entscheidenden Aktienunternehmen, was wiederum bedeutet, dass diese beiden Schattenbanken eine gehörige Portion über die jeweiligen Unternehmensentscheidungen mitentscheiden. Böse Zungen behaupten sogar, es ginge ihnen hauptsächlich gar nicht darum, dass die Unternehmen, an denen sie beteiligt sind, hohe Kursgewinne erzielen (was normalerweise zumindest das Ziel ihrer Anleger*innen sein sollte). Worum es aber dann gehen könnte, darüber darf jede*r gern selbst nachdenken und vor allem nachforschen. Überraschungen garantiert!

Übrigens: In Krisenzeiten (die gerade erst beginnen), gilt die eiserne Geldanlageregel »Kein Geld verlieren«. Daher: Lieber der sicherer Geld-Spatz in der eigenen Hand als die vermeintliche Gewinn-Taube auf dem unsicheren Finanz-Dach. Es gibt allerdings Aktien-Alternativen, mit denen Sie mit gutem Gewissen in Unternehmen investieren können, aber natürlich nicht über den Börsen-Weg (**Tipps 82 und 83**).

Aktien-Indexfonds (ETF) – Finger weg!

»Werden Sie mit nur 6,70 € am Tag zum Millionär!« Mit dieser Schlagzeile titelte einmal eine große deutsche Zeitung und trommelte für die damals immer stärker aufkommenden Aktien-Indexfonds (manchen bekannt als ETF: Exchange Traded Funds). Es stimmt: Im Vergleich zu klassischen Fonds, ob aktiv gemanagt oder passiv, sind die Indexfonds auf jeden Fall kostengünstiger, weil sie nur einen Aktien-Index wie den Dax, Dow Jones oder den MSCI World abbilden und dessen Entwicklung so fast eins zu eins nachbilden.

Früher hätte ich Aktien-Indexfonds auch in den grünen Bereich meiner Finanz-Ampel gepackt (die Sie ganz am Anfang in der Umschlagklappe dieses Buches finden), weil es über einen Anlagezeitraum von durchgängig über 12 Jahren – zumindest in der gesamten DAX-Geschichte – niemals einen Verlust gegeben hatte dafür teilweise aber gute Gewinne (immer ohne die Kosten der Anlage und Steuern).

Heute befinden wir uns aber in einer anderen (Finanz-)Welt. Sie ist schnelllebiger, manipulativer, undurchschaubarer geworden. Niemand weiß, wo die Kursreise hingeht. Und da man bei den meisten ETF immer in den Gesamtmarkt investiert, HAT man zwar alles dabei, aber man IST auch bei allem dabei, was nicht immer positiv sein muss.

> In einer immer unsicherer werdenden (Finanz-)Welt ist der Ansatz eines groß angelegten starr gehaltenen »Aktien-Korbes« und einer »Long-Only-Strategie«, bei der man alles einfach auf lange Sicht hält und wie auf Schienen fährt, schlichtweg überholt. Passives Investieren ist in hochflexiblen Zeiten wie Zugfahren auf dem Meer: Nicht zu empfehlen.

Dazu kommt, dass viele ETF werbewirksame Mogelpackungen sind, denn auch wenn beispielsweise in alle Werte eines Aktienindex investiert wird, gibt es hierbei unterschiedliche Gewichtungen. Beim S&P 500 zum Beispiel entscheiden bei genauer Betrachtung nicht die darin enthaltenen 500 Werte zu Großteilen über die Entwicklung des Indexes, sondern nur sehr wenige (vor allem Apple, Microsoft und Amazon mit zusammen ca. 15 % vom Gesamt-Index). Beim Dow Jones haben aktuell sogar nur zwei Werte derzeit einen »Zusammen-Anteil« von ca. 40 % (wieder Apple und Microsoft). Toll, wenn diese durch die Kursdecke gehen und Ihr ETF-Investment auch, aber wenn nicht ...

Übrigens: Auch andere ETF-Arten sind nicht empfehlenswert. So sind Gold-ETF zwar ein »heißer Tipp«, aber diese Finanzprodukte bilden kein reales Gold ab, sondern nur das »Papiergold«, also den Anspruch auf reales Gold. Das riesige Problem hierbei: Es gibt viel, viel, viel mehr Ansprüche auf reales Gold als reales Gold selbst. Das wiederum kann im schlimmsten Fall dazu führen, dass Sie zwar den (Papier-)Anspruch auf Gold haben, es aber nicht erhalten, weil nicht mehr genug für Sie als Kleinanleger*in übrig ist. Auch Gold-ETF sind eben nur eine reine Wette zur Gierbefriedigung. Echtes Gold hingegen bleibt immer echtes Gold. Wetten!? (**Tipp 81**)

SECHSTES KURZ-FAZIT
»GELDANLAGEN UND SPARVERTRÄGE«

Bei diesen »heißen Finanz-Eisen« bin ich gespannt, was Sie über das Gelesene denken. Wo stimmen Sie mir zu (und aus welchen Gründen)? Wo vertrauen Sie mir einfach nur, weil's logisch und überzeugend klingt, was ich geschrieben habe (was Sie nicht sollten)? Wo sind Sie komplett anderer Meinung (und warum)? Und vor allem: Was heißt das jetzt für Ihre aktuellen und zukünftigen Geldanlagen und Sparverträge? Was belassen Sie, wie's ist, und wo verändern Sie etwas – und was?

Tipp 51:   Finger weg von ausländischen Währungen.

Tipp 52:   Finger weg von Bitcoin und anderen Kryptowährungen

Tipp 53:   Finger weg von Aktien- und Mischfonds.

Tipp 54:   Finger weg von offenen und geschlossenen Immobilienfonds.

Tipp 55:   Finger weg von Rentenfonds und (angeblichen) Steuerspar-fonds (Schiffs-/Medienfonds).

Tipp 56:   Finger weg von Staats- und Unternehmensanleihen.

Tipp 57:   Finger weg von Kapitallebensversicherungen und (fondsge-bundenen) Rentenversicherungen.

Tipp 58:   Finger weg von Ausbildungsversicherungen und Zertifikaten.

Tipp 59:   Finger weg von Bausparverträgen.

Tipp 60:   Finger weg von Aktien zur Geldanlage und Finger weg von Aktien-Indexfonds (ETF).

KAPITEL 7

VERSICHE-RUNGEN

PRÜFEN SIE GENAU, WELCHE VERSICHERUNG SIE WIRKLICH BRAUCHEN, DENN DIE MEISTEN KÖNNEN SIE SICH SPAREN!

»Die Absicht, sich gegen alle Eventualitäten absichern zu wollen, ist ein Vertrauensbruch gegenüber dem Leben. Sicherheit hat, wer sich seiner selbst sicher ist und sich nicht von Versicherungen verunsichern lässt.«

Kennen Sie den (schutz-)engelsgleichen Versicherungsruf?

»Sichern Sie sich und Ihre Lieben bestmöglich ab für alle Fälle, damit Sie gut schlafen können! Versicherungen schützen Sie und Ihre Lieben! Je besser Sie versichert sind, desto sicherer sind Sie!«

Sicher. Was für ein gutes Gefühl uns schon ein kleines Wort schenken kann, oder? »Sicher« steht für Geborgenheit, Schutz, Fürsorge, gut aufgehoben sein. Alles, was sicher ist und uns sichert, ist wichtig, manches gar lebensnotwendig. Sicherungsseile beim Klettern, Sicherungssysteme im Flugzeug, Sicherheitsgurte im Auto, Sicherungskästen im Haus. Alles dient unserer Sicherheit und hat einen klaren Nutzen, was man von den meisten Versicherungen nicht sagen kann.

Und doch gibt es kaum eine andere Finanzproduktsparte, die über so viele Produkte und Produktvarianten verfügt wie Versicherungen. Für fast jede Kleinigkeit kann man sich ver- und damit scheinbar absichern. Selbst gegen Alien-Entführung und Weltuntergang. Doch entgegen aller Kritik am Versicherungswahnsinn muss ich zugestehen, dass der nur ein Spiegelbild unserer Gesellschaft ist – das wohl ehrlichste, weil es schonungslos unsere Ängste und Sorgen abbildet. Aus meiner Sicht zwar fast nur künstliche, die wir uns haben eintrichtern lassen, aber wenn sie in uns drin sind, gehen sie so schnell nicht mehr raus. Auch nicht, wenn wir extra dagegen Versicherungen abschließen.

Gerade in der Corona-Krise gehörten manche Versicherungen (wie die Krankenzusatzversicherung) zu den absoluten Verkaufsschlagern, was mich besorgte, weil ich mich fragte: Wie können Menschen nur vor so vielen Dingen so viel (fast immer rational unbegründete) Angst haben? Und wie kann man glauben, dass einem eine Versicherung die Angst nimmt, bzw. einem wirklich weiterhilft?

Aus meiner Sicht und Erfahrung sind 99 % aller Versicherungen unnötig, weil sie entweder grundsätzlicher Murks sind, die Ereignisse, wegen derer sie abgeschlossen werden, fast niemals eintreten oder weil die vertraglich vereinbarten Leistungen nicht gezahlt werden – trotz eingetretenem Versicherungsfall.

Oder glauben Sie ernsthaft, eine Versicherung meint es gut mit Ihnen? Wenn ja, dann würde diese ja Verluste einfahren, weil Sie immer mehr rausbekommen, als Sie einzahlen.

Natürlich freut man sich, wenn der Schadensfall, für den man die Versicherung abgeschlossen hat, nie eintritt, etwa ein Unfall. Schließlich schließt man eine Versicherung nur für den (unwahrscheinlichen, aber möglichen) Fall der Fälle ab. Versicherungen sind also eine Frage von Wahrscheinlichkeiten. Dumm nur wenn wir sie abschließen, lediglich weil wir nicht ausschließen können, dass uns dies oder jenes ereilen könnte. Selbst bei statistisch nachgewiesenen sehr geringen Wahrscheinlichkeiten sind viele Menschen noch bereit, eine Versicherung abzuschließen. Das ist sicher teuer, weil Geld, das Sie einer Versicherung geben, weg ist, und sicher ist nicht automatisch sicher, weil nicht garantiert ist, dass die Versicherung beim Eintritt des Schadensfalls auch zahlt. Ein Hoch auf das Kleingedruckte, das nicht Sie absichert, sondern die Versicherung, weshalb die Versicherungsbedingungen auch so detailliert sind (die Versicherung denkt eben an alles und bei allem vor allem an sich).

Beispiele gibt es unzählige. Ein Blick in die Corona-Krise reicht, bei der diverse Gastronomen und Veranstaltungsunternehmen trotz Versicherungen gegen Pandemien keinen Cent Entschädigung erhielten. Begründung: In den Verträgen standen zwar (Viren-)Pandemien als Schadensfallgrund, aber eben nicht explizit »Corona-Virus SARS-COV2«. Fairsichert? Sicher nicht. Heißt: Man sollte die Zukunft besser genau kennen, bevor man sich sicher versichert, damit in den Verträgen auch exakt das Richtige drinsteht, damit man Geld erhält. Vielleicht würden viele Menschen beim Wissen um die Zukunft jedoch auch gar keine Versicherungen abschließen wollen, weil sie gegebenenfalls sehen würden, dass das Kommende doch nicht so schlimm ist, wie es Versicherer gern an die Wand malen.

Wussten Sie, dass die Mehrzahl der Menschen von allen möglichen Finanzproduktkategorien am meisten Versicherungen haben? Sicherheit und Schutz scheinen uns also sehr wichtig zu sein. Warum sorgen wir aber nicht selbst dafür und sparen uns einen Großteil der teuren, unnötigen und nicht garantiert auszahlenden Versicherungen?

Versicherungsunternehmen sind keine Schutzengel und sie meinen es auch nicht gut mit Ihnen, selbst wenn sie dies suggerieren. Sie nehmen Ihnen auch keine Sorgen und Ängste ab – sie reden sie Ihnen ein, damit Sie ihre Versicherungen kaufen (was Sie andernfalls ja nicht tun würden).

Zudem machen Versicherungen auch noch auf eine andere Weise unfreier. Wer überversichert ist, z. B. im Bereich der Gesundheit, könnte dazu neigen, sich mehr gehen zu lassen. Schließlich bezahlt man ja für das Einzelbettzimmer im Krankenhaus, die Chefarztbehandlung, Medikamente, die Kur etc. Oder diejenigen, die eine Rechtsschutzversicherung haben, könnten dazu neigen, Streitigkeiten eben nicht zu schlichten (was menschlich viel besser wäre), sondern auf das eigene Recht zu beharren, weil sie um den anwaltlichen Schutz im Hintergrund wissen. Mit einem Anwalt im Rücken ist manche*r streitlustiger als ohne.

> In jedem Fall rauben uns Versicherungen Geld, das wir heute definitiv besser gebrauchen können. Und auch der beste (Versicherungs-)Fall ist kein wahrer Trost, nämlich dass die Versicherung nicht zahlen muss, weil der Schadensfall nie eingetreten ist. Geld nur fürs »gute Gefühl« ausgeben kann man auch anders.

TIPP 61:

FINGER WEG VON STERBEGELDVERSICHERUNGEN.

»Eine Beerdigung kann teuer werden. Belasten Sie Ihre Hinterbliebenen nicht auch noch finanziell mit Ihrem Tod!« So ertönt es vielerorts.

Wer kommt eigentlich auf so eine Idee: Eine Versicherung, die die eigene Beerdigung zahlt. Auf den ersten Blick mag das logisch klingen, kosten Beerdigungen teilweise richtig Geld. Aber dafür eine Versicherung abschließen? Kann man das Geld nicht selbst beiseitelegen oder ansparen? Klar, aber was ist, wenn man vorher verstirbt und dann nur 1.000 € zusammengekommen sind, die Beerdigung aber 5.000 € kostet? Wie gut, dass man in diesem Fall versichert ist, oder?

Wenn Versicherungen staatliche Einrichtungen wären oder wohltätige Organisationen, dann sicher. Aber würden Versicherungen ein Produkt anbieten, an dem sie nichts verdienen? An dem sie sogar verlieren können, wenn sie mehr zahlen müssen, als der/die (dann verstorbene) Versicherte eingezahlt hat? Sehr unwahrscheinlich, oder?

Natürlich kalkulieren Versicherungen stets zu ihrem eigenen Vorteil. Kein Wunder, dass es bei Sterbegeldversicherungen kaum Transparenz gibt, wie sich die Versicherungsbeiträge genau zusammensetzen. Es wird individuell kalkuliert, was toll klingt, aber in Wahrheit heißt: Je höher Ihr (geschätztes) Sterberisiko, also je älter Sie sind, je kränker, je weniger gut zu Fuß, desto höher ist Ihr Beitrag.

> Legen Sie das Geld für Ihre Beerdigung lieber selbst zur Seite und lassen Sie nicht zu, dass das eigene Ableben zum guten Geschäft für andere wird. Wer seine Beerdigung rechtzeitig plant und weiß, was diese entsprechend der eigenen Vorstellungen und Wünsche All-Inklusive kostet, hat meist genügend Möglichkeiten, das benötigte Geld dafür anzusparen.

TIPP 62:
FINGER WEG VON RECHTSSCHUTZ-VERSICHERUNGEN.

»Anwälte und Gerichtsverfahren sind teuer – sichern Sie sich ab für den Fall der (Klage-)Fälle!« Wieder so eine unnötige Angstmacherei.

Auch diese Versicherung macht zwar auf den ersten Blick Sinn, denn Möglichkeiten juristischer Probleme gibt es zahlreiche, wie Scheidungen, erbrechtliche Auseinandersetzungen, Immobilienbau/-kauf-Streitigkeiten, Arbeits- oder Mietprobleme. Und klar kosten juristische und gerichtliche Verfahren Geld und klar wäre es toll, wenn das jemand für einen bezahlen würde. Ausschließen, dass man selbst mal in eine Situation kommt, in der man einen Rechtsbeistand gut braucht, kann auch keiner. Aber: Es ist kein Automatismus. Weder dass man anwaltliche Hilfe braucht, noch dass die extra dafür abgeschlossene Rechtsschutzversicherung das auch bezahlt.

Eigentlich ist es logisch, dass eine Rechtsschutzversicherung, deren Geschäftsfeld die Juristerei ist, selbst Profi in diesem Feld ist. Schauen Sie sich einfach mal einen Vertrag einer x-beliebigen Rechtsschutzversicherung an: Kleingedrucktes, Fach-Chinesisch, Ausschlusskriterien, Wenn-Dann-Formulierungen usw. Es kommt nicht selten vor, dass genau das Anliegen, für das Sie vor Gericht müssen (oder wofür Sie anwaltliche Unterstützung brauchen), eben gerade *NICHT* abgedeckt ist (obwohl Sie's gedacht oder der Werbeprospekt es hätte vermuten lassen). So hinterlistig wie Versicherungsverträge zu oft gestaltet sind, kann man nicht denken.

Für die hohen Beiträge (ein paar hundert Euro pro Jahr können locker zusammenkommen) ist das eine zu hohe Unsicherheit. Zumal auch Rechtsschutzversicherungen nicht gern zahlen (wie jede Versicherung). Sieht zum Beispiel die Versicherung bei gerichtlichen Auseinandersetzungen keine Chance darauf, dass Sie den Prozess gewinnen (auch mit Hilfe eines Rechtsbeistandes), kann es sein, dass sie gar nicht zahlt.

Fernab dieser Nachteile und Unsicherheiten stellt sich für mich die Frage, ob es nicht auch aus menschlicher Sicht grundsätzlich besser ist, auf solch eine Versicherung zu verzichten, die ja nur darauf abzielt, dass man Recht bekommt. Vielleicht kommen wir besser durchs Leben, wenn wir eben KEINE anwaltliche Sicherheit im Rücken haben. Ich lebe seit jeher ohne Rechtsschutzversicherung und versuche grundsätzlich, Streitereien aus dem Weg zu gehen oder sie selbst zu klären, wenn sie hartnäckig im Weg stehen bleiben und nicht freiwillig weichen wollen.

Können wir nicht vieles in Eigenregie unternehmen, um uns den Gang vors Gericht oder in die Anwaltskanzlei zu ersparen!? Ist es nicht lebenswichtig, seiner Verantwortung nachzukommen, sich Problemen zu stellen, statt diese zur Erledigung an andere zu übertragen? Natürlich gibt es Spezialfälle, wo wir anwaltliche Hilfe gut gebrauchen können. Aber können wir diese, wenn sie denn benötigt sein sollte, nicht selbst bezahlen? Auch ich musste mich schon juristisch wehren, was aber aus eigener Tasche ging. Manche Streitigkeiten können wir vielleicht auch selbst ohne anwaltliche Hilfe regeln, indem wir uns juristisch kundig machen, soweit es uns eben möglich ist. Die allerwenigsten stecken zudem dauerhaft in Rechtsstreitigkeiten und bei diesen »streitlüsternen« Menschen werden sich Rechtsschutzversicherungen mit Vertragsangeboten sehr zurücknehmen oder ihre Dienstleistung irgendwann aufkündigen.

Zudem gibt es auch interessante »Rechtschutz-Alternativen«:

- Sind Sie beispielsweise Mitglied einer Gewerkschaft, können Sie kostenlos deren Rechtsschutz nutzen, der eine Rechtsberatung/-hilfe und Prozessvertretung bei Streitfällen umfasst, unter anderem das Arbeitsverhältnis sowie Ansprüche im Bereich Sozialversicherung betreffend.
- Als Mitglied eines Grundeigentümervereins erhalten Eigentümer*innen von Häusern oder Eigentumswohnungen eine fundierte rechtliche Beratung.
- Mieter*innen erhalten Rechtsunterstützung in Mietangelegenheiten als Mitglied des Mieterbundes.

- Sie können sich bei Streitigkeiten mit Versicherungen auch an den Ombudsmann der Versicherungswirtschaft wenden, der bei einer außergerichtlichen Regelung helfen kann.
- Im Rahmen einer Haftpflichtversicherung sind Sie gegen unbegründete/überhöhte Schadensersatzansprüche von Dritten versichert.

> **Die Tatsache, dass man immer in irgendetwas verwickelt werden kann, was auch juristische Konsequenzen nach sich ziehen könnte, reicht nicht für den Abschluss einer Rechtsschutzversicherung. Viele Menschen zahlen meist sehr viele Jahre umsonst, was nicht selten einem Luxusurlaub gleichkommt, den man sich stattdessen hätte leisten können. Bessere Alternative, oder!?**

Wenn man den vielleicht nie benötigten Rechtsschutz dennoch vorsorglich schon bezahlen möchte, sollte man das Geld in jedem Fall übrighaben und es sich nicht vom Leben »abzwacken«. Sparen Sie dieses Geld selbst auf ein Notfallkonto. Dann haben Sie etwas beiseite (fürs gute Gefühl) und können das Geld auch anderweitig verwenden, wenn der Rechtsstreit ausbleibt. Und falls er doch ungewollt an Ihre Tür klopft: Laden Sie Ihren Streitpartner von dem gesparten Geld doch einfach zur Versöhnung zum Essen ein. Davon haben Sie beide etwas.

TIPP 63:
FINGER WEG VON RESTSCHULD-VERSICHERUNGEN.

»Sichern Sie Ihre Kredite ab, wenn Sie unverschuldet Ihren Zahlungen nicht mehr nachkommen können, damit Sie nicht ungewollt Ihr Haus verkaufen müssen!« Wirklich? Prüfen wir's lieber selbst.

Wer eine Immobilie finanziert hat, wird sie kennen: Die Restschuldversicherung (Restkreditversicherung). Manche Finanzinstitute machen sie sogar zur Pflicht, wenn man eine Immobilienfinanzierung haben möchte. Nehmen Sie von solchen Instituten gleich Abstand, denn solch ein Geschäftsgebaren ist höchst unseriös. Eine Restschuldversicherung ist immer freiwillig und nicht erforderlich, um einen Kredit zu erhalten.

Auch diese Versicherung klingt auf den ersten unkritischen Blick sinnvoll. Wer seine Arbeit verliert, schwer krank wird, sich (teuer) scheiden lässt (oder geschieden wird), kann im Zweifel die Kreditraten für seine Immobilie nicht bezahlen, was im schlimmsten Fall zur Versteigerung führt und damit zum Verlust des geliebten eigenen Heimes (oftmals zudem unter Wert).

Womit wir wieder im Reich der Wahrscheinlichkeiten wären. Klar kann das alles passieren, muss es aber nicht. Was aber in jedem Fall passiert, ist, dass Sie für diese Versicherung tief in die Tasche greifen. Schmackhaft gemacht wird Ihnen diese Versicherung von Finanzinstituten meist mit dem Argument, dass es im Kontext der Gesamtfinanzierung ja nur eine kleine Summe ist, die aber den kompletten Kredit absichert. Klingt nach tollem Geschäft für Sie.

Aber: In den meisten Fällen muss der Versicherungsbetrag in einem und sofort gezahlt werden (damit die Versicherung auch für sich auf Nummer sicher geht). Das wiederum erhöht die Kreditsumme (es sei denn, Sie zahlen die Beiträge aus Ihren Rücklagen) und führt dadurch auch zu einer höheren Kreditrate (für die Sie dann länger und mehr Zinsen zahlen).

Auf jeden Fall ist es ein schönes Zusatzgeschäft fürs Finanzinstitut. Natürlich sollte sich solch eine Versicherung auch positiv auf Ihre Bonität auswirken, was zu einem besseren Kreditzins führen sollte, aber – Sie ahnen es schon – nicht immer auch dazu führt (die armen Finanzinstitute wollen ja auch von etwas leben). Wer das Kleingedruckte studiert, der stolpert schnell über Begriffe, die einen stutzig machen sollten, wie Warte- und Karenzzeiten oder Leistungsbeschränkungen, Ausschlusskriterien für die Auszahlung (von denen es oft eine Menge gibt).

Verbraucherschützer kritisieren nicht umsonst, dass eine Restschuldversicherung die Kosten des Kredits deutlich erhöht und oft zu intransparent ist. Sie monieren auch die nicht immer ausreichende Transparenz bei vorzeitiger oder außerordentlicher Kündigung sowie die hohen Provisionen, die damit verdient werden. Nicht selten fließen mindestens 50 % des Versicherungsbeitrages an den/die Vermittler/Verkäufer.

Zudem: Wer bereits über eine Unfall-/Risikolebensversicherung oder eine Berufsunfähigkeitsversicherung verfügt, ist meist schon grundlegend geschützt und würde mit Abschluss einer Restschuldversicherung ggf. sogar doppelt für die gleichen Leistungen zahlen.

TIPP 64:

FINGER WEG VON »KINDERVERSICHERUNGEN«.

Kaum etwas anderes bewegt unser Herz so sehr wie Kinder. Jede Mutter, jeder Vater möchte, dass es seinem Kind/seinen Kindern gut geht. Am liebsten würden wir Eltern unsere Kids vor allem schützen und sie immer selbst beschützen. Kurzum: Wir tun *alles* für unsere Liebsten.

Kein Wunder, dass sich Versicherungen dieses Wissen zunutze machen und allerlei Versicherungen zum Kinderschutz anbieten (oft mit süßen Kinderbildern auf ihren Hochglanzflyern), nach dem Motto: »*Schützen Sie das Wichtigste und Liebste, was Sie haben: Ihre Kinder!*«

Nochmal, damit's nicht vergessen wird: Versicherungen wollen Geld verdienen und sind keine Kinderhilfsorganisationen. Wenn ein Versicherungsanbieter denkt, mit einem Produkt könnte er gutes Geld verdienen, wird er es auf den Markt bringen. Andersherum würde keine Versicherung der Welt ein Produkt entwickeln, das zwar Menschen hilft, an denen sie aber kein Geld verdienen kann.

Daher sind die Werbungen der Versicherer vor allem in Bezug auf unsere Kinder mit großer Vorsicht zu genießen. Auch, weil die Werbebotschaften für Kinderversicherungen nicht nur unser Herz abholen, sondern vermeintlich auch unseren Verstand, nach dem Motto: »*Wenn ich meine Kinder schon nicht immer bei allem beschützen kann, schafft es wenigstens die Versicherung.*« Eben nicht.

> Auch Kinderversicherungen schützen nicht vor dem Leben an sich und vor möglichen Gefahren, sondern kommen wenn, dann nur finanziell für aufgetretene Schäden auf, die zum Beispiel durch Unfälle verursacht werden.

Dass Kinder sich viel öfter verletzen als wir Erwachsenen ist bekannt. Aber auch, dass 99,99 % aller Verletzungen keine bleibenden Folgeschäden nach sich ziehen, womit wir wieder bei dem Wort angelangt sind, das bei Versicherungen das wichtigste überhaupt ist und bleibt: Wahrscheinlichkeit. Laut Statistischem Bundesamt sind Unfälle bei Kindern noch seltener die Ursache einer schweren Behinderung als bei Erwachsenen.

Wie wahrscheinlich ist es, dass sich Ihr Kind so schwer verletzt, dass es einen bleibenden Schaden davonträgt?

Und für diesen unwahrscheinlichen Fall: Wie wahrscheinlich ist es, dass eine abgeschlossene Versicherung genau für *DIESEN Fall* auch zahlt?

Sparen Sie sich das Geld für Kinderversicherungen, zumal auch hier alles Mögliche von vornherein ausgeschlossen ist und die Beweislast, dass Sie die Versicherungszahlungen im Notfall auch tatsächlich erhalten, am Ende wieder bei Ihnen liegt.

> **Investieren Sie Geld lieber direkt für das körperliche, geistige und seelische Wohl Ihres Kindes/Ihrer Kinder. Die Wahrscheinlichkeit, dass Ihr Geld dadurch besser aufgehoben ist, liegt hierbei nämlich bei 100 %: garantiert risikolos und ohne Nebenwirkungen (siehe auch *Tipp 85 und 99*)!**

Für alle, die sich dennoch sorgen:

Kinder können – oftmals sogar bis zu ihrem 25. Geburtstag – in der gesetzlichen Krankenversicherung *beitragsfrei* mitversichert werden, was zumindest für den Gesundheitsschutz ein wichtiges Kriterium ist.

Ach ja: Wer sich ernsthaft eine KinderRENTENversicherung aufquatschen lässt (ja, sowas gibt's), wo man für die Rente des Kindes sparen kann (die noch 50 oder 60 Jahre weit weg ist), dem kann auch ich nicht mehr helfen.

TIPP 65:
VORSICHT BEI TIERVERSICHERUNGEN.

Tierkrankenversicherungen – Finger weg
»Sie wollen das Beste für Ihr Tier? Dann ermöglichen Sie ihm auch die bestmögliche ärztliche Versorgung.« Auch bei Tieren drückt die Versicherungsbranche gekonnt auf unseren Gefühlsknöpfen herum.

Für die meisten, die Tiere haben, sind diese geliebte Familienmitglieder, um deren Wohl man sich sorgt und für die man auch alles Mögliche tun würde, damit es ihnen gut geht.

Manchen mag es ein gutes Gefühl geben, wenn sie wissen, dass auch ihre Tiere versichert sind. Aber solche Krankenversicherungen für Tiere lohnen sich in der Realität nur sehr selten. Zum einen werden meist nur gesunde Tiere versichert. Zum anderen fallen Standardleistungen wie Impfungen, Kastrationen bzw. Sterilisationen oder auch Zahnbehandlungen häufig nicht unter den Versicherungsschutz. Was Sie somit zumeist versichern tritt nicht regelmäßig auf, sondern einmalig, wenn überhaupt.

Wer wirklich Angst hat, dass sich sein Tier schwer verletzt UND eine notwendige Operation nicht aus eigener Tasche bezahlet werden kann, der sollte eher eine (günstigere) OP-Kostenversicherung in Erwägung ziehen. In der Regel ist die Anlage einer Rücklage für den Ernstfall jedoch sinnvoller, weil das Geld hier nicht weg ist, wenn der befürchtete Ernstfall nicht eintritt.

Tierhaftpflichtversicherungen individuell prüfen

Wer einen Hund hat, haftet für alle Schäden, die der Vierbeiner anrichtet. Ganz gleich, ob dieser jemanden beißt, Freunden das Parkett zerkratzt oder dem Nachbarn die Couchgarnitur zerbeißt. Eine spezielle Hundehaftpflichtversicherung sollte daher jeder/jede Hundebesitzer*in haben – in manchen Bundesländern ist sie sogar Pflicht.

Sichern Sie sich finanziell ab für den Fall, dass Ihr geliebter Hund bei anderen aus Versehen etwas beschädigt!

Da diese Versicherungen meist sehr preiswert sind, muss man hier nicht am Leistungsumfang sparen, damit man im Fall des Falles finanziell alles regeln kann und auch Freundschaften nicht leiden, weil vom Hund verursachte Schäden sofort beglichen werden können. Zumal: Sollte es einmal zu einem Personenschaden kommen, den man trotz bester Hundeausbildung und Vorsicht wirklich nicht ausschließen kann, ist man mit einer hohen Deckungssumme auf der sicheren Seite, gerade weil Personenschäden schnell sehr teuer werden können.

Übrigens: Haftpflichtversicherungen gibt es ebenso für Pferde und Katzen, wobei mögliche Schäden, die Miezekätzchen anrichten meist in einer privaten Haftpflichtversicherung abgedeckt werden. Ganz nebenbei: Statt zu große Geldteile für unwahrscheinliche »Fälle der Fälle« auszugeben (die meistens einfach weg sind), tun Sie Ihrem Liebling lieber heute etwas Gutes: neues Spielzeug, besondere Nahrung, Erlebnisse und vor allem Zeit und Liebe (die sind kostenlos, und ganz und gar nicht umsonst!).

TIPP 66:

FINGER WEG VON HANDYVERSICHERUNGEN.

»Wir bezahlen dir ein neues Handy, wenn dein Altes kaputtgeht oder gestohlen wird!«

Cool, will ich haben, denken sich viele. Besser nicht, denke ich.

Handyversicherungen sind in der Regel zu teuer für die gebotenen Leistungen und greifen bei vielen Schäden erst gar nicht.

Logisch, denn in Zeiten, in denen fast jede*r ein Handy hat und die Wahrscheinlichkeit, dass es kaputt geht, hoch ist, würden Versicherer ja arm werden, wenn sie für die am meisten auftretenden Schäden aufkommen müssten. Manchmal hilft das logische Denken schon aus, um den Unsinn mancher Versicherungen zu enttarnen. Denn auch hier steckt der Teufel im Vertragsdetail.

- Handy gestohlen, Geld zurück? Nur, wenn das Handy nicht unbeaufsichtigt irgendwo herumlag (und das beweisen Sie mal).
- Defektes Gerät und Geld zurück? Wenn Sie die Bedienungsanleitung missachtet haben, nicht. Klingt komisch, ist es auch, weil es dem Versicherer nur ein weiteres Wir-zahlen-nicht-Türchen offenlässt. Ausschlüsse und Fallstricke sind gerade bei Handyversicherungen sehr beliebt, weil die meist jungen Kund*innen den blumigen Rundum-Sorglos-Paket-Versprechungen der Verkäufer*innen glauben, statt es in den Vertragsbedingungen zu überprüfen (wer mag es ihnen verübeln?).
- Auch wissen viele nicht, dass die meisten Versicherer eine Selbstbeteiligung verlangen, was wiederum bedeutet, dass man bis zu einem gewissen Betrag selbst für Schäden aufkommen muss.
- Natürlich können Sie sich auch »All-in« versichern: Gegen Bruch beim Herunterfallen und auch Feuchtigkeitsschäden. Wer weiß, dass die Reparatur eines Displays in etwa so viel kostet wie die Handyversicherung für ein Jahr, der sollte schon zweimal überlegen, ob er sowas wirklich braucht (es sei denn, man ist von der heimtückischen Fallsucht befallen, die Versicherungen nicht dauerhaft mitmachen).
- Fallen Sie in keinem Fall auf den Rabatt-Trick herein, der einem suggeriert, einen Preisnachlass beim Handy zu erhalten, wenn man zusätzlich eine Versicherung abschließt. Die Versicherungsprämie wird den Rabatt sicherlich übersteigen.

- Außerdem wird, wenn überhaupt, nur der aktuelle Zeitwert des Handys ersetzt und nicht der Preis, zu dem Sie es erworben haben. Im schlimmsten Fall haben Sie zum Ende Ihrer jeweiligen Vertragslaufzeit mehr Versicherungsbeiträge bezahlt, als Ihr Telefon dann noch wert ist.
- Zudem kann es auch dem Handy helfen, keine Handyversicherung zu haben, weil wir als Besitzer*innen dann oftmals sorgsamer damit umgehen.

Was die wenigsten wissen: Manchmal ist das Handy bereits über andere Versicherungen mitabgesichert, wie eine Hausrat- oder Haftpflichtversicherung. Einfach mal die Bedingungen checken, bevor man bei der Handyversicherung eincheckt und nichts checkt.

TIPP 67:
FINGER WEG VON BERUFSUNFÄHIGKEITS-VERSICHERUNGEN.

»Was ist, wenn Sie berufsunfähig werden? Wie wollen Sie dann Ihr Haus abbezahlen? *Sichern Sie Ihren Lebensstandard unbedingt ab für den Fall der Fälle!*« Puh, jetzt wird's hart!

Seinen Beruf nicht mehr ausüben zu können und somit kein Geld mehr für seinen Lebensunterhalt zu verdienen, ist ein Albtraum für viele Menschen. Doch entgegen angsteinflößenden Meldungen über die steigende Anzahl an Berufsunfähigen möchte ich festhalten:

Die überwältigende Anzahl aller Erwerbstätigen kann den Beruf bis zur Rente ausüben!

Auch Berufsunfähigkeit ist kein Automatismus, sondern eine Frage der Wahrscheinlichkeit. Wenn wir wirklich nach dem Prinzip »Wie wahrscheinlich ist dies oder das grundsätzlich – und wie wahrscheinlich ist es konkret wirklich für mich?« leben würden, könnten wir uns viele Versicherungen ersparen. So auch diese.

Obwohl scheinbar alle »Expert*innen« die Berufsunfähigkeitsversicherung für unverzichtbar halten, bin ich hier anderer Auffassung. Nicht nur wegen der im Notfall »Alles oder nichts-Bezahlen«-Bedingung (diese Versicherung zahlt keine Teilbeträge aus, sondern nur die gesamte vereinbarte Versicherungssumme oder eben gar nichts). Auch die vielen Bedingungen im Kleingedruckten stören mich, weil sie bewusst verklausulieren (damit man die Zahlungen aufgrund gewisser Formulierungen im Einzelfall verweigern kann) und etliches ausschließen, was die Wahrscheinlichkeit der Auszahlung im Bedarfsfall erheblich senkt.

An dem hier zugrunde liegenden Vertragsprinzip kann man schon ablesen, dass sich auch eine Versicherung absichern will – mit Ihrem Geld.

By the way: Pro Jahr werden in Deutschland circa 200.000 bis 300.000 Menschen berufsunfähig. Klingt viel, nur stellen sich mir zwei Fragen:

1. Hätten diese Menschen überhaupt rechtzeitig entsprechende Berufsunfähigkeitsversicherungen abschließen können?
Wie viele dieser Berufsunfähigen haben in Berufsgruppen gearbeitet, die entweder gar keine Berufsunfähigkeitsversicherungen bekommen oder wenn, dann nur zu exorbitant hohen Beiträgen? Menschen, deren persönliche und/oder berufliche Wahrscheinlichkeit sehr hoch ist, dass sie so eine Versicherung benötigen könnten, werden leider richtig abkassiert, wie beispielsweise Grafiker*innen, Köch*innen, Krankenschwestern, Landwirt*innen. Andere werden meist gar nicht versichert wie Menschen aus den sogenannten Hochrisikoberufen, zu denen Dachdecker*innen, Musiker*innen, Tätowierer*innen, Pilot*innen gehören sollen. Dabei: Sind es nicht gerade die Hochrisikogruppen, die einen besonderen Schutz benötigen? Warum verwehrt man ihnen diesen dann oder bietet ihn nur zu Beiträgen, die niemand zahlen kann? Vielleicht, weil's gar nicht um die Absicherung der Menschen geht?

2. Zahlen die Berufsunfähigkeitsversicherungen auch wirklich, wenn man sie braucht?
Trotz bestehender Verträge haben schon sehr viele Versicherte selbst erfahren, was die Worte »Kleingedrucktes«, »ausgeschlossen« oder »Gesundheitsprüfung« bedeuten. Im schlimmsten Fall nämlich: keine Zahlung (trotz vorher, teils jahrelang geleisteter Beiträge). Denn es ist die Frage, was Ihr Arzt/Ihre Ärztin, bei dem/der Sie die obligatorische und zum Abschluss manchmal notwendige Gesundheitsprüfung gemacht haben, als Untersuchungsbefund notiert hat. Zu sehen bekommen Sie diesen nicht, aber er kann immense Auswirkungen auf spätere Versicherungszahlungen (oder Nichtzahlungen) haben. Das falsche Kreuz hier, etwas Vergessenes dort und schon wird später nicht ausgezahlt, was Sie heute nicht ahnen. Dies gilt auch für die Gesundheitsfragen,

die Sie bei Beantragung selbst beantworten müssen und wo Sie später ggf. beweispflichtig sind, wenn die Versicherung (ups!) nicht zahlen will.

Übrigens: Alle körperlichen und psychischen Leiden, die schon VOR dem Abschluss einer Berufsunfähigkeitsversicherung bestehen, werden natürlich NICHT versichert. Heißt: Die Versicherung zahlt erst, wenn Sie NACH dem Abschluss psychische Probleme erleiden, die dazu führen, dass Sie Ihren Beruf nicht mehr ausüben können. Genauer: Sie müssen zu mindestens 50 % in der Ausübung ihrer zuletzt ausgeübten Tätigkeit eingeschränkt sein (sonst keine Kohle). Vor allem bei psychischen Krankheiten kann eine Feststellung der Arbeitsbeschränkung lange dauern, wenn sie überhaupt möglich ist, was wieder heißt: keine Kohle. Meist kann die Versicherung darauf pochen, dass Sie einen anderen Beruf ausüben, was ein weiteres Versicherungs-Gegenargument ist.

Problematisch ist ebenso ein zu langer Prognosezeitraum, was bedeutet, dass Sie nur dann Geld erhalten, wenn Ihnen Ihr Arzt/Ihre Ärztin eine mindestens drei- bis fünfjährige Berufsunfähigkeit prognostiziert. Gesundheits-Prognosen über so lange Zeiträume sind jedoch fast unmöglich, weshalb Ärzt*innen (zu Recht) sehr vorsichtig damit sind, was aber zu Ihrem finanziellen Nachteil werden kann. Und selbst wenn es im Berufsunfähigkeits-Fall trotz aller extra gebauten Hürden Geld in Form einer BU-Rente gibt: Sie müssen diese sogar noch versteuern (genauer den Ertragsanteil) und auch Krankenkassenbeiträge können darauf fällig werden, was viele beim Betrachten ausgerechneter BU-Renten nicht wissen und sich daher täuschen lassen.

Ein weiterer Grund gegen diese Versicherung ist die Anrechnung der BU-Rente auf die Grundsicherung (Bürgergeld). Heißt: Falls Sie zum Zeitpunkt der BU-Renten-Auszahlung die Grundsicherung bekommen, wird diese damit verrechnet. Dann haben Sie viele Jahre viel Geld komplett umsonst bezahlt und nur den Staat entlastet, der für Sie keine Grundsicherung zahlen muss. Daher empfehlen »Expert*innen« den Abschluss einer hohen BU-Rente (1.500 € und mehr). Bedeutet: Noch höhere Monatsbeiträge für Sie, die ggf. komplett umsonst bezahlt werden. Wichtig: Eine BU-Rente zahlt nur bis zur Erreichung des gesetzlichen Renteneintrittsalters. Noch mehr »Überraschungen« gibt's beim Blick in die Vertragsbedingungen samt abstrakter oder konkreter Verweisung, Verweisbarkeit uvm., das man verstehen sollte, wenn man sowas haben will (sonst kann's im Schadensfall echt ärgerlich sein, wenn doch nicht gezahlt wird wie erwartet).

Tun Sie lieber selbst etwas dafür, möglichst lebenslang berufsfähig zu bleiben. Was, das erfahren Sie in **Tipp 95**.

TIPP 68:

FINGER WEG VON PFLEGEZUSATZ-VERSICHERUNGEN.

Die Angst davor, ein Pflegefall zu werden, ist bei vielen Menschen vorhanden. Meist sogar, obwohl es dafür gar keine Anzeichen im eigenen Leben gibt. Dennoch lassen sich zu viele von Medienberichten oder Werbebotschaften der Finanzindustrie verunsichern, die fremde Pflege-Schauerbilder an die eigene Lebenswand malen, wie:

»Pflege kann teuer werden! Ermöglichen Sie sich die bestmögliche Pflege, damit Sie Ihr Leben auch im Notfall genießen können!«

Dabei wird nur ein sehr kleiner Teil Menschen wirklich zum Pflegefall (meist im Alter). Und davon wiederum werden die wenigsten zum wirklich betreuungsintensiven Pflegefall. Zwar steigt die Gesamtzahl an Pflegebedürftigen in Deutschland, aber auch die Einwohnerzahl wächst kontinuierlich. Vier von fünf Pflegebedürftigen werden laut Statistischem Bundesamt zu Hause versorgt, davon wiederum mehr als zwei Drittel von ihren Angehörigen, was das Schreckensbild des »dementen, kranken, bettlägerigen, hilflosen und einsamen Alten« entscheidend zurechtrückt.

Die meisten Pflegefälle brauchen zumeist »nur« Hilfe bei der Selbstversorgung, sind aber nicht zwangsläufig bettlägerig oder müssen fremdgewaschen und gewickelt werden. Natürlich gibt es sie, die »schlimmen Fälle«, vor denen vielen graut und die präsent sind im TV. Aber diese treten eben weder automatisch ein, noch sind sie der Normalzustand im Alter (dafür aber in Pflegezusatzversicherungs-Werbungen).

Beim Abschluss einer Pflegezusatzversicherung ist aber genau dies eine Voraussetzung: Vom Schlimmsten auszugehen (was für mich schon eine gruselige Sicht ist, das eigene Leben zu betrachten). Sie selbst müssen hierbei aber festlegen, für welche (erwartete) Pflegestufe Sie sich finanziell absichern wollen. Wer bitte schön kann das sagen? Wer finanziell für das Schlimmste vorsorgen will, muss natürlich tief in die Tasche greifen – und das ein Leben lang.

Denn solch eine Versicherung bringt Ihnen nur dann etwas, wenn Sie diese bis ins hohe Alter zahlen. Mit dem Alter steigt schließlich auch die Wahrscheinlichkeit einer Pflegebedürftigkeit, die auch so eintreten sollte wie »vereinbart« (sonst war das eingezahlte Geld umsonst). Somit kommen – vor allem durch den hier üblichen Beitragsanstieg im Laufe der Zeit – schnell hohe Summen zusammen, die man über die Jahre und teilweise Jahrzehnte auch privat hätte zurücklegen können, denn wie hoch der mögliche Finanzbedarf im (für die meisten von uns unwahrscheinlichen) Pflegefall sein wird, weiß niemand. Ebenso nicht, ob die Versicherung dann zahlt (Kleingedrucktes mit Ausschlusskriterien und Auszahlungsbedingungen, Sie kennen das).

Ob Sie überhaupt versichert werden, ist zudem gar nicht klar, denn vor allem für Alte und Kranke gibt es hohe Zugangshürden. Es heißt hier zwar: Wer früher spart, zahlt günstige Beiträge. Stimmt, aber völlig umsonst, weil die Wahrscheinlichkeit für junge Menschen, ein Pflegefall zu werden, nahe Null liegt. Wer's nicht braucht, kriegt's günstig. Wer's braucht, kriegt's gar nicht. Tolles Hilfsmodell, oder?

> Wer über ausreichend Vermögen, private oder gesetzliche Renten verfügt oder eine angesparte Notfallreserve, kann sich diese (Risiko-) Versicherung sowieso sparen. So entgehen Sie auch den steten Beitragssteigerungen der privaten Pflegeversicherung.

Bei manchen Anbietern lagen die Beitragssteigerungen allein im Jahr 2020 zwischen 50 % und 110 %. Unglaubliche Erhöhungen, die »mal eben so« ins Haus flattern und die man wohl oder übel zahlen muss.

Lassen Sie sich daher keine unnötigen Pflegeschreckgespenster einjagen. Jede*r von uns kann vieles dafür unternehmen, auch bis ins sehr hohe Alter selbständig und gesund zu leben – ganz ohne Pflegezusatzversicherung (siehe beispielsweise **Tipp 94**).

Zumal: Die gesetzliche Pflegeversicherung zahlt im Pflegefall immerhin ungefähr die Hälfte der anfallenden Pflegekosten. Komplett auf sich allein gestellt ist man somit im Fall der Fälle finanziell nicht. Zudem: Eine positive Lebenseinstellung, Achtsamkeit sowie körperliche, mentale und emotionale Aktivität sind vielleicht keine Garantie-Pflegefall-Verhinderer, aber sie senken die Wahrscheinlichkeit erheblich und sorgen zudem dafür, dass man schon heute ein schöneres Leben führt. Auch was, oder!?

TIPP 69:

FINGER WEG VON PRIVATEN UNFALLVERSICHERUNGEN.

»Was ist, wenn Sie einen Unfall haben und tödlich verunglücken? Wovon sollen Ihre Frau und Ihre drei Kinder dann die Miete bezahlen?« Habe ich selbst schon genau so gehört und nur mit dem Kopf geschüttelt.

Ausschließen kann man natürlich gar nichts im Leben – auch nicht, dass man niemals einen Unfall erleiden wird oder dass man dabei oder an den Folgen stirbt. Gerade wegen dieser natürlichen Unsicherheiten lohnt ein Blick auf das Sichere, d. h. Zahlen, Daten und Fakten: Im Jahr 2021 beispielsweise sind nach Angaben des Statistischen Bundesamtes insgesamt um die 2.500 Menschen tödlich im Straßenverkehr verunglückt. Sicher zu viele, aber vielleicht weniger als manche denken.

»Eine private Unfallversicherung zahlt nur, wenn ein Unfall vorliegt, durch den der/die Versicherte durch ein plötzlich von außen auf seinen/ihren Körper wirkendes Ereignis unfreiwillig eine Gesundheitsschädigung erleidet«, heißt es auf Versicherungsdeutsch. Das schließt einiges aus, was es umso wichtiger werden lässt, wieder einmal über die eigene (Unfall-)Wahrscheinlichkeit nachzudenken. Je höher man diese selbst einschätzt, desto eher kann es Sinn machen, sich gegen die Folgen abzusichern. Kann, muss aber nicht, denn das hängt sehr vom eigenen Lebensstil ab. Wer oft schnell und lange auf der Autobahn unterwegs ist, hat hier ein höheres Risiko als Menschen, die im Home-Office arbeiten oder die als Arbeitnehmer*innen arbeiten (weil Arbeits- und Wegeunfälle vom Arbeitgeber über die Berufsgenossenschaft pflichtversichert sind). Wer für seine Hinterbliebenen für den Fall seines plötzlichen und unerwarteten Todes finanziell vorsorgen möchte, der greift lieber zu einer günstigeren Risikolebensversicherung – wenn überhaupt.

> Also: Für wie wahrscheinlich halten Sie es, dass Sie einen so schwerwiegenden Unfall haben, dass Sie Ihr Zuhause zum Beispiel komplett behindertengerecht umbauen müssen? Klingt unwahrscheinlich, ist es auch – sehr sogar. Aber genau das ist eine der möglichen Leistungen einer privaten Unfallversicherung.

Ebenso wie die Einmalzahlung der Invaliditätsleistung. Hier gibt es aber die Voraussetzung, dass die Beeinträchtigung Ihrer körperlichen oder geistigen Leistungsfähigkeit »dauerhaft sein muss und eine Besserung nicht zu erwarten ist«. Wie schlimm muss ein Unfall sein, der so etwas nach sich zieht, und wie wahrscheinlich ist es, dass dies Ihnen passiert?

Ich weiß: Passieren kann alles, aber für diese vage Irgendwann-vielleicht-Möglichkeit zahlen Sie konkrete Könnte-ich-mir-auch-sparen-Beiträge.

Auch bei einer privaten Unfallversicherung stellt sich die Frage, die sich fast bei jeder Versicherung stellt: Was bringt mir eine Versicherung, bei der ich nicht sicher sein kann, dass Sie im Notfall auch wirklich zahlt – während ich sicher sein kann, dass ich meine Beiträge regelmäßig zahlen muss?

Auch wird oft mit der Zahlung von Krankenhausaufenthalten geworben, aber meist ist eine Zahlung hier nicht nur von der Schwere des Unfalls abhängig, sondern auch davon, ob nicht der Staat zahlt oder eine andere Ihrer schon bestehenden Versicherungen (zum Beispiel eine private Krankenzusatzversicherung, die für diese Fälle besser geeignet ist).

Zudem zahlen Sie auch wieder mehr, wenn Sie in einem als riskant oder gefährlich eingestuften Beruf arbeiten, und Freizeitunfälle sind nicht per se mitversichert. Versicherer achten sehr genau darauf, welchen Hobbys Sie nachgehen, weil je nachdem natürlich auch das (Auszahlungs-) Risiko steigt. Flug- oder Rennsport ist nie mitversichert und auch andere (aus Sicht des Versicherers) gefährliche Freizeitaktivitäten werden vom Schutz oft ausgeschlossen. Ein Schelm, wer dies als das ansieht, was es ist: Ein Schutz der Versicherung vor Auszahlung durch den unterlassenen Schutz der Versicherten, die ihre Hilfe gebrauchen könnten.

Sparen Sie sich diese Versicherung doch einfach und gehen Sie achtsam durch Leben und mit einer Grundhaltung, dass es das Leben gut mit Ihnen meint. Dies mag für den einen oder die andere naiv klingen, aber es ist nicht umsonst ein universelles Naturgesetz, das von »Ursache und Wirkung«. Das, was wir verursachen (aussenden), das hat eine Wirkung. Im Gegensatz zu privaten Unfallversicherungen, die erstens fast nie gebraucht werden und zweitens wenn, dann ungern zahlen wollen, hat alles, was wir an Positivem aussenden, eine direkte Wirkung. Zumindest auf unsere gute Laune und auf die unserer Mitmenschen. Dies schützt vielleicht nicht vor Unfällen, sorgt aber garantiert für ein angenehmes Wohlfühlumfeld. Und wer hat dies nicht gern, oder was meinen Sie?

TIPP 70:

PRÜFEN SIE DEN SINN EINER ZAHNZUSATZ-VERSICHERUNG FÜR SICH.

»Zahnarztbesuche sind teuer – ersparen Sie sich hohe Kosten und beißen Sie auch morgen noch kraftvoll zu.« Klingt überzeugend und kann es auch sein.

Vorweg: Auch bei einer Zahnzusatzversicherung gehen Sie eine Wette ein. Sie wetten, dass Sie mit kleinen monatlichen Versicherungsraten weniger bezahlen als der dann vielleicht eintretende Schadensfall kostet. Die Versicherung wettet dagegen. Wer die Wette in der Regel gewinnt? Schauen Sie sich die Milliardengewinne der Versicherer an, dann wissen Sie's.

Logisch, denn die Versicherung als Wettanbieter berechnet natürlich genau, wie sie finanziell am besten fährt, wie sie ihre Wahrscheinlichkeit erhöht, die selbst erfundene Wette zu gewinnen (oder, wenn sie verliert, nicht oder so wenig wie möglich zahlen zu müssen).

SIE allerdings zahlen in jedem Fall, meist nicht wenig, denn auch kleine regelmäßige Summen türmen sich über die Zeit zu einem großen Geldhaufen (der dann jemand anderem gehört). Wer über viele Jahre erfolglos Lotto gespielt hat, kann seinen Wetteinsatz mal ausrechnen.

Am liebsten möchte man natürlich gegen alles abgesichert sein, was mit den Zähnen Schlimmes passieren könnte. Aber das kostet so viel Geld, dass einem bei dem Gedanken daran nicht nur die Haare ausfallen, sondern auch gleich die Zähne. Das richtige Mittelmaß zu finden, das Sie sich leisten können und das Ihnen aber auch wirklich weiterhilft im Zahnschadensfall, ist fast unmöglich. Denn was bringt eine Zahnzusatzversicherung, wenn diese das zukünftig irgendwann eintretende Zahnproblem gar nicht abdeckt? Oder wenn Sie trotz Versicherung Zuzahlungen leisten müssen (fast immer gibt es einen Eigenanteil)?

Die gesetzliche Krankenkasse zahlt immerhin grundsätzlich 60 % der Kosten für die sogenannte Regelversorgung, also die zweckmäßige Behandlung, die aus medizinischer Sicht ausreichend ist (bei in den vergangenen fünf Jahren artig geführtem Bonusheft sind's sogar 70 %, bei 10 Jahren 75 %). Klingt nach »könnte auch mehr sein«, aber selbst bei einer Zahnzusatzversicherung bekommt man in den ersten drei bis fünf Jahren meist nur begrenzte Summen ausgezahlt. Und bei schlechtem aktuellen Zahnzustand können Sie meist sogar gar keine Versicherung abschließen.

Prüfen Sie daher genau, welche Leistungen aus Ihrer Sicht überhaupt (versicherungs-)sinnvoll sind. Sie kennen Ihre Zähne am besten, zumindest sollten Sie das. Welche Probleme tauchen immer wieder auf? Welche Vorgeschichte ist auch ein Teil der Ihren (zum Beispiel »vererbte« Zahnprobleme der Eltern)? Wer dennoch mit dem Gedanken an den Abschluss dieser Versicherung spielt, dem empfehle ich vorab den Besuch eines guten Zahnarztes, der sich Ihren Mundraum einmal gründlich anschaut – am besten samt Röntgenbild von Zähnen und Kieferknochen.

> In den allermeisten Fällen können Sie selbst am meisten dafür tun, dass Sie niemals große Zahn- und Mundraumprobleme bekommen werden. Eine professionelle Prophylaxe, die eigene Pflege und zuckerarme Ernährung sind zwar keine Zahnproblem-Verhinderungsgarantie, aber immerhin gute Wahrscheinlichkeitssenker. Dies hilft in jedem Fall, auch wenn Sie keine Zahnzusatzversicherung abschließen. Mehr hierzu in *Tipp 97*.

Und wer dennoch Sorge hat vor möglichen hohen Kosten einer möglichen irgendwann anstehenden Zahnbehandlung, der legt sich am besten ein eigenes »Gesundheitskonto« an und nimmt das benötigte Geld hiervon, wenn's denn wirklich gebraucht wird. Wenn nicht, kann man sich von dem ersparten Geld mehr als nur was Ordentliches zu beißen kaufen.

SIEBTES KURZ-FAZIT
»VERSICHERUNGEN«

Was denken Sie über Versicherungen? Welche Gedanken hatten Sie schon vor dem Lesen und wurden jetzt bestätigt? Wo wurden Sie überrascht? Was sehen Sie gegebenenfalls ganz anders als ich? Und vor allem: Was nehmen Sie aus den Tipps jetzt mit für Ihre bestehenden und zukünftigen Versicherungen (sowie für Ihren Umgang mit Sorgen und Ängsten)?

Tipp 61: Finger weg von Sterbegeldversicherungen.

Tipp 62: Finger weg von Rechtsschutzversicherungen.

Tipp 63: Finger weg von Restschuldversicherungen.

Tipp 64: Finger weg von »Kinderversicherungen«.

Tipp 65: Vorsicht bei Tierversicherungen.

Tipp 66: Finger weg von Handyversicherungen.

Tipp 67: Finger weg von Berufsunfähigkeitsversicherungen.

Tipp 68: Finger weg von Pflegezusatzversicherungen.

Tipp 69: Finger weg von privaten Unfallversicherungen.

Tipp 70: Prüfen Sie den Sinn einer Zahnzusatzversicherung für sich.

KAPITEL 8

HILFREICHE FINANZ-PRODUKTE

NUTZEN SIE NUR DIE FINANZPRODUKTE, DIE IHNEN WIRKLICH NACHWEISLICH WEITERHELFEN, WEIL SIE IHR LEBEN KONKRET VERBESSERN!

»Ein Finanzprodukt ohne Mehrwert ist wie ein Überraschungs-Ei ohne Schokolade und ohne Überraschung: nutz- und wertlos.«

Erinnern Sie sich noch:

»Ein Finanzprodukt ist ein Hilfsmittel, mit dem Sie bestimmte Ziele und Wünsche unter gewissen Umständen leichter oder schneller erreichen können.«

Bisher habe ich viel gemeckert über den Unsinn diverser aus meiner Sicht verzichtbarer Finanzprodukte.

Aber ich kann auch anders, denn es gibt sie tatsächlich: Empfehlenswerte Finanzprodukte, die einen klaren Nutzen haben für gewisse Menschen und spezielle Bedürfnisse und mit geringen Nachteilen behaftet sind, die man mit gutem Gewissen in Kauf nehmen kann.

Aber Achtung: Nicht alle der nun folgenden Produkte sind für jedermann und jederfrau in jeder Lebensphase uneingeschränkt empfehlenswert. Entscheidend ist stets, was Ihnen wichtig ist, in welchen Bereichen Sie finanzielle Hilfe gut gebrauchen könnten und welche Anforderungen Sie konkret an die Produkthilfe stellen (denken Sie an **Tipp 49**).

Trotz aller Vorteile sollten Sie dennoch nicht Ihr komplettes Geld in alles Folgende investieren, denn Geld ist auch weiterhin nur dazu da, dass Sie es irgendwann ins Leben zurücktauschen. Am besten in IHR Leben. Prüfen Sie die Produkte entsprechend Ihrer wahren Bedürfnisse und Wünsche. Was brauchen Sie wirklich und warum genau? Eine falsche Finanzprodukt-Entscheidung kann Sie auf Dauer viel Geld kosten, wenn sie nicht aus rationalen und lebensfundierten Gründen getätigt wird, sondern aus einer »Klingt gut, wird schon gut gehen, kauf ich«-Emotion heraus.

TIPP 71:
NUTZEN SIE BARGELD.

Nur Bares ist Wahres!

Bargeld hat wohl kaum jemand als klassisches Finanzprodukt auf dem Zettel. Aber nicht nur in Zeiten, in denen sich das digitale Bezahlen auf dem Vormarsch befindet, ist Bargeld für mich etwas, das man (be-)greifen kann.

Daher zähle ich Bargeld als papiergebundene Währung auch zu den Finanzprodukten, die jede*r haben sollte. Und damit meine ich nicht den »Kleingeld-Klöderkram« oder ein paar Scheine hier und dort, sondern wirklich einen – dem Vermögen entsprechenden – Bargeld-Batzen.

»Geld ist geprägte Freiheit«, schlussfolgerte vor über 100 Jahren schon Dostojewski. Recht hatte er. Über Ihr Bargeld entscheiden nur Sie. Bargeld garantiert Ihnen Selbstbestimmung, Unabhängigkeit, Flexibilität. Wie lange wir das Bargeld noch genießen dürfen, weiß niemand. Hinter den verschlossenen Notenbank-Türen scheint die Bargeldabschaffung schon beschlossene Sache zu sein. Wohl nicht solitär, sondern mit der Einführung einer neuen digitalen Währung. Solange wir es noch können, sollten wir das Bargeld mit seinen vielen Vorteilen auch wertschätzen und gern auch die Barzahlung der EC-Kartenzahlung vorziehen.

Weniger aus Nostalgiegründen oder dem Gefühl der raschelnd-knisternden Baumwoll-Scheine zwischen den Fingern. Mehr wegen unseres oft schon abhandengekommenen Bezuges zum Geld. 10.000 € sind viel schneller und leichtfertiger ausgegeben, wenn wir sie mit Karte bezahlen. Heben wir sie vor dem Kauf in bar ab und müssen diesen »Batzen Kohle« dann übergeben, fällt das Weggeben schon schwerer. Gut so, schließlich müssen viele für 10.000 € netto sehr lange arbeiten. Es ist hilfreich, wenn wir dem Geld wieder mehr Sichtbarkeit geben und es damit (wie die von uns dafür investierte Lebenszeit) mehr zu schätzen wissen.

Unser Geld, das auf dem Girokonto liegt, ist hingegen *IMMER* ein Darlehen an das jeweilige Finanzinstitut. Wenn Sie Geld auf dem Girokonto liegen haben, geben Sie dem Finanzinstitut damit einen Kredit. Was ist eigentlich, wenn es Ihrem Kreditnehmer finanziell nicht mehr so gut geht? Insbesondere alle, die Ihr Geld irgendwo im Ausland angelegt haben, sollten sich diese Bonitätsfrage mal stellen. Denn was bringen die schönsten höchsten Zinssätze, wenn das Finanzinstitut Ihr Geld im Notfall zur eigenen Schuldentilgung braucht?

Aufgrund der enttäuschenden Zinssituation hatten Finanzinstitute Negativzinsen (Verwahrentgelt) auf Privatkonten erhoben. Das hieß, man bekam für seinen unbewussten Kredit sogar weniger wieder zurück. Einfluss darauf hatte man nicht. Ebenso wenig auf etwaige Auszahlungsbeschränkungen oder neue (Einmal-)Gebühren.

Und für alle Freunde des bargeldlosen Bezahlens: Ich kann aus Vereinfachungs- und Bequemlichkeitssicht gut verstehen, dass man lieber die Karte zückt, als das Bargeld (das man vorher ja auch noch abheben muss). Aber wussten Sie, dass bereits jede zweite Bank und Sparkasse kassiert, wenn Sie mit der EC-Karte bezahlen? Einige verlangen schon bis zu 70 Cent je Buchung! Warum? Weil auch digitale Transaktionen Kosten verursachen (und man in Zeiten niedriger Zinsmargen damit als Finanzinstitut hervorragend Geld verdienen kann).

Was meinen Sie passiert, wenn es kein Bargeld mehr gibt? Dann MÜSSEN Sie Finanzinstituten immer Kredit gewähren und können gar nicht anders. Und Sie sind abhängig von den jeweiligen Gebühren und ggf. Negativzinsen, die erhoben werden, sowie von sonstigen Beschränkungen, die wenige bisher erahnen, aber einige schon mal am eigenen Geldleib erfahren mussten.

Wie ein Freund von mir, der einmal Gold kaufen wollte, es aber nicht konnte, weil PayPal die Zahlung ablehnte. Nicht, weil er nicht liquide war, eine schlechte Bonität aufwies oder schon negative digitale Einträge hatte. Ganz im Gegenteil. Er konnte das Gold einfach nicht kaufen. Auf Nachfrage teilte ihm PayPal als Begründung mit, dass er wohl etwas kaufen wollte, was auf deren »roter Liste« steht (da steht Gold aber nicht, sondern Dinge wie Waffen und Drogen). Das war der Moment, wo mir klar wurde, was bargeldlos und volldigitalisiert heißt: unfrei.

Natürlich ist Bargeld auch nicht komplett risikolos. Es hat aber nur zwei (aus meiner Sicht annehmbare) Risiken:

1. Das Währungsrisiko
Der Eurokurs schwankt natürlich auch bei Geldscheinen (macht er auf dem Konto auch, nur sieht man's weder digital noch analog).

2. Das Verlust-/Diebstahlrisiko
Bargeld kann man verlieren und es kann gestohlen werden, klar. Aber Geld kann man verstecken. Nicht im Bankschließfach, an das man im Notfall nicht herankommt. Im eigenen Mini-Tresor oder woanders. Es gibt genügend sichere Versteckmöglichkeiten zu Hause, im Garten, im Keller, in der Garage/dem Carport oder bei Familienmitgliedern und sehr guten Freund*innen ... Nur nicht zu gut verstecken wie die nicht wiedergefundenen Ostereier von vor zehn Jahren.

Im Gegensatz zu den Risiken liegen die großen Vorteile von Bargeld aber im wahrsten Sinne auf bzw. in der Hand: Sie sehen, was Sie haben und können damit tun, was Sie wollen – ohne digitale Zahlungsspuren zu hinterlassen, überwacht und beschränkt zu werden. Sie sind auch dann flüssig, wenn es im schlimmsten Fall der Fälle einmal dazu kommen sollte, dass niemand an sein Konto kann, wie es die Griechen schon erfahren mussten und wie es im Falle eines Blackouts oder anderer Krisen jederzeit eintreten kann.

> Mit Bargeld sind Sie immer handlungsfähig und können entsprechend Ihrer aktuellen Bedürfnisse und Wünsche gestalten. Und: Es gibt einfach ein wundervolles Gefühl, sein Geld in Sicherheit zu wissen vor dem Zugriff und der Kontrolle anderer.

TIPP 72:

NUTZEN SIE DAS ZU IHREM ZAHLUNGSVERHALTEN PASSENDE GIROKONTO.

> Das Girokonto: einfach, schnell und sicher bezahlen.
> Ohne Girokonto geht es heute nicht mehr, solange es keine Alternativen gibt. Jede*r von uns braucht ein Girokonto für den Zahlungsverkehr, weil wir unsere Miete, Stromkosten, Reisen, Internetkäufe u.v.m. nicht mit Bargeld bezahlen können (oder es aufwändig wäre und extrem teuer).

Zu klären sind daher nur drei Fragen:

1. »WIE VIELE Girokonten brauche ich?«
Als Freund der Einfachheit rate ich zu nur einem, weil mehr Konten auch mehr kosten und keine wesentlichen Vorteile bringen (außer man möchte ein spezielles Gesundheits- oder Wunscherfüllungs-Sparkonto anlegen).

2. »WER soll mein Konto führen?«
Sind Sie eher wie ich ein Freund der Regionalität? Dann kommen Finanzinstitute vor Ort infrage wie Sparkassen oder Volks-/Raiffeisenbanken. Sind Sie hingegen ausschließlich digital unterwegs, dann gibt es auch hier mehrere Alternativen, von denen ich aber keine speziell empfehlen möchte. Sie werden das zu Ihnen passende Onlinekonto auch ohne mich finden.

3. »WELCHES Konto brauche ich?«

Dies ist meist ein einfaches Rechenbeispiel, bei dem es darum geht, wie viele Abbuchungen man monatlich hat und wie viele diese beim ausgesuchten Finanzinstitut kosten. Empfehlen würde ich immer nur REINE Girokonten zu wählen, also KEINE Mehrwert-Konten, die Rabatte für Leistungen bieten, die Sie im Zweifel gar nicht oder nur selten in Anspruch nehmen. Zahlen Sie lieber die ehrlichen (wenn dann auch teureren) Preise, wenn Sie diese Leistung auch wirklich in Anspruch nehmen (die übrigens mit Banking nichts zu tun haben, weshalb eine Produktkopplung unsinnig ist, aber werbewirksam).

Ein Girokonto sollte unbemerkt im Hintergrund seinen Dienst verrichten und darf natürlich etwas kosten, weil die Kontoführung und der Zahlungsverkehr schließlich Leistungen sind, die auch die Finanzinstitute etwas kosten.

Übrigens: Manche (vor allem digitale) Anbieter mögen zwar 0 €-Konten anbieten, aber fragen Sie sich mal, wie sie etwas, das sie Geld kostet, für lau anbieten können und vor allem, *WARUM* sie es tun?

Früher, als die Zinsen deutlich höher waren, konnten diese Anbieter mit Ihrem Geld wenigstens arbeiten und Geld verdienen (zum Beispiel über die Anlage Ihres Geldes in kurzlaufenden Anleihen). Heute lohnt sich das kaum mehr, weshalb man sich schon fragen sollte, was das Finanzinstitut davon hat, mich als (Geld kostenden) Kunden zu gewinnen.

- Zum einen freuen sich vor allem die (neuen) digitalen Finanzanbieter über die Auswertung und Analyse Ihrer Zahlungsströme, die manchmal an andere weiterverkauft werden, ohne dass Sie es wissen.
- Zum anderen werden mit Ihren Daten sogenannte Produktaffinitätsanalysen durchgeführt, womit man versucht herauszufinden, welche Produkte man Ihnen anbieten könnte, die Sie gut finden, wo es also eine hohe Wahrscheinlichkeit auf einen Abschluss gibt.

Das Girokonto gilt nicht umsonst als das wichtigste Brückenprodukt zwischen Finanzinstitut und Kund*in. Schließlich weiß das Finanzinstitut hierdurch (fast) alles über Sie und verdient über die Kontogebühren einen nicht unwesentlichen Teil seiner Erträge (je nach Institut sogar 50 %). Und das regelmäßig, teilweise über viele Jahre, weil das Girokonto nicht selten Jahrzehnte beim gleichen Anbieter geführt wird und auch Gebührenerhöhungen meist widerstandslos bezahlt werden.

Das ist in Ordnung, solange Sie folgende Punkte beachten:

- Widerstehen Sie dem Angebot eines hohen Dispositionskredits (siehe **Tipp 47**), der oft mit dem Girokonto »verkauft« wird und teuer werden kann, wenn Sie sich zum leichten Auf-Kredit-Kaufen verführen lassen.
- Prüfen Sie alle scheinbaren Superangebote genau, zumal für die meist viel Kleingerucktes geschrieben und so aus den beworbenen 0 € nicht selten schnell mehr wird (weil die 0 € etwa an Bedingungen geknüpft sind wie regelmäßige Gehaltseingänge in vorgegebener Höhe oder sie sind nur für eine begrenzte Zeit gültig oder von zusätzlich abzuschließenden Produkten abhängig). Oft kommen Sie mit der Zahlung ehrlicher Preise, die man nachvollziehen kann und für die es Gegenwerte gibt (wie zum Beispiel die Abwicklung vieler monatlicher Buchungen), besser weg als mit unseriösen Lockangeboten.
- Überlegen Sie gut, ob Sie gegebenenfalls das etwas teurere Girokonto eines Finanzinstituts vor Ort dem billigeren Angebot einer Online-Bank vorziehen: Ansprechpartner vor Ort können sehr hilfreich sein, wenn man die/den Richtige*n hat. Wer Erfahrung mit Telefonhotlines hat, weiß, wie hilfreich echte Menschen sein können, mit denen man reden kann, die nicht permanent wechseln und die sich im besten Fall auch verantwortlich fühlen. Ein persönlicher Kontakt ist oft mit Geld nicht zu bezahlen, weil man echte Hilfe von echten Menschen bekommt: zeitnah und individuell.

Finger weg von Tages-/Festgeldkonten
Falls Sie sich fragen, ob Sie das zinslose »Girokonto-Geld« nicht lieber auf eine ähnliche Kontoart überweisen sollten, wo's noch Zinsen gibt:

In Niedrigzinszeiten sind Tages- und Festgeldkonten vollkommen unnütz.

Früher machten sie Sinn, weil sie deutlich mehr Zinsen boten als Girokonten und daher eine gute kurzfristige Anlage für das Geld waren, das man nicht zum Leben brauchte. Aber heute? Auch wenn man bei einem Tages- bzw. Festgeldkonto mehr Zinsen als auf dem Girokonto bekommen sollte: Lohnt sich selbst bei 1 % Mehr-Zins der Aufwand einer Konto-einrichtung (meist mit monatlichen Kontoführungsgebühren, die den Zinsgewinn je nach Anlagesumme ordentlich anknabbern können)? Meiner Meinung nach, nein! Zudem: »Hohe« Zinsangebote dienen nur dazu, Sie und Ihr Geld anzulocken (warum machen die das wohl?). Sie bedeuten nicht, dass Sie das Versprochene wie gedacht bekommen. Immer das Kleingedruckte lesen, die wahre Anlagelaufzeit samt zu erwartendem Zinsgewinn beachten und wissen, dass Zinsen jederzeit vom Anbieter verändert werden können, was die meisten Anleger*innen aber nie über die gesamte Liegezeit ihres Geldes prüfen und somit denken, Sie hätten clever angelegt. Manchmal leider falsch gedacht!

TIPP 73:
NUTZEN SIE EINE HAFTPFLICHTVERSICHERUNG.

Sichern Sie sich mit einer Haftpflichtversicherung gegen das Unvorhergesehene, damit Sie finanziell nicht aus der (Lebens-)Bahn geworfen werden!

Die Haftpflichtversicherung ist die *EINZIGE* Versicherung, die jede*r haben sollte, weil sie für wenig Geld wirklich hilfreiche (manchmal sogar lebensrettende) Leistungen erbringt. Sie hilft nämlich immer dann, wenn Sie oder Ihr*e Kind*er Dritten unbeabsichtigt einen Schaden zufügen. Die meisten Schäden passieren ungewollt und eine Privathaftpflicht versichert Personen-, Sach- und Vermögensschäden, damit Sie diese nicht selbst zahlen müssen. 99 % aller Sachschäden, zum Beispiel eine zerbrochene Scheibe, kosten zwar weniger als 5.000 €, aber wenn andere Menschen durch uns oder unsere Kinder unabsichtlich verletzt werden, können die Summen schnell in schwindelerregende Höhen gehen.

Hier weiche ich ausnahmsweise von meinem üblichen Versicherungsrat der »sehr geringen Wahrscheinlichkeit des Eintretens eines Schadensfalls« ab. Auch hier ist es zwar (vor allem bei Personenschadensfällen) extrem unwahrscheinlich, dass sie uns widerfahren. Aber wenn, können die finanziellen Folgen durch nur ein Ereignis ein ganzes Leben finanziell ruinieren. Der »Finanz-Schutz« hiervor kostet wenig Geld im Vergleich zum Worst-Case-Szenario (um die 50 € im Jahr, je nach Versicherung).

Und wenn man Kinder hat, kann man hiermit auch beruhigter leben, weil man weiß, dass bei anderen verursachte Sachschäden wie unabsichtlich kaputt gemachte Vasen, Möbel, technische Geräte ebenfalls finanziell abgesichert sind. Denn nicht nur Ihr Ehe- oder Lebenspartner ist bei Ihnen mitversichert, auch Ihre Kinder sind es bis zum 18. Lebensjahr und sogar darüber hinaus, wenn sie danach eine weitere Schul- oder Berufsausbildung beziehungsweise ein Studium absolvieren.

TIPP 74:

PRÜFEN SIE DEN SINN EINER HAUSRAT-VERSICHERUNG FÜR SICH.

Schützen Sie Ihren Besitz vor Unvorhergesehenem, wenn dies bei Ihnen sinnvoll ist!

Eine Hausratversicherung braucht jede*r – so habe ich es (nicht nur als Banker) früh gelernt. Das muss aber nicht richtig sein, denn es hängt vor allem von zwei Dingen ab, ob Sie Ihren Hausrat-Besitz finanziell absichern sollten oder nicht:

1. Wie viel (wertvollen) Besitz haben Sie überhaupt?
Wer nichts oder wenig Wertvolles besitzt, braucht es auch nicht abzusichern. Prüfen Sie selbstkritisch, wie viel Wertvolles Sie wirklich zu Hause haben.

2. Wie hoch schätzen Sie die Wahrscheinlichkeit ein, dass es bei Ihnen brennt, ein Wasserschaden oder Sturm-/Hagelschäden auftreten, dass es zu Vandalismus kommt oder etwas gestohlen wird?
Natürlich kann immer alles passieren, muss aber nicht. Und wenn etwas passiert, heißt das noch nicht, dass Ihr ganzer (wertvoller) Besitz zerstört wird.

Übrigens: Eine Hausratversicherung zahlt nur für Schäden an der Einrichtung, also allem, was Sie bei einem Umzug mitnehmen können.

Wer auf die Absicherung seiner Werte keinen großen Wert legt und/oder es für unwahrscheinlich hält, dass sein Besitz einen Schaden nimmt, für den die Versicherung dann auch garantiert aufkommt, kann sich eine Hausratversicherung sparen. Gerade Studenten oder junge Erwachsene in der ersten Wohnung brauchen sie nicht. Aber auch Ältere überschätzen oft, was ihr Besitz wirklich (noch) wert ist.

Für alle, die eine Hausratversicherung dennoch haben wollen: Versichern Sie nur das Notwendigste (Teuerste) und passen Sie Ihre Versicherung alle paar Jahre an (Kalenderbenachrichtigung einstellen), weil sich meist der Besitz an sich verändert sowie sein Wert, der im Lauf der Jahre eher ab- als zunimmt.

TIPP 75:

PRÜFEN SIE DEN SINN EINER KREDITKARTE FÜR SICH.

Bezahlen Sie bequem bargeldlos und profitieren Sie von der späteren einmaligen monatlichen Abbuchung, wenn Sie das wollen!

Eine Kreditkarte KANN für Sie sinnvoll sein, wenn Sie häufig bargeldlose Einkäufe tätigen, für die Sie Ihre EC-Karte nicht nutzen wollen, können (wie bei manchen Internetanbietern) oder wenn Sie ein/eine Rabatt-Freund*in sind und zum Beispiel über die Buchung bei Fluggesellschaften Bonuspunkte sammeln möchten, um diese in Prämien einzutauschen (wobei genau zu prüfen ist, ob sich das wirklich lohnt, bzw. Sinn macht).

Eine Kreditkarte kann auf der anderen Seite auch zu leichtfertigem Einkaufen verführen, gerade weil man über einen (von der Bank in Abhängigkeit zum Einkommen/Vermögen zur Verfügung gestellten) Kreditrahmen verfügt und die Abbuchungen nicht sofort, sondern einmal im Monat durchgeführt werden. Eine dadurch zum Beispiel später entstehende Kontoüberziehung kann die Vorteile einer Kreditkarte schnell ins Negative umkehren.

Je nachdem, welche der verfügbaren Varianten Sie wählen, verfügt eine Kreditkarte auch über zusätzliche Leistungen, deren Sinn Sie nur für sich selbst prüfen können. Verreisen Sie zum Beispiel oft, kann eine Kreditkarte mit inkludierter Reiserücktritts- und/oder Auslandskrankenversicherung für Sie interessant sein (dann müssen Sie die Reise aber auch über diese Kreditkarte buchen, sonst gibt's keinen Versicherungsschutz).

Lassen Sie sich aber nicht von oftmals wohlklingenden Leistungen zum Kauf einer gegebenenfalls teureren Variante ködern, die Sie vielleicht nie nutzen werden, wie zum Beispiel einen Concierge-Service oder Shoppingportale.

Wie immer gilt: Prüfen Sie genau, was wirklich drin ist im blumig angepriesenen Kreditkarten-Leistungspaket, und entscheiden Sie sich für das, was Sie wirklich brauchen und (möglichst oft/regelmäßig) nutzen.

TIPP 76:
PRÜFEN SIE DEN SINN EINER PRIVATEN KRANKENZUSATZVERSICHERUNG FÜR SICH.

> Ermöglichen Sie sich die bestmögliche ärztliche Versorgung, wenn Sie gut darüber nachgedacht haben, was Sie wirklich brauchen könnten.

Wohl nichts auf der Welt ist für uns Menschen wichtiger als unsere Gesundheit. Und darum ist den meisten ihre Gesundheit viel Geld wert.

Dies spiegelt sich auch im weitläufigen Angebot der privaten Krankenzusatzversicherungen wider, durch die man sich den Anspruch auf diverse Leistungen für den Fall erkaufen kann, dass man ins Krankenhaus muss. Seien es Behandlungen durch Spezialisten (die in der Tat recht teuer werden können), die Unterbringung im Krankenhaus im Ein- oder Zweibettzimmer (so es denn frei ist, wenn Sie es brauchen), Behandlungen durch den Chefarzt/die Chefärztin (so er/sie da ist, wenn Sie da sind) oder die freie Krankenhauswahl. Auch die Zahlung von Krankentagegeld und/oder Krankenhaustagegeld kann man sich vorab erkaufen.

Es mag ja so einiges am deutschen Gesundheitssystem zu kritisieren geben, aber: Im internationalen Vergleich verfügen wir über einen hohen Standard in der stationären Versorgung. Jeder, der gesundheitliche Hilfe braucht, bekommt sie auch.
Daher sollte man sich gut überlegen, für welche Leistung man jahrelang (gegebenenfalls unnötig) zahlen möchte – zumal Krankenzusatzversicherungen immer teurer werden, je älter man wird. Bei Monatsbeiträgen, die zwischen 15 € und 80 € (manchmal mehr) variieren können, sollte man zweimal nachdenken, was man wirklich will.

Beiträge, die Sie in gesundheitsfördernde Aktivitäten investieren, zahlen sich direkt für Ihre Gesundheit aus. Für das gleiche Geld, das manche für ihre Zusatzversicherung bezahlen, kann man sich locker qualitatives Essen oder eine Mitgliedschaft im Fitnessstudio leisten.

Man kann auch selbst etwas für wie auch immer geartete Gesundheitsnotfälle zurücklegen: auf dem eigenen Gesundheitskonto. Das hier gesparte Geld ist, im Gegensatz zu den Kosten für eine Krankenzusatzversicherung, immer gut angelegt, weil es immer verfügbar und vielseitig einsetzbar ist für die Gesundheit.

TIPP 77:

PRÜFEN SIE DEN SINN EINER RISIKO-LEBENSVERSICHERUNG FÜR SICH.

Sichern Sie Ihre Lieben und Ihre Immobilien für den schlimmsten Fall der Fälle ab, wenn Sie hier ein echtes Sicherungsbedürfnis haben!

Wer eine noch nicht abbezahlte Immobilie besitzt, eine Familie versorgt und den Hauptteil des Haushaltseinkommens erwirtschaftet, kann über eine Risikolebensversicherung nachdenken. Hiermit sichert man für den Fall des eigenen Todes seine Hinterbliebenen ab und sorgt so dafür, dass sie finanziell (zumindest zum Teil) versorgt sind, im eigenen Zuhause bleiben können und es nicht verkaufen müssen. In diesem Fall sollte die Versicherungssumme, die bei Todesfall ausgezahlt wird, immer mindestens die Höhe des noch abzubezahlenden Immobilienkredits haben.

Für alle anderen ist diese Versicherung nicht empfehlenswert. Singles müssen niemanden absichern, ob kinderlose Paare so etwas benötigen, würde ich allgemein eher verneinen, und auch bei Paaren mit Kindern, aber ohne Immobilie sollte man hierüber gut nachdenken. Wenn, dann sollte die Versicherungssumme bewusst so niedrig gewählt werden, dass die Hinterbliebenen von dem Geld vielleicht ein Jahr leben können. Nicht dass bei einer zu hoch angesetzten Summe der Wunsch nach schnellstmöglicher Auszahlung bei den zukünftigen Hinterbliebenen zu groß wird.

Ein schnelles Entscheidunghilfe-Beispiel (ohne Ihnen das ein-, oder ausreden zu wollen): Für eine Versicherungssumme von 100.000 € zahlt man ungefähr 10 € monatlich (je nach Versicherungsgesellschaft, Vertragsdetails etc. – klar, ist nur ein ungefähres Beispiel). Macht dann 120 € jährlich und bei einer Laufzeit von angenommenen 15 Jahren 1800 € gesamt. Nicht wenig, aber auch nicht »die Welt«. Und wenn es einen besser schlafen oder gar angstfreier werden lässt, sicher ein Investment, über das man nachdenken könnte. Andererseits: Mit 1.800 € könnte man auch schon so einiges fürs eigene (Besser-)Leben tun. Was würden Sie mit 1.800 € anstellen? In den Urlaub fahren? Einen neuen Fernseher kaufen? Dinge für Ihr Hobby? Wägen Sie doch einfach ab, was Ihnen mehr wert ist: die Risikoabsicherung oder das Direktinvestment in Ihr Leben. Denken Sie daran: Es gibt kein »richtig« und kein »falsch«, sondern immer nur ein »Was ist für mich stimmig?«. Lassen Sie sich von niemandem etwas einreden, was es auch sein möge. Wenn der Nachbar unbedingt dazu rät, eine Risikolebensversicherung abzuschließen, weil Bli-Bla-Blubb oder weil die Freundin davon nichts hält, weil Lirum-Larum-Löffelstiel ... egal. Entscheidend ist nur, was SIE denken und wollen. Für den Fall, dass Ihnen die angenommenen 10 € monatlich nicht wehtun, Ihnen aber das Gefühl einer zumindest Teilabsicherung im eigenen Todesfall für die Familie wichtig ist, hey: Do it! Wenn 10 € monatlich viel für Sie sind und Sie dafür auf Essen oder anderes Wichtiges verzichten müssten: Lassen Sie es. Für was auch immer Sie sich entscheiden: Machen Sie es bewusst mit Ihren eigenen Argumenten, denn die sind für Sie die besten, die es gibt.

TIPP 78:
PRÜFEN SIE DEN SINN EINER BRILLENVERSICHERUNG FÜR SICH.

Brillen können teuer sein. Sichern Sie sich daher ab gegen Verlust, Diebstahl oder Brillenschäden, wenn Sie bewusst darüber nachgedacht und abgewogen haben!

Ohne Brille können manche Menschen die Welt nicht so genießen, wie sie es gern würden. Die Brille ist für viele nicht mehr wegzudenken. Ein Verlust, Diebstahl oder Defekt an der Brille wiegen daher schwer – für das eigene Sehen und finanziell, denn Brillen können ins Geld gehen.

Wer die hierfür möglichen Kosten nicht vollständig aus der eigenen Tasche zahlen möchte, kann mit – je nach gewählten Leistungen – mehr oder weniger kleinen Beiträgen eine Brillenversicherung in Anspruch nehmen. Achten Sie dabei jedoch genau auf die Höhe des vertraglich zugesicherten Zuschusses, am besten *MIT* aufgesetzter Brille. Normalerweise wird ein maximaler Beitrag von einigen hundert Euro gezahlt und die Versicherung kommt auch alle zwei bis drei Jahre für eine neue Brille auf – auch wenn keine Beschädigung vorliegt.

Mit den richtigen (für Sie passenden) Leistungen kann eine Brillenversicherung durchaus Sinn machen – für Sie selbst oder auch für Ihre Kinder, die eine Sehhilfe tragen. Denn diesen kann es besonders häufig passieren, dass die Brille im Spieleifer zerbricht oder verbogen wird.
Wer keine Lust (mehr) auf eine Brille hat, kann sich in **Tipp 97** überraschen lassen.

TIPP 79:

PRÜFEN SIE DEN SINN EINER KFZ-TEIL- BZW. KFZ-VOLLKASKOVERSICHERUNG FÜR SICH.

Wer Angst hat, dass dem eigenen Auto etwas geschieht, kann sich gegen gewisse finanzielle Schäden absichern.

Wer ein Auto besitzt, *MUSS* eine Kfz-Haftpflichtversicherung abschließen – das ist gesetzliche Pflicht. Alles Weitere ist kein Muss, sondern ein Kann. Da die Kfz-Haftpflichtversicherung nur bei Personen- und Sachschäden haftet, die Sie mit Ihrem eigenen Fahrzeug bei anderen verursachen, können Sie Ihr eigenes Kfz zusätzlich wie folgt versichern:

- Eine Teilkaskoversicherung leistet bei Schäden am eigenen Fahrzeug, die durch äußere Einwirkungen entstehen, wie Brand, Explosion, Diebstahl, Sturm, Hagel, Überschwemmung, Blitzschlag, Glasbruch, Wild- und Marderschäden.
- Eine Vollkaskoversicherung leistet dies alles auch, übernimmt aber zusätzlich Schäden durch selbst verschuldete Unfälle und durch Vandalismus am eigenen Fahrzeug. Da diese All-Inklusive-Versicherung jedoch sehr teuer ist, lohnt sie sich meist nur bei Neuwagen (die sich aus Werterhaltungssicht oft selbst kaum lohnen, außer für diejenigen, die den Neuwagen-Geruch lieben).

Doch überlegen Sie vorher gut, für wie wahrscheinlich Sie es halten, dass einer der vorgenannten Schäden bei Ihrem Auto eintritt. Fragen Sie sich offen und ehrlich, was Sie wirklich an Auto-Absicherung brauchen. Welche Erfahrungen haben Sie bisher gemacht? Wie wichtig ist Ihnen die Unversehrtheit Ihres Autos und was können Sie aus eigener Kraft tun, um es bestmöglich zu schützen? Parkt es an einem sicheren Platz? Wo sind Sie unterwegs? Wie viel? Wenn Sie dann mehr über Ihre »Auto-Sicherheitsbedürfnisse« wissen, können Sie mit klarer Vorstellung gezielt auf die Suche nach dem passenden Schutz gehen.

Fallen Sie aber nicht auf den klassischen Produkttrick rein, bei dem man Ihnen mehrere Modelle vorstellt, aus denen Sie sich dann eines auswählen sollen. Im Zweifel nimmt man entweder immer das »in der (Preis-) Mitte«, oder eines, das am besten klingt (aber vielleicht mit Ihren wahren Auto-Sicherheitsbedürfnissen nichts zu tun hat).

TIPP 80:

PRÜFEN SIE DEN SINN EINER WOHNGEBÄUDE-VERSICHERUNG FÜR SICH.

Sichern Sie Ihre Immobilie gegen Unvorhergesehenes, damit Sie nicht finanziell im Regen stehen, wenn Sie drinnen im Regen stehen!

Eine Wohngebäudeversicherung ist zwar keine Pflicht-, aber aus meiner Sicht eine Muss-Versicherung für Immobilienbesitzer*innen, gerade weil sie bei Schäden zahlt, die Sturm, Hagel, Feuer oder Leitungswasser am Wohngebäude anrichten können.

Im Vergleich zu den möglichen Schäden sind die für eine Wohngebäudeversicherung aufzuwendenden Kosten in Ordnung. Sparen sollte man hieran als Immobilienbesitzer*in lieber nicht, denn wenn einem realen Immobilienschaden noch der finanzielle Zusammenbruch folgt, wird der Traum von den eigenen vier Wänden schnell zum Albtraum.

ACHTES KURZ–FAZIT
»HILFREICHE FINANZPRODUKTE«

Und? Welche der aufgeführten Produkte sind etwas für Sie? Warum genau? Wobei helfen Sie Ihnen in Ihrem Leben konkret? Und vor allem: Was ändern Sie jetzt ganz konkret an Ihren Finanzen?

Tipp 71: Nutzen Sie Bargeld.

Tipp 72: Nutzen Sie das zu Ihrem Zahlungsverhalten passende Girokonto.

Tipp 73: Nutzen Sie eine Haftpflichtversicherung.

Tipp 74: Prüfen Sie den Sinn einer Hausratversicherung für sich.

Tipp 75: Prüfen Sie den Sinn einer Kreditkarte für sich.

Tipp 76: Prüfen Sie den Sinn einer privaten Krankenzusatzversicherung für sich.

Tipp 77: Prüfen Sie den Sinn einer Risikolebensversicherung für sich.

Tipp 78: Prüfen Sie den Sinn einer Brillenversicherung für sich.

Tipp 79: Prüfen Sie den Sinn einer Kfz-Teil- bzw. Kfz-Vollkaskoversicherung für sich.

Tipp 80: Prüfen Sie den Sinn einer Wohngebäudeversicherung für sich.

KAPITEL 9

CRASH-SCHUTZ

INVESTIEREN SIE IHR GELD WIRKLICH CRASH- UND KRISENSICHER SOWIE LEBENSNAH UND GEWINNBRINGEND!

»Wer sein Mobiliar schützen möchte, wirft es nicht in ein brennendes Haus. Warum aber werfen Anleger*innen ihr Geld dahin, wo's verbrennen kann?«

Es gibt wohl niemanden, der sein Geld verlieren will. Daher investieren es so viele Menschen in Geldanlagen, um es dort vor (Wert-)Verlust zu schützen und im besten Fall noch zu vermehren. Geldanlage klingt nach sicherem Schutzraum, nach einer Finanz-Festung, die potenzielle Gefahren abwehrt. Doch halten Geldanlagen auch dem großen Crash Stand, vor dem sich viele Anleger*innen fürchten? Wenn zum Beispiel die Börsenkurse nicht um 10 % fallen, sondern um 50 % und mehr? Und dauerhaft am Boden liegen bleiben und die Kurse nicht mehr hochkommen?

Eigentlich kommen nur Verirrte auf solch eine wahnwitzige Idee, Ihr Geld gerade dort sichern zu wollen, wo es fürchterlich unter die Räder kommen kann. Man bringt sein Geld also dorthin, wovor man sich fürchtet. Warum? Weil manche glauben, es gäbe in der Finanzwelt noch sichere Geldhäfen und weil sie von Hochphasen des (Kurs-)Aufschwungs natürlich profitieren möchten. Beim Abstieg möchten sie aber nicht dabei sein. Das ist wie Bergsteigen nur in eine Richtung: nach oben in immer neue Höhe mit blendenden (Gewinn-)Aussichten, am besten per Sessellift. Aber wenn's stürmisch wird, rutschiger, wenn gar Lawinen herabstürzen, dann will man sich in einer sicheren Berghöhle verkriechen und alles unbeschadet überstehen.

Wer einen Berg besteigt, der weiß, dass man auf halber Höhe nicht einfach fliehen kann. Wer Höhen- oder Absturzangst hat, sollte einfach keinen Berg besteigen. Und wer Angst vor dem Finanz-Crash hat, der sollte die Finanzwelt meiden, denn: Bei einem großen Crash verliert alles. Wenn es »die eine große Krise« gibt, werden mit großer Wahrscheinlichkeit alle Anlageklassen leiden. Welche am stärksten, welche am wenigsten und welche sich am schnellsten erholen, weiß niemand, weil niemand sagen kann, was für eine Megakrise kommt, wenn überhaupt, und worauf sie welche Auswirkungen hat.

Dennoch suchen Anleger*innen immer wieder nach der besten Schutzkleidung für das mögliche Unwetter. Aber selbst der beste Wind- und Regenschutz kann einem tosenden Sturm samt Starkregen nicht lange standhalten. Viele Anleger*innen überschätzen einfach die Möglichkeiten von Geldanlagen – ganz gleich, ob sie nun hohe Renditen in Aussicht stellen oder große bzw. überhaupt irgendeine Art von Sicherheit versprechen. Es kann sein, dass es sich beim nächsten Crash nur um eine kurzfristige Schlechtwetterfront handelt, die nur einzelne Anlageklassen heimsucht. Aber auch der komplette Finanzwelt-Untergang ist möglich. Who knows ...

Die einzige Gewissheit bei sich im Kurs/Wert verändernden Geldanlagen in einer sich sekündlich verändernden Welt ist die Ungewissheit. Über der Finanzwelt schwebt seit jeher dauerhaft ein Damoklesschwert und somit auch über dem Geld, das man hier anlegt.

> Daher ist der einzige wirkliche Crash-Schutz, sein Geld eben NICHT in Geldanlagen der Finanzwelt anzulegen.

Was sofort die Frage aufwirft: »*Wie soll man sein Geld denn dann anlegen?*«

Aus meiner Sicht sollten wir es so anlegen, wie es unseren wahren Bedürfnissen und dem Gedanken des Lebenskreislaufes am nächsten kommt: in *NATÜRLICHEN* Geldanlagen.

Manche mögen das, was ich Ihnen in den folgenden Tipps vorstelle, als »alternative Anlageformen« betrachten. Für mich sind sie die natürliche Art der Geldanlage, wohingegen die Finanzprodukt-Anlage die künstliche ist, die man uns seit Jahrzehnten als Normalität verkauft.

Diese natürlichen Geldanlagemöglichkeiten machen Ihr Geld entweder komplett unabhängig von einem Crash oder sichern es zumindest zu einem guten Teil ab. Das Beste: Sie alle sind selbst im Nicht-Crashfall empfehlenswert und somit immer eine gute mögliche Wahl. Manche davon erscheinen Ihnen vielleicht zu einfach, andere ungewöhnlich und wiederum andere zu anstrengend, weil sie hierfür mehr machen müssen, als Ihr Geld mit einer Unterschrift und Überweisung im Finanzmarkt anzulegen. Im Gegensatz hierzu sind die natürlichen Geldanlagen aber auch nicht so unsicher und risikobehaftet, sondern stabil und manchmal sogar lebensbefördernd.

TIPP 81:

INVESTIEREN SIE IN EDELMETALLE.

> Investieren Sie Ihr Geld in reale Werte, die immer etwas wert sein werden!

Viele Jahre führten Edelmetalle (zumindest im Bereich der Geldanlage für Privatanleger*innen) ein Schattendasein. Dabei ist dies im wahrsten Wortsinn eine natürliche Geldanlage. Die meisten Menschen wissen natürlich, dass es Edelmetalle gibt. Manche kennen auch die Möglichkeit, sie als Geldanlage zu nutzen, doch so richtig investiert hat die Masse nicht in sie.

Das änderte sich schon zart durch die Finanzkrise 2008 und noch mehr durch die Corona-Krise ab 2020. Verständlich, denn Krisen machen uns Menschen deutlich, was viele von uns nicht sehen (wollen):

> Geld ist eine Illusion und viele Geldanlagen sind unsichere Wettge-schäfte, wohingegen reale Güter immer etwas wert sein werden.

In unsicheren Zeiten kehren wir zurück zu unseren Ursprüngen, weil wir uns stärker dem zuwenden, was wir sehen und (be-)greifen können. Wir halten nicht nur unser Geld und unseren Besitz zusammen, auch mit unseren Liebsten rücken wir enger zusammen. Reales schlägt Irreales. Leben schlägt Finanzwelt. Edelmetalle schlagen Finanzversprechen.

Zu Recht, schließlich sind Edelmetalle seit Jahrtausenden ein wahrhaft elementarer, etablierter Bestandteil unserer Welt, werden genutzt und geschätzt. Zwar sind auch sie nicht losgelöst vom Manipulations-Wahn-sinn der Finanzwelt, was sich vor allem in ihren Kursentwicklungen wi-derspiegelt, die teilweise nicht wirklich nachzuvollziehen sind. Seit der Corona-Krise ist beispielsweise der Goldpreis recht stabil bzw. im Ver-gleich zur unsicheren Weltwirtschaft niedrig bewertet. Fast könnte man meinen, er würde nur künstlich tief gehalten, damit sich beispielsweise Großinvestoren und Staaten günstig weiter damit eindecken könnten (was zu den wachsenden Edelmetallreserven der Notenbanken passt), bevor zum Beispiel ein neues Finanz-System eingeführt wird. Vielleicht ja das Quantenfinanzsystem, wovon ich ausgehe und was mich sehr freuen würde, weil dieses sehr wahrscheinlich u. a. mit Gold »gedeckt« wäre (und so das ungedeckte Gelddrucken bis ins Unendliche endlich ein Ende hätte). Das KÖNNTE dann dazu führen, dass der Goldpreis schnel-ler steigt als ein Bergsteiger mit Raketenantrieb (jetzt bitte nicht gierig werden, sondern das als mögliches »Kann sein, muss aber nicht sein«-Zusatz-Kauf-Argument ansehen). Gleiches gilt dann u. a. gegebenenfalls auch für Silber.

Für die Einführung eines Quantenfinanzsystems spricht vor allem der aus meiner Sicht bewusst niedrig gehaltene Gold-/Silberpreis. Dieser hilft Banken dabei, sich ausreichend und vor allem günstig mit den ent-sprechenden irgendwann zu hinterlegenden Beständen einzudecken. Und da Banken nach der Einführung eines Quantenfinanzsystem all das ge-lagerte Gold/Silber dann nicht mehr handeln könnten, weil sie es als

Gegenwert für die dann ausgegebenen Geldnoten hinterlegen müssten, könnten sich dann alle Gold-/Silber-Besitzer*innen über ihre frei handelbaren Edelmetallreserven in einem hochpreisigen Umfeld freuen.

Was hierfür spricht und von der Öffentlichkeit kaum wahrgenommen wurde: Am 28. Juni 2021 traten im Rahmen von Basel III, einem internationalen Finanz-Abkommen, neue Bankregeln für europäische Banken in Kraft, die eine elementare Veränderungen markieren. Hiermit wurde Gold von der risikoreichsten Anlageklasse, dem sogenannten »Tier-3-Vermögenswert«, in die Klasse 1 eingestuft, wo auch Bargeld zu finden ist. Der wichtigste »Nebeneffekt« dieser Neuerung ist, dass Banken jetzt auch physisches Gold als Kernkapital nutzen können (zum Beispiel als Deckung für eine neue Währung!). Ebenso dürfen Goldbarren und Münzen, wenn sie bei Banken hinterlegt sind, auch als Sicherheit bei der Vergabe von Krediten genutzt werden, was zeigt, das Gold jetzt auch offiziell in der Finanzwelt als das anerkannt wird, was es schon immer war: eine sichere Bank. Diese Neuerung könnte Banken weltweit dazu veranlassen, immer mehr physisches Gold zu kaufen, was den Goldpreis konsequent in eine Richtung treiben könnte: nach oben, wobei das nicht DER Kaufgrund sein sollte.

Aber auch wenn alles so bleibt wie bisher: Für uns Anleger*innen können die bisher mal hoch- und mal runtergetriebenen Kurse grundsätzlich egal sein, wenn wir REALE Edelmetalle kaufen (und keine Papier-Optionen darauf) und diese Anlage als langfristige Investition begreifen.

> Gold, Silber, Platin werden auch zukünftig einen Wert haben, weil sie schon immer einen Wert besaßen.

In Zeiten zunehmender Digitalisierung fühlt es sich nicht nur gut an, selbst eigene Edelmetalle zu besitzen, es macht auch zu einem Teil unabhängiger, weil man sicher sein kann, dass das hierin investierte Geld auf lange Sicht gut aufgehoben ist. Zumal erreichte Gewinne nach einem Jahr Haltefrist auch steuerfrei sind – im Gegensatz zu denen aus Aktien.

Ob man sich hier für Münzen entscheidet, mit denen man im echten Notfall auch bezahlen kann (kostet mehr Aufgeld, weil unter anderem der Aufwand der Produktion höher ist als bei Barren), oder ob man zu Barren greift (die deutlich weniger Aufgeld kosten und sich vor allem bei großen Anlagebeträgen rentieren). Hauptsache, man hat einen Teil seines Geldes, das mit keinem echten Gegenwert hinterlegt ist und nur auf Vertrauen basiert (das auch mal futsch sein kann), in Edelmetalle getauscht.

- Empfehlung für Einsteiger*innen: Kaufen Sie bekannte »Gold- und Silbernamen« wie den Krügerrand, Britannia oder Maple Leaf.
- Empfehlung für alle, die wenig Geld haben: Man kann Gold in sehr kleinen Einheiten kaufen und beispielsweise mit einem Gramm starten (kostet aktuell um die 60 €) und sich je nach frei verfügbarem Geld steigern. Und eine Silbermünze ist mit aktuell ca. 30 € ebenfalls erschwinglich, wobei man im Idealfall natürlich ein paar mehr kauft.

Zur Aufbewahrung bietet sich zwar ein Bankschließfach an, ich rate aufgrund meiner Präferenz von Freiheit, Unabhängigkeit und Selbstbestimmung jedoch zur Verwahrung an einem sicheren Ort außerhalb der Finanzwelt. Vielleicht bei den Eltern, langjährigen Freunden oder in den eigenen vier Wänden, am besten in einem Haus-/Garten-Tresor (auch in kleine Tresore passt ein großes Vermögen). Verstecke, die auch von Dieben nicht so schnell gefunden werden, gibt es mehr, als Sie selbst denken. Vor allem für Münzen. Jetzt taucht automatisch die Frage auf: Und wie viel deponiere ich dort von was?

Niemand kann (und sollte) sagen, wie viel Prozent seines Vermögens man in Edelmetalle tauschen sollte, weil dies einfach unseriös ist und immer von diversen Faktoren abhängt. Am meisten hängt es von Ihrem eigenen Leben und der Frage ab: Wie wollen Sie wann leben und wie viel Geld brauchen Sie wann? Denn auch in Edelmetalle investiertes Geld wird irgendwann wieder den Weg ins Leben zurückfinden. Entweder in Ihres oder das Ihrer Erben. Und nur weil ich von Gold und Silber überzeugt bin, würde ich Ihnen nie raten, Ihr gesamtes Vermögen darin anzulegen. Aber von allem, was sie bisher in den roten Finanz-Ampel-Produkten »angelegt« haben, auf jeden Fall einen guten Teil, so Sie es nicht anderweitig benötigen.

Übrigens: Für mich gibt es bei der Edelmetall-Anlage nur einen wirklichen Stolperstein. Es sind weder die Kaufkosten noch die fehlende Dividende und auch nicht der nicht gezahlte Zins. Es ist vielmehr eine ethische Frage, die für manche Anleger*innen merkwürdig klingen mag. Mich beschäftigt sie trotzdem (auch als Selbst-Edelmetall-Anleger): Ist es richtig, dass wir Edelmetalle aufwändig, kostenintensiv, umweltzerstörend und unter menschenunwürdigen Bedingungen aus der Erde holen, nur um sie dann auf der Erde in Tresoren zu verwahren?

TIPP 82:

ÜBERLEGEN SIE, OB SIE INS (FAMILIEN-)EIGENE UNTERNEHMEN INVESTIEREN.

Was ist der beste Schutz vor Inflation (laut der Finanzindustrie)? Der Besitz von Sachwerten wie Edelmetalle, Immobilien(anteilen) oder Unternehmen(santeilen). Warum? Weil es sich hierbei um reale Werte handelt, von denen man ausgeht, dass sich ihre Preise entsprechend der Marktlage entwickeln – angepasst an die Inflation, die sozusagen »eingepreist« wird. Und: Sachwerte verfügen über eine Substanz, deren Wert auch unabhängig vom Marktgeschehen besteht. So zumindest die Theorie, denn natürlich ist keine Anlage auf der Welt komplett losgelöst von möglichen Entwicklungen und nicht alle Sachwerte steigen im Gleichschritt mit der Inflation. Aber im Gegensatz zu anderen (Zins-)Anlagen haben Sachwerte eben echte Gegenwerte, weshalb zum Beispiel gerade Aktien sehr beliebt sind als »Inflationsschutz«.

Das Problem hierbei ist aber nicht nur das Kursrisiko, sondern auch die Tatsache, dass Sie als Investor*in keinen Einfluss auf die Unternehmenspolitik, die Produkte etc. haben. Sie müssen hinnehmen, was kommt und stehen somit auch für Fehlentscheidungen der Unternehmensführer*innen mit Ihrem Geld gerade.

Warum investieren Sie Ihr Geld nicht lieber ins eigene Unternehmen bzw. in die eigene Selbstständigkeit?
*Wenn Sie sich als Angestellte*r nicht wohl fühlen, Ihren Arbeitsplatz zukünftig bedroht sehen oder freier sein wollen, könnten beispielsweise 30.000 €, die Sie sonst in irgendwelche Aktien stecken würden, in der Gründung Ihres eigenen Unternehmens besser angelegt sein. Ihre Arbeitskraft und Kreativität sind Ihre Rohstoffe. Sie sind das strahlende Edelmetall und Ihr Körper der beste Sachwert, den Sie haben. Zudem haben Sie im eigenen Unternehmen die Hand auf Ihrem Geld und entscheiden selbst, wie Sie es bestmöglich investieren. So können Sie mit Ihrem Startkapital dafür sorgen, dass Sie sich eine monatliche Rendite in Form von Gehalt zahlen und bauen sogar einen eigenen Unternehmenswert auf, den Sie vielleicht irgendwann durch einen Verkauf realisieren können.*

Wenn Sie das eigene Unternehmen als Aktie betrachten, können Sie sich über einen Wertzuwachs an Freude und Freiheit freuen, der mit keinem Geld dieser Welt zu bezahlen ist.

Ein Unternehmen zu gründen macht nicht nur beruflich freier, es schenkt uns auch eine ganz andere Lebensqualität, weil wir selbst es sind, die entscheiden und uns unsere Arbeitswelt so gestalten, wie wir es wollen.

Mehr Motivation und gute Gründe zum Gründen finden Sie übrigens in meinem Buch »Vom Glück der Freiheit«, zu dem auch Judith Williams, Georg Kofler und Jochen Schweizer (alle drei unter anderem bekannt aus der TV-Show »Die Höhle der Löwen«) sehr persönliche Geschichten beigesteuert haben, ebenso wie 17 andere spannende Unternehmer*innen-Persönlichkeiten.

Vielleicht haben Sie sogar schon ein eigenes Unternehmen oder sind bereits selbständig. Dann lohnt sich die Frage, wie Sie einen Teil Ihres Geldes unternehmerisch so anlegen könnten, dass Sie direkt und perspektivisch davon profitieren. Neue Werkzeuge, neue Technik, neue Produkte. Es gibt viele Bereiche, in denen eine gezielte Geldanlage erheblich weiterhelfen kann. Zudem sind Unternehmen, je nach Geschäftsform, auch eine steuerlich lukrative »Spar-Dose«.

Was für manche/manchen Angestellte*n noch realitätsfern klingen mag, beginnt bei einer/einem anderen vielleicht schon bald als Nebentätigkeit, zusätzlich zur bisherigen regulären Arbeit. Die Möglichkeit, sein Hobby als Teilzeitberuf auszuüben im eigenen kleinen Unternehmen, hat fast jede*r (kommt natürlich auf das Hobby und seine Vermarktbarkeit an).

Selbst als Rentner*in ist es eine Überlegung wert, einen Teil des Geldes und meist auch der reichhaltig vorhandenen Zeit dafür zu nutzen, einer sinnerfüllten Tätigkeit nachzugehen. Warum nicht im eigenen Unternehmen? Fragen Sie nicht: »Wer gründet schon als Rentner*in ein Start-Up?«. Eine Chance, damit eine echte Alleinstellung im Freundes- und Bekanntenkreis zu erreichen, bietet dies allemal. Und zudem noch die Freude des Neubeginns im letzten Lebensabschnitt samt Neugierde, neuen Herausforderungen und spannenden Kontakten. Vor allem, wenn es nicht nur als rein finanziellen Gründen getan wird.

Unterstützen Sie die Selbstständigkeit/das Unternehmen Ihrer Kinder/Enkel.

Wenn Sie kein eigenes Unternehmen gründen wollen; vielleicht haben es ja Ihre Kinder oder Enkel vor? Zu viele junge Menschen bekommen keine staatlichen oder bankseitigen Unterstützungen bei der Unternehmensgründung oder dem Wagen der eigenen Selbständigkeit.

> Vielleicht können Sie Ihren Liebsten finanziell unter die Arme grei-
> fen und Ihren Kindern/Enkeln dabei helfen, einen großen wichtigen
> Schritt in ihrem Leben zu gehen?

Dies muss nicht ein reines Geldgeschenk sein, sondern kann auch als
»Familiendarlehen« geschehen oder gar als (stille) Beteiligung im Unternehmen – je nach beiderseitigen Wünschen und Bereitschaften.

Ebenso könnten Sie ein aktiver Teil des »Familienunternehmens« werden, wenn Ihr Rat und/oder Ihre tatkräftige Hilfe gebraucht werden. So
liegt Ihr Geld nicht irgendwo nutzlos herum, sondern es lebt und erschafft
Neues. Oder sind beispielsweise 20.000 €, die zins- und sinnlos auf dem
Tagesgeldkonto herumliegen, beim eigenen (Enkel-)Kind nicht besser
aufgehoben, wenn sie sogar noch einen beruflichen Mehrwert bieten?
Fragen Sie doch einfach mal nach:

- *Welche beruflichen Ziele und Wünsche haben Ihre Kinder/Enkel?*
- *Was würden diese tun, wenn sie vollkommen frei wären?*
- *Welche Produkte würden sie liebend gern entwickeln, wenn sie das not-
  wendige Kapital hätten?*
- *Welche Leistungen würden sie anderen erbringen, wenn sie die unter-
  nehmerischen Möglichkeiten dazu hätten?*
- *Wie würde das Start-Up aussehen, dass sie gründen würden, wenn sie
  30.000 € zur Verfügung hätten als Startkapital?*

Finden Sie es heraus und beteiligen Sie sich am wohl Wichtigsten im
Leben: Ihren Liebsten.

TIPP 83:
PRÜFEN SIE, AN WELCHEN REGIONALEN
UNTERNEHMEN SIE SICH BETEILIGEN KÖNNTEN.

Sein Geld vor Ort investieren, damit Gewinne erzielen und anderen Menschen in der eigenen Region sogar noch etwas Gutes tun. Das wäre doch
was, oder? Und wer sagt denn, dass das nicht geht? Als börsengeprägte
Menschen, denken wir bei Unternehmensinvestitionen automatisch an
DAX-Unternehmen. Hier ist es über die ausgegebenen und frei handelbaren Aktien(anteile) natürlich leichter. Aber man kann sein Geld auch in
Nicht-Dax-Unternehmen anlegen. Nur erfordert dies eigene Aktivität, da die

meisten Unternehmen nicht aktiv auf die Finanzierung von Privatpersonen zurückgreifen. Aber dies kann ja noch werden – vielleicht durch Sie!?

Sie könnten beispielsweise auf die Suche nach regionalen Start-Ups gehen und die ansprechen, die Sie spannend finden und vom Ansatz her und/oder weil Sie die Gründer*innen überzeugen, gern unterstützen würden. Klingt aufwändig und erfordert natürlich Eigenaktivität, aber aus meiner Sicht gehen wir jetzt in ein (Geld-)Zeitalter, in dem wir als Anleger*innen selbst nach den für uns besten Lösungen suchen müssen. Und diese liegen meist fernab des Finanz-Mainstreams. Vielleicht ja bei Ihnen um die Ecke in der Start-Up-Schmiede der hiesigen Universität oder Fachhochschule?

Auch über Zeitungsinserate oder die Investment-Info in Student*innen-Verteilern können Sie Kontakte knüpfen. In jedem Fall beginnt mit der Suche eine spannende Reise – nicht nur für Ihr Geld, sondern auch für Sie.

Sie könnten auch die Unternehmen ansprechen, bei denen Sie gern einkaufen und/oder Dienstleistungen in Anspruch nehmen und fragen, ob man bei ihnen investieren kann. Dies mag noch merkwürdig klingen, doch wie sonst soll man an unentdeckte »Geldanlage-Perlen« kommen, wenn man nicht nach ihnen sucht? Nicht jedes Unternehmen sucht vielleicht einen neuen Anteilseigner oder Darlehensgeber, aber vielleicht können Sie Ihr Geld hier anderweitig anlegen. Zum Beispiel, indem Sie dem Unternehmen heute bereits eine größere Summe zur Verfügung stellen und sich dafür im Gegenzug seine Produkte zu heute festgelegten Preisen für die nächsten vielleicht zehn Jahre sichern.

Dies kann der Honiglieferant sein, der Gemüsehändler, der Bauernhof ...

Schließen Sie mit Ihrem ausgewählten Partner einen Vertrag über die Lieferung von Lebensmitteln. Über einige Jahre oder sogar bis zu Ihrem Lebensende. Auf diese Weise helfen Sie einem regionalen Anbieter, geben Ihr Geld in den örtlichen Kreislauf und sichern sich dafür stabile Preise für viele Jahre. So sieht ein natürlicher Inflationsschutz aus, der wirklich wirkt und zudem auch noch schmeckt. Übrigens: Ein Freund von mir macht genau dies und hat hiermit einem regionalen Landwirt mit einer fünfstelligen Summe heute weitergeholfen und sich selbst für die nächsten zehn Jahre einen guten Teil seines Essens gesichert. Eine tolle Win-Win-Situation!

Beteiligen können Sie sich auch an regionalen Genossenschaften, die aus Ihrer Sicht eine Unterstützung verdient haben und durch dessen Beteiligung Sie sich die Möglichkeit von Obst oder Gemüse sichern. Meine Frau und ich durften den WirGarten Lüneburg mitgründen und versorgen uns in der Gemeinschaft mit mehr als 500 Menschen auf acht Hektar Land und eigenen Gärten selbst mit frischem Gemüse. Eine bessere Crash-Vorsorge gibt es wohl kaum, zumal man hier sogar aktiv mitgärtnern kann, wenn man es möchte.

Sie können sich auch an überregionalem Unternehmertum beteiligen. Crowdinvesting macht's möglich. Bei Interesse einfach googeln. Plattformen und Projekte gibt es zahlreiche. Man muss nur aktiv werden und anderen helfen, um sich selbst zu helfen.

> Ganz gleich, welche Art des Unternehmens-Investments Sie für welchen kleinen oder größeren Teil Ihres Geldes auswählen: Als Regional-Investor*in werden sich mit Ihrem Investment garantiert verbundener fühlen als mit jeder anderen »alten« Geldanlage.

Zudem können Sie das Unternehmen, in das Sie investieren, viel besser einschätzen als einen DAX-Riesen, verfolgen seine Entwicklung (entweder live oder am Spielfeldrand) und freuen sich mit dem/der Unternehmer*in, weil Sie und Ihr Geld ein Teil von etwas sind, das jede Region dieser Welt braucht: menschliche Unterstützung.

TIPP 84:
PRÜFEN SIE, IN WELCHE BESITZTÜMER SIE GEWINNBRINGEND INVESTIEREN KÖNNEN.

Wer vor 50 Jahren eine Immobilie gekauft hat, der wird – je nach Region, Lage und Zustand – heute mit sehr großer Wahrscheinlichkeit ein sehr gutes Geschäft gemacht haben und sicher ein Vielfaches des damaligen Kaufpreises bei Verkauf herausbekommen. Aber es gibt auch kleinere Dinge, die teilweise atemberaubenden Preis-/Wertsteigerungen über die Jahre hingelegt haben. Es muss nicht immer ein Picasso-Gemälde sein, das in der Lage ist, seinen Wert im Zeitverlauf maßgeblich zu steigern – ohne dass Sie dafür selbst etwas aktiv tun.

> Werthaltige Güter sind auf jeden Fall eine gute mögliche Geldanlage, auch, wenn manche*r dies unseriös oder spekulativ finden mag. Doch was ist daran verwerflich, etwas real Existierendes zu kaufen, das man dann über einige Jahre behält, um es später wieder (gewinn-

bringend) zu verkaufen? Schließlich gibt es hier, im Gegensatz zu manchen Finanz-Geldanlagen, immer einen greifbaren Gegenwert. Und die Möglichkeiten des »Güter-Investments« sind schier unbegrenzt. Wichtig ist stets, sich so ausführlich wie möglich mit dem jeweiligen Anlagegut zu beschäftigen.

Kenner*innen von Whiskey oder Wein wissen oft aus eigener (Lager-)Erfahrung, wie sich die Preise mancher Sorten oder Jahrgänge über die Zeit vervielfachen. Was spricht dagegen, sich für beispielsweise 10.000 € einige Kisten ausgewählter Jahrgänge zu kaufen und diese dann ein paar Jahre liegen zu lassen in der Hoffnung auf einen guten späteren Verkaufserlös. Die Vergangenheit zeigt, dass nicht selten sogar mehr als die 40 % Alkoholgehalt (um beim Whisky zu bleiben) als Rendite dabei herauskamen. Wenn dies so ist, kann man sich beim gewinnbringenden Verkauf sogar mit gutem Gewissen eine Flasche als Belohnung genehmigen – oder zwei.

»Naturalien-Investments« in Form von Alkoholika sind nicht nur deshalb überprüfenswert, weil man durch sie auch in Krisenzeiten immer flüssig ist (und sich die Welt schöner trinken kann). Sie haben im Gegensatz zu Finanz-Geldanlagen auch keine laufenden Kosten (wenn man sie zu Hause lagert). Wenn man auf höhere Renditen aus ist, könnte ein Blick ins Glas also interessant sein.

Für alle Kunstlieberhaber*innen könnte sich ein ausgiebiger Galeriebesuch lohnen oder die Recherche nach angesagten Künstler*innen oder bereits jetzt schon begehrten Gemälden oder Skulpturen. Was heute schon interessant ist, wird zukünftig vielleicht noch interessanter (und teurer), was das Investmentrisiko natürlich senkt. Noch schöner ist es jedoch, wenn man etwas vor anderen entdeckt, das irgendwann den Einstiegswert bei Weitem übersteigt. Allein die Suche nach solchen Kunstschätzen kann sich lohnen, sowie die Freude am Kunstwerk, das man nicht im Keller verstecken muss, sondern im Wohnraum genießen kann.

Die Finger lassen würde ich hingegen von der in gewissen Kreisen extrem gehypten »Digital-Kunst«, genannt NFT (Non-Fungible-Token). Hier kauft man ein digitales Kunstwerk (eine Bilddatei). Diese wird dann zwar als unverwechselbares Unikat »signiert«, ist aber weiterhin kopierbar. Was das bringen soll, außer einen neuen »Markt« zu eröffnen, mit dem man wieder einmal nur Geld verdienen kann um des Geldverdienens willens, erschließt sich mir nicht. Aber vielleicht Ihnen ...

Ebenso können exklusive Autos und/oder Oldtimer (auch Motorräder) etwas für die Güter-Geldanlage sein. Wer Platz zum Lagern hat oder sich eine Garage hierfür leisten kann und will, kann viel Freude an seinem vier- oder zweirädrigen Schatz haben. Das Beste: Man könnte, zumindest ab und an, auch mal eine kleine Runde mit seiner Geldanlage fahren und erhält somit Zinsen in Form von einem Lächeln auf den Lippen und gegebenenfalls Fahrtwind in den Haaren.

Früher hätte ich ebenso nicht für möglich gehalten, dass man mit der rechtzeitigen Bevorratung von gewissen Rohstoffen finanziell goldrichtig liegen kann. Die Corona-Krise hat aber auch hier für neue Lerneffekte gesorgt, was alle wissen, die beispielsweise ein Haus bauen wollten oder Betriebe, die auf gewisse Baumaterialien angewiesen waren. Allein bei gewissen Holzarten gab es Preissteigerungen von mehr als 400 % innerhalb eines Jahres. Das heißt nicht unbedingt, dass Sie sich mit Metall, Eisen oder Holz bevorraten sollten, um daraus irgendwann ein Geschäft zu machen. Es zeigt vielmehr, was es alles an bisher von vielen unbedachten Ideen gibt, um sein Geld ertragreich zu vermehren.

Weitere Investmentmöglichkeiten bieten natürlich Diamanten und Porzellan, aber auch ungewöhnliche Geldanlage-Güter wie Handtaschen oder Sneaker. Bei guter Pflege und den richtigen Marken/Ausführungen lassen sich hier teilweise schon nach wenigen Jahren doppelte oder dreifache Einkaufspreise erzielen. Vor allem bei limitierten Ausgaben, was wiederum zeigt, dass es auch außerhalb der Finanzwelt möglich ist, mehr aus seinem Geld zu machen. Ohne riskante Wettgeschäfte, hohe Abschlussprovisionen oder umfangreiche Vertrags-Nebenwirkungen.

Auch gewisse Koi-Karpfen können im Lebenslauf wertvoller werden, wenn man einen entsprechenden (gesicherten) Teich dafür hat, um den Reiher einen großen Bogen fliegen. Und für Menschen mit grünem Daumen: Wie wäre es mit Bonsai-Bäumchen?

Es ist erstaunlich, was es bei echtem Interesse zur Recherche alles gibt, das kontinuierlich im Wert steigt. Historische Bücher, Zeitschriften, Konzertkarten, Filmplakate oder andere alte und meist rare Dinge sind für viele Sammler*innen interessant und kaufenswert. Vor allem die Erstausgaben besonderer Comics oder Bücher. Die komplette Harry-Potter-Sammlerbox der Erstauflage (limitiert auf 1.200 Stück und von der Autorin J. K. Rowling signiert) ist heute schon knapp 34.000 € wert. Das Prototyp-Album »Yesterday and Today« der Beatles, unterzeichnet von den vier, erreichte einen Auktionspreis von 203.200 €. Auch Lego-Sets, Comics, Schallplatten oder Sammelkarten bieten Potenziale. Jede*r findet etwas, das sie/er nicht nur aus Geldvermehrungs-Gründen kaufen würde, sondern auch aus eigener Freude.

Natürlich gibt's bei nichts eine Garantie darauf, dass der Wert im Zeitverlauf wirklich nennenswert steigt. Und selbst wenn es so wäre, ist ebenso nicht garantiert, dass man den aktuellen Wert auch beim Verkauf erhält. Was beim (für sich) richtigen Investment jedoch immer erhalten bleibt, ist die Freude am »guten Gut«, die sich vielleicht sogar zu einer echten Sammelleidenschaft ausweitet.

Übrigens: Wer denkt, für manche finanziell aufwändigere Anschaffungen nicht über genügend Kapital zu verfügen, kann sich auch mit einem/einer Freund*in oder mehreren zusammenschließen. Gemeinsam gefrönte Sammelleidenschaften verbinden und die Suche nach Austausch können viel Freude machen. Ein Ausflug mit dem Oldtimer, den man sich zu zweit oder dritt angeschafft hat, macht zusammen mehr Freude als allein. Und auch Schmuck freut sich, wenn er von mehreren Menschen getragen wird, die es gut mit ihm meinen. Selbst zu mehreren gekaufte Kunstwerke können gemeinsam genossen werden: Wie wäre es mit einer Wanderausstellung im Freundeskreis?

TIPP 85:
PRÜFEN SIE, WIE SIE DAS LEBEN IHRER LIEBLINGSMENSCHEN FINANZIELL UNTERSTÜTZEN KÖNNEN.

Bevor Sie Ihr Geld einer Bank anvertrauen und hoffen, dass diese gut auf Ihr Geld aufpasst (oder es vermehrt), sollten Sie lieber prüfen, ob es nicht Menschen gibt, bei denen Ihr Geld besser angelegt ist. Wie häufig höre ich von Fällen, wo (erwachsene) Kinder teure und druckmachende Kredite von Banken aufnehmen, obwohl ihre Eltern oder Großeltern finanziell in der Lage wären, ihnen das Geld (zinsfrei und druckloser) zu borgen (wenn nicht gar zu schenken, teilweise oder komplett). Ich weiß, dass viele aufgrund der landläufigen Meinung »Beim Geld hört die Freundschaft auf« lieber dazu neigen, sich Geld von Fremden zu leihen als von Freunden oder der Familie. Jede*r mag tun, was sie oder er tun möchte. Aber zumindest die Möglichkeit sollte man in Betracht ziehen, zumal sich auch Eltern (oder Großeltern) freuen, wenn sie ihren Kindern im Rahmen einer Familienfinanzierung eine unnötige Verschuldung ersparen und ihnen weiterhelfen können.

> Ein »Menschen-Investment« ist die wohl schönste, weil direkteste und sofort wirkende Art, sein Geld anzulegen, weil man hier mit eigenen Augen miterleben kann, was der Mensch, dem man sein Geld anvertraut, damit anstellt und welche (hoffentlich positiven) Auswirkungen es hat.

Entscheidend bei dieser Art des Investments sind zwei Faktoren:

1. Der MENSCH, in den man sein Geld investiert.
2. Der ZWECK, für den man es ihm/ihr überlässt.

Ein reines »Gaudi-Geld« kann man natürlich auch als (Groß-)Eltern mal springen lassen, ohne dass es entscheidend ist, wofür die Liebsten es verwenden. Besser sind jedoch gezielte finanzielle Unterstützungen, mit denen wir uns als Geldgeber*in idealerweise auch verbinden. Geben wir unserem Kind beispielsweise Geld für den Kauf einer Solaranlage fürs eigene Haus, helfen wir ihm beim Stromsparen und gleichzeitig der Umwelt. Wenn wir unser Kind besuchen, sehen wir unser Geld zudem jederzeit in materialisierter Form und können uns daran erfreuen, dass wir unserem Geld einen Sinn fürs Leben verliehen haben. Gleiches gilt für viele andere für Kind*er/Enkel wichtige Anschaffungen oder auch für Investitionen in die berufliche Aus- und Weiterbildung.

Unter diesem (Lieblings)Menschen-Investment verstehe ich jedoch nicht nur die Geldleihe (Kredit) oder die Geldschenkung, sondern auch jede Form von Investitionen, die die persönliche Bindung stärken. Wenn wir unser Geld als Brücke ansehen, durch die wir uns noch stärker mit unseren Lieblingsmenschen verbinden können, sollten wir es aktiv nutzen. Wenn wir es zum Beispiel verwenden, um mit unseren Liebsten etwas Gemeinsames zu erleben, mit ihnen Zeit zu verbringen, ganz besondere Momente zu genießen, erhalten wir dafür so viel mehr als eine Rendite in Form digitaler Zahlen auf dem Kontoauszug.

Investitionen in Beziehungen zu geliebten Menschen sind kein klassischer Konsum, der uns nur einmal Freude bringt. Wenn wir unser Geld richtig einsetzen, stärken wir das Band zwischen uns und den Menschen, die uns am Herzen liegen. Überlegen Sie doch einfach mal:

- *Welche Ihrer Lieblingsmenschen könnten ein Investment gebrauchen?*
- *Wofür genau?*
- *Und wie könnten Sie sich konkret beteiligen?*

Übrigens: Ein (Lieblings-)Menschen-Investment kann irgendwann natürlich auch vom gedachten zinslosen Kredit zum Geldgeschenk werden, wenn zum Beispiel das finanzierte Start-Up des Kindes doch nicht so läuft wie gewünscht oder Sie Ihr Geld (ganz oder in Teilen) einfach nicht zurückhaben wollen, sondern froh sind über die Rendite, die Sie in Form von sichtbarem Lebensglück Ihres Kindes zurückerhalten.

TIPP 86:
PRÜFEN SIE DEN KAUF EINER EIGENEN IMMOBILIE ODER EINE GEZIELTE INVESTITION ZUR WERTSTEIGERUNG IHRER BESTANDSIMMOBILIE.

»Ein Haus ist keine Altersvorsorge«, heißt es oft (gern von Aktien-Expert*innen, die Aktien als Altersvorsorge natürlich präferieren). Sicherlich ist die Wahrscheinlichkeit, sein Geld mit Aktien zu verdoppeln, um ein Vielfaches höher als die, dies mit dem eigenen Haus(wert) hinzubekommen (aufgrund der heute vielerorts sehr hohen Preise). Aber geht's darum überhaupt? Zudem ist ein Hauswert meist viel stabiler als eine Aktie (deren Wert sich auch mal innerhalb kurzer Zeit halbieren kann).

Das eigene Haus oder die eigene Wohnung (der Einfachheit halber spreche ich im Folgenden nur vom »Haus«) ist, neben den Kindern, die wohl größte »Geldanlage« im Leben vieler Menschen überhaupt. Und das vollkommen zu Recht.

> Wo könnte unser Geld besser aufgehoben als dort, wo wir es jeden Tag unseres Lebens (in materialisierter Form) sehen können? Gibt es etwas Besseres, als sein Geld permanent um sich zu haben? Und zwar so, dass es nicht weglaufen oder geklaut werden kann und uns schützend umgibt? Kommt dies dem wahren Sinn des Geldes nicht mit am nächsten?

Ja, es stimmt, das Geld ist dann »verbaut« und nicht flexibel anderweitig nutzbar. Aber ein Haus hat (wie Edelmetalle auch) IMMER einen Wert.

Die Bestandsimmobilie
Natürlich muss man sein Haus (im Wert) erhalten. Das kostet Arbeit und auch neues Geld, weil irgendwann Reparaturen am Haus anstehen. Oftmals werden die hohen Kosten für ein neues Dach als

Gegenargument herangezogen, die Fassadensanierung, die teure neue Heizung oder anderes, was ein Haus als Geldanlage unattraktiv machen soll. Zuerst einmal sind die realen Kosten oft nicht so hoch, weil z. B. Heizungen meist erst nach 10, 15 Jahren erneuert werden müssen und nicht die Welt kosten, manchmal nur 5.000 bis 10.000 €. Auch ein Dach kann locker 25, 30 Jahre halten. Zudem kann man vieles selbst reparieren (wenn man das Talent dafür hat oder sich entsprechend qualifiziert) und es finden sich auch kreative geldlose Alternativen für auftretende Probleme. Wer Handwerker*innen im Familien-, Freundes- oder Hobbykreis hat, kommt oftmals günstig oder sogar kostenlos an handfeste Lösungen.

Zumal wir mit dem Haus den Grundsatz »Lassen Sie Ihr Geld für sich arbeiten« endlich positiv umdrehen können in »Arbeiten Sie für Ihr Geld«. Was nach einem schlechten Deal klingt, kann in Wirklichkeit erfüllend sein. Ich kenne sehr viele Hausbesitzer*innen, die es lieben, an ihrem Haus herumzuwerkeln und/oder den Garten immer weiter zu verschönern. Obwohl es vielen gar nicht bewusst ist, halten aktive Hausbesitz*innen nicht nur ihre eigenen vier Wände in Schuss (erhalten sie im Wert oder steigern diesen sogar), sondern auch ihre eigene Gesundheit.

Heute kann man sich bezüglich benötigter Ressourcen relativ unabhängig machen und auch hierdurch auf jeden Fall langfristig Geld sparen. Sei es Solarenergie oder Photovoltaik, eine Sanierung in Richtung mehr Energieeffizienz oder eigene Wasseraufbereitungsanlagen. Ein Haus kann (richtig genutzt) sogar zum Geld-Spar-Haus werden, wenn man Energie und Ressourcen einspart, selbst produziert (und sogar verkauft) und/oder weniger davon extern einkaufen muss.

Von daher prüfen Sie bei Geld, das Sie »übrig« haben und normalerweise irgendwo anlegen würden, ob dieses in Ihrem Haus nicht besser angelegt ist. Welche gezielten Investitionen könnten Sie tätigen, die Ihnen selbst Freude machen, Ihre Lebensqualität erhöhen und außerdem noch zum Werterhalt oder sogar zur Wertsteigerung beitragen?

> **Für viele Menschen sind gerade die eigenen vier Wände ein entscheidender Faktor für ein glückliches selbstbestimmtes Leben. Wem nicht gekündigt oder die Miete erhöht werden kann, der lebt (sorgen-)freier. Wer eigenen Raum hat, kann ihn in seinem Sinne gestalten. Und wer etwas zu tun hat, drinnen wie draußen, rostet nicht, sondern bleibt in Bewegung.**

Natürlich bietet ein Haus auch Nachteile, keine Frage. Sei es das Sich-drum-kümmern-müssen, die jährlich zu zahlende Grundsteuer, die Unsicherheit der zukünftigen steuerlichen Behandlung. Da Immobilien nun einmal nicht so flexibel sind wie ungebundenes Kapital, eignen sie sich ideal für neue Besteuerungsarten. Ob diese kommen werden und wenn ja, wie diese konkret ausgestaltet sein werden, weiß niemand. Ein Grund, auf das eigene Haus zu verzichten, sind diese möglichen Steuer- oder Lastenausgleichs-/Zwangshypothek-Horrorszenarien für mich auf keinen Fall. Denn was wäre die Alternative? Zur Miete wohnen, wo man auch nicht weiß, was die Mietpreis- und Vermieterzukunft bringt? Für sein Geld immer wieder nach einem neuen Fluchtweg suchen? Lassen Sie sich nicht verrückt machen, auch nicht von allgemeinen Aussagen zu »dem« Immobilienmarkt, »den« Immobilienpreisen oder »der« Immobilienblase. Irgendwo gibt's IMMER einen Ausweg, eine Alternative und auch etwas, das zu uns (und unserem Geldbeutel) passt. Manchmal müssen wir dafür nur unsere inneren Wunsch-Immobilienbilder verändern, was für die Wohn- und Lebensqualität meist gar nicht so viele Abstriche bedeutet, wie man oft denkt.

Vor dem Kauf einer Immobilie
Das eigene Haus ist mehr als ein Rendite-Rechenbeispiel. Es ist ein Ort des eigenen Glücks, weil wir hier anders leben können, freier, selbstbestimmter als in einer Mietwohnung. Damit dies gelingt, müssen aber gewisse Voraussetzungen erfüllt sein, damit das Hausglück nicht zum Unglück wird. Folgende Bedingungen sollte die eigene Immobilie aus meiner Sicht erfüllen (ich habe hier die vier wichtigsten und eine optionale Wunschbedingung ausgewählt, weil ein ausführlicher Immobilienratgeber den Rahmen dieses Buches sprengen würde):

1. Haus und Grundstück sollten möglichst preiswert sein.

Bescheiden Sie sich bei der Haus- und Grundstücksgröße, dem Interieur und der Gestaltung der Außenanlagen. Das Haus an sich ist der Luxus! Wer sich zu viel leistet (was den Kaufpreis erhöht), muss dafür auch zu viel leisten (was die Arbeitszeit erhöht und/oder die Arbeitsdauer zur Kreditabzahlung). Halten Sie den Kaufpreis (samt aller Nebenkosten) so gering wie möglich. Zu viele wollen Ihr Traumhaus und vergessen, was dies finanziell vor allem auf lange Sicht für verpflichtende Auswirkungen hat.

2. Haus und Grundstück sollten sich
in einer werterhaltenden Lage befinden.

Heißt: Das investierte Geld sollte eine realistische Chance auf mindestens einen Werterhalt haben. Ob es in Ihrer Gegend (aus werterhaltender Sicht) sinnvoller ist, in die Stadt, an den Stadtrand oder aufs Dorf zu ziehen, kann ich nicht beurteilen. Im Zweifel ziehen Sie das preiswerte (weil für Sie bezahlbare) Haus, das von der Stadt entfernt liegt, dem Stadtzentrum vor (das den Wert vielleicht eher steigert, aber zu teuer ist und Sie in finanzielle Abhängig- und Schwierigkeiten bringen kann).

Eine Immobilie ist dann mit Sicherheit ein Verlustgeschäft, wenn man sich eine Villa auf Pump in der Pampa kauft, deren teuren Preis nur einer bereit ist zu zahlen: Sie selbst (was einen Wiederverkauf zu einem ähnlichen Preis wie dem, den man bezahlt hat, fast unmöglich macht). Von daher achten Sie auch darauf, dass Ihr Haus verkaufbar ist und zum Beispiel von Familien genutzt werden kann, eine gut nutzbare Raumaufteilung samt -größe bietet und keine teuren Extravaganzen beinhaltet, die andere vom (vielleicht irgendwann nötigen oder von Ihnen gewollten) Kauf abhalten könnten.

3. Nehmen Sie so wenig Immobilienkredit auf wie möglich!

Wenn Sie ein Haus kaufen/bauen, setzen Sie hierfür möglichst viel Eigenkapital, Eigenleistungen und/oder finanzielle Unterstützung der Eltern/Großeltern ein (zum Beispiel durch ein vorzeitiges Erbe, Schenkungen, zinslose Familienkredite). Je geringer Ihre finanziellen Zins- und Tilgungs-Verpflichtungen gegenüber einer Bank sind, desto besser. Achten Sie darauf, dass Ihre Immobilienschulden in jedem Fall vor Ihrem Renteneintritt getilgt werden können. In diesem Fall ist ein abbezahltes Haus auch rechnerisch eine gute Form der Altersvorsorge, weil Sie mietfrei leben und mehr Geld zum Leben überhaben. Schließlich ist die Miete nun einmal der größte monatliche Kostenfaktor in unserem Leben. Daher macht es in den allermeisten Fällen auch mehr Sinn, frei verfügbares Geld, das man übrighat, in die Schuldentilgung seines Immobilienkredites zu stecken als in irgendein Rendite versprechendes Finanzprodukt.

Übrigens: Oftmals rechnen sich getilgte Immobilienkredit-Schulden besser als eine »klassische« Geldanlage, wenn Sie durch Sonderzahlungen früher schuldenfrei werden und insgesamt weniger Zinsen zahlen. Anders kann's natürlich auch gehen, wenn man eine niedrige Tilgung wählt und das dadurch »gesparte« Geld zum Beispiel in einen ETF investiert, wie ich es früher gemacht habe. Dadurch habe ich mit dem eingesetzten Geld mehr erwirtschaftet, als mir die direkte Schuldentilgung gebracht hätte, wodurch ich am Ende schneller tilgen konnte als über den klassischen Finanzierungsweg. Dies ist jedoch keine Empfehlung (siehe **Tipp 60**), sondern eine Prüfempfehlung auf eigenes Risiko. Ich möchte nur aufzeigen, dass es immer mehr Möglichkeiten gibt, als man zunächst sieht oder als einem von der finanzierenden Bank aufgezeigt werden, und dass es darauf ankommt, die aus seiner Sicht besten Lösungen selbst zu suchen. Hierzu zählt auch die Einbindung von Eltern oder Geschwistern. Diese könnten zum Beispiel mit eigenen zur Verfügung gestellten Sicherheiten helfen, günstigere Kreditzinsen zu bekommen.

4. Das Wunsch-Plus: Die eigene Immobilie kann sogar Geld verdienen!

Wenn Ihr Haus zum Beispiel über eine Einliegerwohnung verfügt, können Sie hierüber sogar Zusatzeinkünfte erzielen, indem Sie diese vermieten (oder auch einzelne Zimmer). Vor allem im Alter kann diese Zusatzrente guttun – sowie das neue eingezogene Leben, zum Beispiel junge Menschen oder liebe Freunde, was den Alltag durchaus bereichern kann. So muss niemand allein leben und man unterstützt sich gegenseitig.

Von daher macht es Sinn, beim Bau oder Kauf darauf zu achten, dass ein Teil des Hauses als separate Wohnungseinheit genutzt werden kann. Im Zweifel kann sich sogar ein Anbau lohnen, statt das Geld alternativ in irgendwelchen Finanzprodukten versauern zu lassen.

TIPP 87:

PRÜFEN SIE DIE INVESTITION IN EINE FREMD-GENUTZTE IMMOBILIE, DIE SIE VERMIETEN KÖNNEN.

Lassen Sie andere Menschen Ihre Immobilie für Sie abbezahlen!
Was nach einem Traum klingt, kann Realität werden: aber nicht für jeden/jede Anleger*in, nicht überall und nicht mit jeder Immobilie. Das vorweg, damit ich nicht aus Versehen Ihre Gier erwecke, die hoffentlich schon seit vielen Seiten schläft.

> Vermietbare Immobilien können (wenn sie nicht zu stark kredit-
> finanziert sind) eine interessante Art der Geldanlage sein.

Man selbst geht hierbei hauptsächlich »nur« ins Risiko, da die Mietzahlungen die Finanzierung (Tilgung und Zins) im besten Fall komplett ab-
decken. Sie müssen somit »nur« dafür sorgen, dass Ihre Wohnung auch
durchgängig vermietet ist (und sich natürlich auch um anderes kümmern,
was Zeit kostet, sich aber in Anbetracht der Vorteile rechnen kann).

Natürlich spielen hier (wieder einmal) diverse Faktoren eine Rolle, um
zu klären, ob diese alternative Geldanlageidee ganz konkret etwas für
Sie sein kann, wie zum Beispiel die Mietpreise samt deren Entwicklung
in der jeweiligen Region, das Angebot von und die Nachfrage nach Miet-
objekten, die Preise für Mietimmobilien und zu erzielende Mieten, allge-
meine politische Entwicklungen (Mietpreisbremsen, Zwangshypotheken,
Grundsteuer, Hebesätze) usw. Konkret ist zudem zu klären, wie viel Sie
zum Beispiel monatlich für die Finanzierung eines Mietobjektes zahlen
müssten und ob sich diese durch die Mietzahlungen direkt decken lässt.

Komplett risikolos sind vermietbare Immobilien natürlich nicht, auch
neues Geld muss dann und wann für Renovierungen investiert oder als
Rücklage/Liquiditätsreserve vorgehalten werden für Unvorhergese-
nes. Man findet nicht immer sofort einen Nachmieter, wenn der alte aus-
zieht, es sind Reparaturen zu machen, manchmal gibt's Ärger mit dem/
der Mieter*in, irgendwas ist immer. Aber bei der passenden Immobilie
(preiswert und gut vermietbar hinsichtlich Lage, Zimmergröße und Miete)
mit der passenden Finanzierung ist es lohnenswert, sich hiermit einmal
genauer zu beschäftigen.

Übrigens: Möglich ist auch eine Mischung aus eigener selbst- und fremdgenutzter Immobilie. Wenn man sich beispielsweise eine Immobilie zu-
legt und diese viele Jahre vermietet, zahlen die Mieter*innen (zumindest
einen Teil) des Kaufpreises für einen ab und man kann später – vielleicht im Alter – dann über die Regelung des Eigenbedarfs selbst in seine
eigene Wohnung ziehen. Dies ist insbesondere für Menschen interessant,
die vielleicht später im letzten Lebensabschnitt in der Stadt leben wollen und sich schon frühzeitig die passende Wohnung sichern möchten.
Oder man kauft ein Doppelhaus, zieht in eine Hälfte ein und vermietet
die andere.

Aber nicht nur an Privatpersonen können Immobilien(räume) vermietet
werden. Sie könnten auch in Erwägung ziehen, ein gewerbliches Mietob-
jekt zu kaufen, in welches dann Selbständige und/oder Firmen einziehen.

Nicht selten haben gewerbliche Mieter*innen den Vorteil, dass sie über viele Jahre in den Räumlichkeiten bleiben, weil Firmen in der Regel nicht so oft umziehen wie Privatpersonen, was wiederum sichere langfristige Mieteinnahmen für Sie mit sich bringen kann.

Manche Immobilienobjekte lassen sich sogar so optimal nutzen, dass mehrere (kleinere) Firmen einziehen können. Und auch eine Mischung aus Privat- und Gewerbemieter*innen ist eine Möglichkeit, wenn man Lust hat, sich hiermit intensiv zu beschäftigen.

Ferienimmobilien als spannende Immobilien-Idee

Alle, die von einer Ferienwohnung im Süden träumen, um dort die kalten Wintermonate verbringen zu können, könnten sich diesen Traum erfüllen.

Statt sein Geld jahrelang in irgendwelche Fonds zu sperren, kann eine Ferienimmobilie gleich mehrfach Freude bereiten. Einerseits, weil man sie selbst nutzen kann, und andererseits, weil man sie in den anderen Monaten vermieten (lassen) kann.

In manchen Südländern gibt es Häuser für einen Euro. Die Gemeinde Cinquefrondi in der süditalienischen Region Kalabrien bot dieses ungewöhnliche Modell zum Beispiel an, um ihre Städte und Dörfer am Leben zu erhalten. Die einzige Bedingung: Man musste das (verlassene) Haus innerhalb von drei Jahren renoviert haben. Für manch rüstige (Handwerker-)Rentner*innen sicherlich eine überlegenswerte Möglichkeit.

Manche kaufen ihre In- oder Auslands-Traumimmobilie in jüngeren Jahren, vermieten diese selbst oder durch einen Anbieter vor Ort (was meist eine bessere Wahl ist) und ziehen dann irgendwann im Alter selbst ein, um den Lebensabend am Wunschort zu verbringen.

Ebenso kann man sich eine Immobilie zusammen mit Familienmitgliedern oder sehr guten (möglichst langjährigen) Freunden kaufen, die man dann gemeinsam nutzt. Oder man kauft als (Groß-)Eltern eine Wohnung, die man dann günstig an die eigenen Kinder/Enkel vermietet. Immobilien mögen zwar unbeweglich sein, aber in und mit ihnen ist viel Bewegung möglich, wenn man sich gute (kreative) Gedanken macht.

Übrigens: Alle Krisen haben bekanntlich auch ihre guten Seiten. Gerade in Südländern gibt es sehr preiswerte Immobilien, die vielleicht nicht immer unseren Qualitätsvorstellungen gerecht werden, aber müssen sie das? Wenn Sie für 20.000 € irgendwo, wo's Ihnen gefällt, eine kleine Finca erwerben und diese im schlimmsten Fall in ein paar Jahren weniger wert ist: Ist das wirklich ein Verlust? Oder hat Ihnen dieses Investment nicht im Gegenteil viele Jahre schöne warme Wintermonate beschert und eine neue Lebensqualität (wie dem/der Verkäufer*in der Immobilie durch den Verkauf ggf. auch)?

»Wer suchet, der findet.« Gilt auch für (Auslands-) Immobilien.

TIPP 88:
PRÜFEN SIE DIE INVESTITION IN EIGENES LAND.

Gemeint ist damit nicht ein eigenes Grundstück, auf dem man selbst ein eigenes Haus bauen möchte. Dies kann man natürlich vorsorglich und rechtzeitig kaufen, wenn man in ein paar Jahren plant zu bauen oder es den Kindern hierfür schenken möchte (wenn's keine Bebauungsfristen gibt, die den eigenen Plänen zuwider sprechen).

> **Gemeint sind hiermit Ländereien, die man möglichst günstig kauft, um sie später teurer zu verkaufen.**

Am preisgünstigsten sind natürlich Äcker und Wiesen, die im besten Fall später erst zu Bauerwartungs- und dann zu Bauland werden. Hier kann man sich über hohe Wertsteigerungen freuen, wobei diese natürlich nicht planbar und garantiert sind. Ebenso gibt es immer wieder freie Baugrundstücke, die man sich preiswert sichern kann, wenn man rechtzeitig dran ist.

Möglichkeiten des Grundstücks-Scoutings
Ich weiß, es ist nicht leicht, an Grundstücks-Schnäppchen heranzukommen, gerade in der heutigen Zeit, aber es ist eben auch nicht unmöglich. Man muss es nur selbst möglich machen, indem man aktiver und kreativer ist als andere, die ebenfalls nach so etwas suchen. Einige Beispiele:

- Sie könnten in Ihrer Region Ausflüge machen mit dem Auto, Fahrrad oder zu Fuß und nach freien Baulücken suchen. Über Gespräche mit den Nachbarn lassen sich nicht selten schnell die Eigentümer*innen ermitteln, die man gezielt ansprechen kann.
- Ebenso hilft es oft, in seinem Familien-, Freundes- und Bekanntenkreis von seiner Grundstückssuche zu erzählen. Irgendwer kennt immer

jemanden, der oder die entweder selbst ein Grundstück verkaufen möchte oder wiederum jemanden kennt, der/die dies vorhat.

- Auch bei Landwirten oder Förstern lohnt es sich, einmal vorstellig zu werden und seine Land-Wünsche zu platzieren. Vielleicht finden Sie ja einen Landwirt, der, vielleicht aufgrund finanzieller Engpässe oder geplanter Hofaufgabe oder -verkleinerung, Teile seiner Ländereien verkaufen will und diese lieber an Sie als an einen Großinvestor oder Hedgefonds weitergibt.

Empfehlenswert ist vor allem die Suche abseits des normalen Weges, heißt: Erkunden Sie ruhig Gegenden, die nicht stark bewohnt scheinen oder wo nur Trampelpfade oder Sandwege hinführen. Oft finden wir bei der Suche mit ganz weit geöffneten Augen selbst in unserer Region noch Orte, die wir noch nie gesehen haben.

- Ich selbst war früher mit einem guten Freund auf Zwangsversteigerungen, wo immer wieder interessante Grundstücke (und Häuser) zu erwerben sind.
- Ebenfalls könnten Sie Anzeigen in regionalen Blättern aufgeben oder auch aktiv vor Ort bei Bewohner*innen klingeln und fragen, ob's hier in der Gegend freies Land zu verkaufen gibt. Den Versuch ist es in jedem Fall wert, bereits VOR der Veröffentlichung eines Landverkaufs an der richtigen Stelle zu sein.
- Wer in einem Verein aktiv ist, bei der Feuerwehr, im Chor oder wo auch immer, wo viele Menschen zusammenkommen, hat sicherlich die besten Chancen, an besondere Landangebote zu gelangen, bevor diese publik und somit jedem zugänglich werden. Man muss sie nur aktiv nutzen.
- Eine weitere Idee ist die gezielte Suche nach sehr großen Grundstücken, die die Möglichkeit einer Teilung bieten. Nicht selten sind diese Grundstücke in Besitz älterer Leute, die sich vielleicht sogar freuen, wenn sie auf dem (für sie allein) viel zu großen Land noch nette Gesellschaft haben.

> **Ausschließen sollte man auf der Suche nach einem eigenen Stück Land nichts und stattdessen alle kreativen Wege ausprobieren. Vor allem die, die so ungewöhnlich klingen, dass man der/die Einzige ist, der/die sie begeht.**

Und was, wenn Sie etwas gefunden und gekauft haben, es aber nicht einfach nur »liegenlassen« wollen?

Möglichkeiten der Grundstücks-Nutzung

Je nachdem, welches Land Sie erworben haben, bietet sich vielleicht die Möglichkeit, es mit dem Bau bzw. der Umnutzung einer Lagerhalle zu nutzen, die man dann wiederum lukrativ vermieten kann. Ein guter Freund erzielt mit der Vermietung von Hallen und Kellerräumen ein stattliches monatliches Zusatzeinkommen. Entscheidend ist immer nur die Nachfrage, was mich gelehrt hat, Ländereien und Immobilienobjekte mit einer ganz offenen Einschätzung anzusehen, weil manchmal mehr drin ist, als man mit dem eingefahrenen Blick sieht.

Haben Sie Ackerland, das bewirtschaftet werden kann, könnten Sie überlegen, es an eine Gemüsegenossenschaft zu verpachten, wie wir es mit »unserem« WirGarten Lüneburg als Pächter getan haben. Auch Naturschutzvereine freuen sich je nach Länderei, wenn sie es für ihre Projekte nutzen können. Vielleicht eignet sich Ihr Land auch als perfekter Waldkindergarten oder Spielplatz, als Fußballwiese oder Kreativraum für Kids, Flugplatz für Hobby-Pilot*innen von ferngesteuerten Flugzeugen, Reitplatz oder vieles mehr. Nicht immer muss die Nutzung entgeltlich sein. Oft sind es gerade die unentgeltlichen Projekte, die wir mit unseren Ländereien ermöglichen, die anderen (und uns) einen besonderen Mehrwert stiften.

Was ist mit Wäldern oder Streuobstwiesen als Geldanlage?

Diese Empfehlungen liest und hört man häufiger, aber ich halte davon nichts. Natürlich sind es reale Werte, aber mal im Ernst: Was wollen Sie damit? Wenn Sie einen Ofen haben, können Sie vom Wald zwar das Holz zum Heizen nutzen. Aber dann brauchen Sie auch einen Sägeschein und Ausrüstung und Verpflichtungen (finanziell wie real) haben Sie Ihrem Wald gegenüber auch. Ein Wald als Besitz ist mehr Arbeit, als manche denken. Irgendwas ist eben immer. Das gilt auch für die Streuobstwiese. Es klingt so schön: Sein eigenes Obst ernten und gleichzeitig über seine natürliche Geldanlage flanieren. Aber auch Streuobstwiesen machen Arbeit. Die Frage ist: Sind Sie bereit, diese hierfür zu investieren?

Wer Wälder und/oder Streuobstwiesen liebt, für den kann dies etwas sein – aber dann bitte nicht vorrangig als Geldanlage, sondern als geldunterstütztes Hobby. Ich weiß von Menschen, die eine Quittenbaumwiese geerbt haben und nun mit voller Leidenschaft ihren Quittenschaumwein herstellen. Wenn's geht, kann man eigenes Land natürlich für die eigenen Hobbys nutzen. Auch das ist möglich, wenn man clever investiert und geeignete Hobbys hierfür hat.

Nicht alles, was real ist und das man mit Geld kaufen kann, eignet sich als Geldanlage. Aber vielleicht mehr, als man heute denkt, wenn man denn mal intensiv darüber nachdenkt.

TIPP 89:
PRÜFEN SIE MÖGLICHE FINANZ-CRASH-AUSWIRKUNGEN AUF IHR LEBEN UND BEREITEN SIE SICH ENTSPRECHEND VOR.

Wenn Sie von einem großen Finanz-Crash ausgehen und von dessen schlimmen finanziellen Auswirkungen, machen Sie sich bewusst:

Solch ein einschneidender Finanz-Crash hätte nicht nur Folgen auf Ihr Geld (darüber wird aber hauptsächlich berichtet), sondern auch auf Ihr Leben. Die meisten denken beim Finanz-Crash »nur« an einen Börsenabsturz. Es ist aber cleverer, die ganze Kette bis zu Ende zu durchdenken, so weit wie dies aus heutiger Sicht und Unwissenheit um den exakten Crash eben möglich ist.

Wenn die Börsen crashen, sagen wir um mehr als 50 %, vielleicht 70 % abstürzen, und auf längere Sicht auch in dieser Kurstiefe gefangen bleiben, und/oder wenn Anleihenmärkte schwer unter Druck kommen oder weitere Finanzkatastrophen passieren, etwa Insolvenzen großer Player wie Banken, dann kann das zuerst zu gravierenden Schwierigkeiten für die betroffenen börsennotierten Unternehmen führen, deren Aktienkurse wegbrechen, was wiederum zu Problemen hinsichtlich Finanzierungen führen kann, z. B. sofort zur Rückzahlung gestellte Kredite, Rating-Rückstufungen in der Bonität, Liquiditätsprobleme, Gewinneinbrüche, Verluste, Entlassungen.

Große Verwerfungen an den Finanzmärkten können erhebliche Kollateralschäden verursachen, weil ihre Kurse, Zinsen und Bewertungen teils immense Bedeutung für die Realwirtschaft haben. Aber ebenso auch für Großinvestoren wie Hedgefonds, Staaten oder Versicherungsgesellschaften, deren Investitionen dann auch in den Abwärtsstrudel geraten, was wiederum ganz andere Dominosteine in Gang setzt.

Natürlich ist es ärgerlich, wenn Ihre Aktien oder Anleihen drastisch an Wert verlieren. Aber sind mögliche Auswirkungen solch einer großen Krise auf Ihre Lebensgestaltung nicht viel schwerwiegender?

Was ist, wenn aufgrund beschriebener Probleme einzelne Unternehmen pleitegehen oder einfach nicht mehr produzieren und liefern können? Was ist, wenn Sie gewisse Produkte privat brauchen und nicht mehr bekommen (oder nur zu exorbitanten Preisen)? Was ist, wenn Sie beruflich auf gewisse Lieferungen angewiesen sind, die Lieferketten aber abbrechen ob weltweiter Turbulenzen? Was ist, wenn einzelne Rohstoffe knapper werden und unbezahlbar? Was ist, wenn Ihr Job plötzlich in Gefahr gerät, weil Ihr Arbeitgeber auch ein Teil der »Finanz-Kette« ist? Oder wenn Ihre Miete plötzlich stark erhöht wird, weil Ihr Vermieter finanzielle Probleme hat? Oder Energie- und Lebensmittelpreise explodieren? Oder, oder, oder ...

Es kann viel passieren, was um Einiges schlimmer sein kann als »nur« ein Geldverlust. Wenn Sie davon ausgehen, dass es richtig crashen wird, bereiten Sie sich nicht nur finanziell vor, sondern vor allem materiell und emotional.

Materielle Vorsorge

Ideen gibt es hierfür genug, wenn man »Krisenvorsorge« googelt. Sei es die Bevorratung mit Strom durch einen eigenen Generator, Lampen, Batterien, Heizgeräte, Wasser, Nahrung, Medikamente. Es ist immer gut, wenn man (zumindest für eine gewisse Zeit in einem gewissen Rahmen) vorbereitet ist. Denn das ist das Gegenteil von »in Angst erstarren«. Vielen gibt es das gute Gefühl, nicht schutzlos ausgeliefert zu sein, wenn's kracht. Da man die meisten Krisenvorsorge-Utensilien auch dann gebrauchen kann, wenn der Crash doch länger auf sich warten lässt, spricht nichts dagegen, diese anzuschaffen. Im Gegenteil. Diese Art des krisenvorsorgenden Ausgebens von gerade übrigem Geld kann im Notfall zum besten Investment Ihres Lebens werden, weil es selbiges überhaupt noch ermöglicht bzw. es erträglich(er) macht.

Auch überdenkenswert ist die Frage nach Investitionen, die man vielleicht erst in ein paar Jahren getätigt hätte, die man gegebenenfalls vorziehen kann. Wenn Sie von steigenden Rohstoffpreisen oder wegbrechenden Lieferketten ausgehen, kann ein Investitions-Vorzug clever sein.

Überlegen Sie außerdem, wie Sie eigentlich Ihren Alltag gestalten werden, wenn's kracht. Was fehlt Ihnen gegebenenfalls noch an Dingen, damit Sie dann gut durch die Tage kommen? Wie können Sie noch unabhängiger werden, damit's (fast) egal ist, was da draußen passiert? Im Zuge der Corona-Krise stieg die Anzahl an verkauften Wohnwagen und Wohnmobilen nicht umsonst. Wenn man nirgendwo hinreisen durfte oder nur unter erschwerten Bedingungen, kann das »fahrende Hotelzimmer« eine tolle Alternative sein – auch »nach« Corona.

Selbst-Vorsorge

Investieren sollten Sie auch in Ihre eigenen körperlichen, geistigen und seelischen Fähigkeiten, um den Crash und Krisen auch non-finanziell bestmöglich durchzustehen. Jede Investition, die Sie in sich selbst tätigen, rentiert sich mehr als alle anderen Geldanlagen der »alten« Finanz-Generation. Ganz gleich, wie viel Rendite sie erwirtschaften. Denn Investitionen in einen selbst wirken direkt, sind spürbar und entwickeln Sie im besten Fall nicht nur weiter, sondern verbessern auch Ihr Leben.

Investieren Sie in die drei wichtigsten Gesundheits-Anlageklassen: Körper – Geist – Seele

Mit einem fitten Körper durchsteht man Krisenzeiten deutlich besser als mit einem kranken und anfälligen. Helfen können hierbei eigene Fitness-geräte für Zuhause, Akupressurmatten sowie Faszienrollen, eine Wasser-filteranlage, energetische Hilfsmittel und vieles weitere mehr.

Auch Ihrer psychischen Disposition sollten Sie besondere Aufmerksam-keit schenken. Krisen verursachen Stress. Je klarer Sie im Kopf sind und je stressfreier Sie leben, desto weniger verfallen Sie im Notfall in Pa-nik. Wie wäre es mit Online- oder Präsenzseminaren zu Themen, die Sie interessieren? Oder mit Denkspielen, Rätselheften, Diskussionsrunden mit spannenden Gesprächspartnern oder kniffligen Aufgaben, die gelöst werden wollen?

In welche Ihrer Fähigkeiten könnten Sie gezielt investieren, um besser zu werden oder etwas neu zu lernen, um sich zum Beispiel Fremdleistun-gen zu sparen und Dinge selbst tun zu können? Dem Partner die Haare schneiden, Kleidung selbst nähen und flicken, kochen, backen, Dinge selbst reparieren können, gesundheitliche Probleme heilen. Für welche Dinge und Dienstleistungen, für die Sie sonst Geld ausgeben, die aber nach dem Crash vielleicht nicht mehr erhältlich sind, könnten Sie sich (gegen jetzt ausgegebenes Geld) selbst qualifizieren? Was könnten Sie erlernen, damit Sie im Krisennotfall gut über die Runden kommen und sich in wichtigen Dingen selbst helfen können?

Je besser Sie ganz persönlich vorbereitet sind und je mehr Sie kön-nen, desto weniger Sorgen müssen Sie sich vor dem Crash oder vor Krisen machen und können sorgenfrei leben.

TIPP 90:

BAUEN SIE SICH EINEN ECHTEN FREUNDES- UND BEKANNTENKREIS AUF, DAMIT SIE SICH IM CRASHFALL GEGENSEITIG GELD- UND GEGENLEISTUNGSLOS UNTERSTÜTZEN KÖNNEN.

»Geteiltes Leid ist halbes Leid«, »Echte Freunde stehen zusammen. In guten, wie in schlechten Zeiten«, »Ein Leben lang Seite an Seite gehen«. Wir alle kennen diese Sätze und sollten dafür sorgen, dass sie auch in unserem Leben mehr sind als Worte.

> Vor allem in schwierigeren Zeiten ist es wichtig, nicht allein zu sein und sich mit Gleichgesinnten zusammentun, um sich gegenseitig zu unterstützen. Zusammen schaffen wir eben mehr – auch Krisen durchzustehen.

Ich bin immer wieder erstaunt, wie stark der Fokus vieler Menschen auf dem Geld und der Frage nach der »richtigen« Anlage liegt. Zu viele verwenden zu viel Zeit darauf, sich hiermit zu beschäftigen, statt sich um die Dinge zu kümmern, die im Krisen- und im Nicht-Krisen-Fall viel größere Auswirkungen haben. In Zeiten, wo manche Hunderte, oder gar Tausende Freund*innen in den sozialen Netzwerken haben, ist es noch essenzieller, echte Freundschaften zu pflegen – in der Wirklichkeit, mit gegenseitigen Treffen, intensiven Gesprächen und spürbarer wie emotionaler Nähe.

Wenn's kriselt oder crasht, sind menschliche Netzwerke nicht nur hilfreich, sondern oft auch unbezahlbar. Nicht nur, weil man bei seinen Freund*innen gegebenenfalls finanzielle (Not-)Hilfe bekommen kann, sondern auch, weil jede*r über andere Fähigkeiten, Kontakte und Möglichkeiten verfügt. Haben wir Menschen in unserem näheren Umfeld, die sich auskennen mit Gesundheit, Ernährung, Fitness, Technik, Handwerklichem und vielem mehr, was wir im Alltag brauchen, müssen wir den (Finanz-)Crash und seine möglichen Auswirkungen nicht fürchten.

Und selbst, wenn's nicht crasht, ist es mehrwertig und lebensbefördernd, einen guten Freundeskreis zu haben und diesen freudvoll zu pflegen. Ein Hoch auf das gute alte menschliche Tauschgeschäft, das beiden Seiten nutzt und Mehrwerte bietet.

Es lebe der Mensch! Leben wir unser Menschsein doch auch in vollen Zügen.

NEUNTES KURZ-FAZIT
»CRASH-VORSORGE«

Und: Wird's crashen? Wann? Was verliert? Was gewinnt?

Wenn Sie's genau wissen, schreiben Sie mir unbedingt eine Mail an my@youlife.de (dann kann ich noch schnell das Passende kaufen ☺).

Doch vorher: Was nehmen Sie mit aus diesem Kapitel? Welche neuen Investitionen werden Sie mit Ihren Finanzen tätigen?

Tipp 81: Investieren Sie in Edelmetalle.

Tipp 82: Überlegen Sie, ob Sie ins (familien-)eigene Unternehmen investieren möchten oder können.

Tipp 83: Prüfen Sie, an welchen regionalen Unternehmen Sie sich beteiligen könnten.

Tipp 84: Prüfen Sie, in welche Besitztümer Sie gewinnbringend investieren können.

Tipp 85: Prüfen Sie, wie Sie das Leben Ihrer Lieblingsmenschen finanziell unterstützen können.

Tipp 86: Prüfen Sie den Kauf einer eigenen Immobilie oder eine gezielte Investition zur Wertsteigerung Ihrer Bestandsimmobilie.

Tipp 87: Prüfen Sie die Investition in eine fremdgenutzte Immobilie, die Sie vermieten können.

Tipp 88: Prüfen Sie die Investition in eigenes Land.

Tipp 89: Prüfen Sie alle möglichen Auswirkungen eines Finanz-Crashs auf Ihr Leben und bereiten Sie sich entsprechend vor.

Tipp 90: Bauen Sie sich einen echten Freundes- und Bekannten-kreis auf, damit Sie sich im Crashfall gegenseitig geld- und gegenleistungslos unterstützen können.

KAPITEL 10

ALTERNATIVEN ZU FINANZ-PRODUKTEN

INVESTIEREN SIE IHR GELD IN SICH UND IHR LEBEN, WEIL ES FÜR NICHTS ANDERES GEDACHT IST!

»Was wäre, wenn es 99 % der heutigen Finanzprodukte nicht gäbe: Wäre Ihr Leben dann unsicher und nutzlos? Wären Sie unglücklich?«

Die Finanzindustrie versucht (leider oft erfolgreich) zu suggerieren, dass Sie Ihr Geld zurzeit doch gar nicht brauchen und es daher lieber bei ihr anlegen sollen. Oder dass Sie von Ihrem Einkommen genug für später sparen sollten – natürlich in einem ihrer Sparpläne. Auch lenkt die Finanzindustrie Sie vom Wesentlichen ab, indem sie Ihre Aufmerksamkeit auf mögliche Gefahren, Ängste und Sorgen lenkt, um mit der dadurch erzeugten Angst Versicherungen zu verkaufen. Oder sie weckt Ihre Gier und verführt Sie mit »günstigen« Kreditangeboten zum Sofortkonsum von Dingen, die Sie ohne das geliehene Geld meist gar nicht gekauft hätten.

In jedem Fall stellt die Finanzindustrie ihre Lösungen für Ihre – von ihr erst geschaffenen wie auch echten – Probleme als alternativlos dar. Als könnte man Geld, das man aktuell nicht braucht, nur in Finanzprodukten anlegen oder nur Sicherheit erlangen, wenn man sich versichert. Dies ist jedoch nicht wahr bzw. nur dann, wenn Sie das Spiel nicht durchschauen und sich die Verantwortung für Ihr eigenes Leben nehmen lassen.

Je klarer Sie sich sind über Ihr Leben, Ihre Bedürfnisse, Ziele und Wünsche, je besser Sie Ihren Geldbedarf kennen und Ihre Möglichkeiten, so zu leben, wie Sie es wollen, desto bedeutungsloser werden Geldanlagen, Sparverträge, Kredite oder Versicherungen.

Wer nicht mehr nur vom Geld aus denkt und als nächsten Gedanken die Frage nach dem dazu passenden Finanzprodukt stellt, ist auf dem richtigen Weg. Und dieser besteht aus sechs einfachen Fragen, die bei vielen Menschen alles auf den Kopf stellen, was sie in Sachen Finanzprodukte bisher entschieden haben:

1. Wie will ich leben?
»Heute und in Zukunft.« Hiervon hängt alles Weitere ab, weshalb Sie sich hiermit am häufigsten und intensivsten beschäftigen sollten. Denken Sie von Ihrem eigenen Leben aus und bauen Sie dann alle dafür notwendigen Aktivitäten darauf auf.

2. Was brauche ich, um so leben zu können, wie ich es möchte?
Träume und Ziele sind wundervoll, wenn Sie es von der Wunschvorstellung auch bis in unsere Wirklichkeit schaffen. Bauen Sie daher unter die Wolken Ihres Wunschlebens passende Treppen, damit Sie das Ge-

*wünschte auch erreichen können. Wer beruflich frei sein möchte, sich
eigene vier Wände oder eine eigene Familie wünscht, sollte sich fragen, wie dies gelingen kann, also was es alles zum Gelingen braucht.*

3. Was kann ich persönlich aus eigener Kraft dafür tun?

*Meistens werden die eigenen Möglichkeiten bei der Wunscherfüllung
bzw. Zielerreichung vollkommen unterschätzt. Dabei sind wir es, die
hierfür maßgeblich sind. Fragen Sie sich daher, wie Sie Ihrem Wunschleben nur aus sich heraus mit persönlichen Aktivitäten näherkom-
men – geldlos.*

4. Wie können andere mir kostenlos helfen?

*Wer Teil einer Familie, eines Freundeskreises und/oder eines wie
auch immer aussehenden menschlichen Netzwerkes ist, weiß, dass
es immer jemanden gibt, der einem bei gewissen Vorhaben mit Rat und
Tat helfen kann. Nutzen wir unsere Möglichkeiten, indem wir anderen
von unseren Wünschen erzählen und fragen wir sie um kostenlose
Hilfe, die wir auch bereit sein sollten, ihnen zuteilwerden zu lassen,
wenn diese sie wiederum brauchen.*

5. Wie kann ich mein Geld zielführend und zu meinem Leben passend einsetzen?

*Nachdem wir alle kostenlosen Möglichkeiten ausgeschöpft haben, soll-
ten wir uns fragen, wie wir unser Wunschleben mit einem gezielten Geldeinsatz realisieren können. Welche Produkte und Güter sind unseren Zielen und Wünschen dienlich? Welche Dienstleistungen anderer helfen uns
weiter? Wo kann unser Geld am besten in unserem Lebenssinne wirken?*

6. Bei welchen Dingen, die ich anders nicht oder nur schwerlich erreichen kann, könnten mir Finanzprodukte helfen?

*Erst NACHDEM wir alle geldlosen und direkt geldkostenden Möglichkei-
ten ausgelotet und soweit sinnvoll ausgeschöpft haben, sollten wir uns
überhaupt mit Finanzprodukten beschäftigen. Nur wenn es Dinge gibt,
die weder wir selbst noch andere mit oder ohne Geld erreichen oder
regeln können, dürfen wir einen Blick in die Finanzwelt riskieren. Aber
bitte nur mit den in **Tipp 49** beschriebenen eigenen Suchkriterien.*

Was glauben Sie wäre das für eine Revolution, wenn wir alle immer nach
diesen sechs Fragen vorgehen würden? Wir müssten keine Geldanlage
tätigen, keine Versicherung abschließen, keinen Kredit aufnehmen, nur
weil man uns irgendetwas gerade zufällig präsentiert. Wir würden den
Finanz-Spieß umdrehen und unser Leben samt Geld selbst in die Hand
nehmen und nach unseren eigenen Regeln vorgehen.

Geld gehört eben ins Leben – nicht in die Finanzindustrie! Das sollte immer nur die allerletzte Wahl sein, wenn man wirklich nicht mehr weiß, wohin sonst damit (aber genau daran sollten wir alle arbeiten, oder?).

> **Das Allermeiste im Leben ist, auch wenn die Finanzindustrie dies nicht gern hört, OHNE Finanzprodukte möglich.**

Diesen Satz müsste man permanent wiederholen, weil er die Bemühungen der alten Geld- und Finanzwelt ab absurdum führt mit ihren Werbebriefen, -anrufen oder »Beratungsgesprächen«, in denen es oftmals rein um den Verkauf irgendeines Produktes geht.

> **Das Allermeiste im Leben ist OHNE Finanzprodukte möglich.**

Schon oft habe ich mich gefragt, wie die Menschen nur vor 100 Jahren gelebt haben, wo es die allermeisten der heute existierenden Finanzprodukte gar nicht gab. Was für ein unwürdiges Leben muss das gewesen sein. Die armen Finanzproduktlosen.

In Wahrheit gibt es nur drei Dinge, für die Sie die Finanzindustrie überhaupt brauchen (könnten!):

1. Sie brauchen ein Konto (weil Sie damit Zahlungsverkehr regeln müssen)

Ein Konto ist das Einzige, was finanziell wirklich alternativlos ist. Sie könnten zwar theoretisch alle Zahlungen bar tätigen, aber das kostet so hohe Gebühren, dass es sich nicht rechnet, und außerdem werden die meisten Anbieter diese Variante wahrscheinlich nicht akzeptieren.

2. Sie brauchen Geld (also einen Kredit)

*Dabei kann die Finanzindustrie helfen, muss sie aber nicht, weil es auch andere Alternativen gibt. Einige davon finden Sie in **Tipp 98**.*

3. Sie möchten sich absichern (eine Versicherung für oder gegen etwas abschließen)

*Auch hierzu gibt es Alternativen in Form geldloser Aktivitäten oder eigener Vorsorge durch direkte Geldverwendung (siehe **Tipp 94**).*

Das Finanzangebot, in dem Sie überhaupt suchen sollten, weil Sie nur das brauchen könnten, ist also sehr überschaubar und an einer Hand, okay, maximal zwei Händen abzählbar (siehe meine Finanz-Ampel).

Logisch, wenn wir den Blick weiten und uns beispielsweise die glück-
lichsten Völker unserer Welt ansehen wie die Menschen in Okinawa, die
oft über 100 Jahre alt werden und dabei gesund und fröhlich sind. Was
meinen Sie, welche Rolle spielen dort Finanzprodukte? Gar keine. Und
Geld? Wenn überhaupt, dann nur eine untergeordnete. Warum machen
wir es ihnen nicht gleich – und sind und bleiben glücklich.

TIPP 91:

MACHEN SIE IHR GELD ZU GLÜCKSGELD UND TAUSCHEN SIE ES IN GLÜCKSBRINGENDE ERLEBNISSE.

Sehen Sie in Geld mehr als Nüsse, die man wie ein Eichhörnchen sam-
melt, ohne sie jemals alle verzehren zu können. Leben Sie eine neue
Definition von Geld und tauschen Sie es bewusst zurück ins Leben. Was
geschieht wohl mit der Billion Euro, die in Deutschland zins- und sinn-
frei auf Girokonten liegt, und knapp sieben weiteren Billionen in allerlei
anderen Anlagen? Sie verweilen dort unangetastet und ohne Verwendungszweck für heute oder später in einem Geldgefängnis, das einem
»Sonstiges-Ordner« im Computer gleicht, in den man alles legt, was man
nirgendwo zuordnen kann, weil es keine klare Bestimmung hat.

Das heißt natürlich nicht, dass Sie Ihr Geld jetzt mit vollen Händen für
egal was ausgeben. Dafür ist die darin umgetauschte vorher geleistete
Arbeit zu schade, da Sie diese dann gleich mitentsorgen würden. Schade
um die verschwendete Lebenszeit.

> Vielmehr sollte es darum gehen, bisher ungenutztes Geld in Glücks-
> geld zu verwandeln und es bewusst und gezielt zu nutzen. Wofür?
> Für die Dinge, die Sie glücklich machen, denn darum geht es bei
> ALLEN Geldausgaben.

Warum kaufen Sie sich einen neuen Fernseher? Zum Beispiel weil dieser größer ist und einen schärferen Bildschirm hat. Warum ist Ihnen das
wichtig? Weil Sie so Ihre Lieblingsserien und -filme mehr genießen können. Warum ist Ihnen das wichtig? Weil Sie sich gern unterhalten lassen.
Warum ist Ihnen das wichtig? Weil Sie dadurch entspannen und sich vom
anstrengenden Tag erholen. Warum ist Ihnen das wichtig? Weil's Ihnen
dann besser geht, sie ausgeruhter sind, entspannter. Warum ist Ihnen das

wichtig? Weil Sie dann glücklicher sind. Und warum ist Ihnen das wichtig? Warum wollen Sie glücklich sein? Blöde Frage.

Jede*r möchte glücklich sein und dafür gibt es keine tieferliegende Begründung. Nach Glück kommt nichts mehr. Glück ist das Ende jeder (menschlichen) Frage- und Geldkette (Sie können es auch gern Zufriedenheit nennen).

Sobald uns dies bewusst ist, sollten wir dann nicht unser komplettes Konsumverhalten infrage und gegebenenfalls auf den Kopf stellen, indem wir uns fragen:

- **Was macht mich WIRKLICH glücklich?**
- **Wie will ich WIRKLICH leben?**

Wir könnten bei unserem Konsumverhalten vorgehen, wie bei der Prüfung von Finanzprodukten, indem wir uns also nicht fragen: »Ist dieses oder jenes etwas für mich?«, sondern vielmehr: »Was brauche ich dazu, um glücklich zu sein, und was könnte mir dabei helfen?«. Vor dem Hintergrund dieser letzteren Frage suchen Sie dann gezielt nach den Konsumgütern oder -leistungen, die Ihnen eindeutige Mehrwerte bieten – und zwar körperlich, geistig, seelisch, emotional.

Die Vorteile von gezieltem lebensmehrwertigen Konsum sind zahlreich. Wir erhalten für unser Geld einen erlebbaren Gegenwert, der uns entweder ein Problem löst, es lindert oder für Freude sorgt.

Daher sollten wir uns mit gezielten Fragen herantasten an den Konsum, der uns in unserem Leben wirklich bereichert, zum Beispiel:

1. Wie viel Geld steht mir monatlich für Konsum zur Verfügung, bzw. wie viel möchte ich von dem, was nach der Finanzierung meines Lebensstandards übrig ist, dafür lockermachen?
Eine festgelegte monatliche Konsum-Summe hilft uns, einem teuren Konsumrausch und damit ungebremstem Konsumieren zu entgehen. Natürlich müssen wir diese Summe nicht zwingend jeden Monat ausgeben. Wir können sie auch gezielt sparen, um uns dann nach mehreren Monaten mit mehr Geld mehr auf einmal oder etwas Teureres leisten zu können.

2. Welche Lebensbereiche sind mir am wichtigsten bzw. wofür möchte ich mein Geld vorrangig ausgeben?
Wenn wir uns nur von außen inspirieren lassen, können wir hier blitzschnell in die Verführ-Falle tappen, weil wir uns von den jeweils

aktuellen Angeboten leiten lassen, die meist nichts mit unseren Top-Lebensthemen zu tun haben.

Legen wir unsere wichtigsten Lebensthemen lieber selbst fest, überlegen danach, was hier jeweils für uns wichtig ist, und suchen dann nach »Geldausgabe-Möglichkeiten«, die uns hierbei gezielt weiterhelfen.

Welche der folgenden Themen sind für Sie beispielsweise grundsätzlich wichtig und welche davon spielen vielleicht aktuell die erste Geige. Ich fange mit ein paar Hauptthemen an, Sie ergänzen gegebenenfalls:

☐ körperliche Gesundheit

☐ geistige Gesundheit

☐ seelische Gesundheit

☐ Partnerschaft

☐ Familie

☐ Freundschaften

☐ Wohnen

☐ Beruf

☐ Hobby(s)

☐ Urlaub

☐ _____

_____

Wenn Sie nun wissen, was Ihnen *wirklich* wichtig ist (und idealerweise in welcher Rangfolge), müssen Sie sich nur fragen, welcher Konsum diese Ihre angekreuzten Lebensthemen befördert und damit Ihr Glück. Befördert ein geplanter Konsum nichts von allem: Lassen Sie's lieber und konzentrieren sich auf »Lebensförderliches.«

3. Welche Menschen liegen mir am Herzen und wie könnte ich mit meinem Geld dazu beitragen, dass sie heute und/oder zukünftig ein noch besseres Leben führen?

Unser Geld wird auch dann zu Glücksgeld, wenn wir es nicht ausschließlich für uns nutzen, sondern uns fragen, wem wir es sonst noch zuteilwerden lassen können. Wer sind Ihre Lieblingsmenschen und wobei könnten Sie ihnen finanziell helfen – auch mit kleinen Summen?

Erlebnis geht vor Ertrag! Setzen Sie Ihr Geld für Dinge ein, die Ihr Leben erlebbar besser, schöner, leichter, aufregender und Sie glücklich(er) machen.

Möglichkeiten des Glückskonsums gibt es zahlreiche. In jedem Fall sollten diese ein Erlebnis für Sie sein, Ihr Leben bereichern und möglichst einen nachhaltigen Eindruck hinterlassen. Ob Fallschirmspringen oder Drachenfliegen, Klettern, Kanufahren, Segeln, Surfen, Skifahren, Rennfahr-Events, Ausflüge mit Quads, Massagen, Wellnessbehandlungen, Tanzen, Kochkurse, Fotoshootings, Escape-Room-Abenteuer, Erlebnisse mit Tieren oder Delfinschwimmen. Vieles ist möglich, nur sollte es zu Ihnen und Ihren wichtigsten Lebensthemen (siehe Punkt 2) passen.

Um die richtigen, zu Ihnen passenden Erlebnisse zu finden, könnten Sie sich herantasten, indem Sie sich beispielsweise fragen:

- *Adrenalin oder Entspannung: Was suche ich (wann) eher?*
- *Allein, zu zweit oder mit mehreren: Welche jeweiligen Erlebnisse passen zu mir, meinem/meiner Partner*in, meinen Freundschaften?*
- *Anderen zusehen oder selbst aktiv sein: Was hilft mir wann am meisten weiter?*
- *Drinnen oder draußen? Mit Fahrzeugen, Menschen oder Tieren? Einmalig oder regelmäßig?*

Wenn wir unsere wahren von innen kommenden Bedürfnisse und unsere bestimmenden Lebensthemen (siehe Punkt 2) als Grundlage nehmen, werden wir die dazu passenden Erlebnisse sicher finden.

Das Beste an Erlebnissen ist doch ihre Fünffach-Freude, die sie uns ermöglichen.

Zuerst die Suchfreude nach dem richtigen Erlebnis, dann die Vorfreude, wenn wir uns entschieden haben. Schließlich die Erlebnisfreude, bei der wir unser Geld endlich verkonsumieren und die Freude ganz unmittelbar spürbar wird. Und danach die Nachfreude, bei der wir das Erlebte oft immer wieder vor unserem inneren Auge Revue passieren lassen. Nicht zu vergessen auch die Erzählfreude, die unsere Augen nochmals funkeln lassen, wenn wir anderen vom Erlebten berichten.

Erlebnisse sorgen also auf mehreren Ebenen für Resonanz-Rendite. Ist Geld nicht dafür da? Schließlich »opfern« wir einen Großteil unserer Lebenszeit, um über die geleistete Arbeit Geld zu bekommen. Tauschen wir es also auch (zu Teilen, klar) zurück in eine erlebnisreiche Lebenszeit, die wir so richtig genießen und für die sich das Aufwenden der Arbeitszeit gelohnt hat. Wenn Sie mit Ihrem Geld nichts anfangen, es nur jahrelang immer weiter horten und ziellos sparen, wofür arbeiten Sie dann überhaupt oder haben hart und lange gearbeitet?

TIPP 92:

NUTZEN SIE DIE BESTEN GELDANLAGEN DER WELT.

Neben der Möglichkeit, sein Geld über Konsum »lebendig« zu machen (bei dem das darin investierte Geld dann natürlich weg ist ohne realen bleibenden Gegenwert), können Sie auch Besitztümer nutzen, um Ihr Geld besser anzulegen als in Finanzprodukten. Doch Vorsicht: Nicht alle eignen sich als Glücksgeld-Wandler. Was schätzen Sie: Wie viele der insgesamt existierenden Produkte und Güter sind wirklich nützlich?

Wer einmal mit bewusstem Blick durch den Supermarkt geht, fragt sich nicht nur am Joghurtregal, ob die Welt wirklich diese unfassbare Vielzahl braucht, oder? Und Joghurt kann man wenigstens noch essen. Aber was ist mit den unzähligen Artikeln, die wir in Kaufhäusern, Krims-Krams-Läden, Boutiquen, Ein-Euro-Läden usw. finden? Wer braucht das alles? Und vor allem: Brauchen SIE das wirklich?

Machen Sie einfach den Selbstcheck und schätzen mal, wie viele Gegenstände Sie besitzen. Vor hundert Jahren hatte jede Familie ungefähr 180. Heute sind es oft mehr als 10.000 Dinge, die uns gehören und nicht selten überall verstreut herumliegen. Wer schon einmal einen Raum oder vielleicht auch nur einen Schrank seines Zuhauses komplett aufgeräumt und alle darin befindlichen Dinge nach aktuellem Nutzzweck betrachtet hat, wird nicht selten überrascht sein, was man alles Überflüssiges findet (das zumeist Geld gekostet hat).

Wie viel Prozent Ihrer Besitztümer brauchen Sie wirklich? Wie viele nutzen Sie regelmäßig, welche nur einmal im Jahr (wenn überhaupt)?

Ich finde, alles, was man die letzten zwei Jahre nicht benutzt hat, kann weg, oder? Entweder verkauft man es, verschenkt es an Menschen, die es wirklich brauchen und nutzen, oder man entsorgt es. Übrigbleiben sollten nur die Dinge, die wir wirklich brauchen, über deren Sinn (oder Unsinn) wir uns also Gedanken gemacht und eine bewusste Entscheidung getroffen haben.

Das nutzzweckorientierte Ausmisten führt nicht nur zu einer materiellen und anschließend emotionalen Erleichterung. Es ist auch eine wunderbare Vorübung für die Anschaffung neuer Güter, die NICHT in der Garage, auf dem Dachboden, im Keller oder an irgendwelchen sonstigen Verwahrstellen versauern, sondern unser Leben spürbar verbessern. Sei es weil sie unseren Alltag erleichtern, unsere Freizeit verschönern, unsere Gesundheit verbessern, unseren »Lifestyle« unterstützen oder was auch immer.

Wenn SIE wissen, was Ihnen wichtig ist, wie SIE leben wollen und welche Lebensthemen für SIE Priorität haben, orientieren Sie sich daran, bevor Sie etwas Neues anschaffen, und stellen sich selbst die richtigen Fragen wie zum Beispiel:

Welche Glücksgüter könnten mir helfen, körperlich gesund zu werden und/oder zu bleiben?
Dies könnten alle Gerätschaften oder Hilfsmittel sein, die Ihren Körper in Bewegung bringen. Das eigene (kleine) Fitnessstudio zu Hause oder einzelne Geräte, die sich nach Gebrauch gut verstauen lassen. Oder alles, was Räder hat, wie Fahrrad, Roller, Inliner, Skateboard. Oder die radlosen In-Bewegung-Bringer wie Trampoline, Tischtennisplatten, Basketballkorb-Ständer oder auch individuell auf unseren Körper und unseren Laufstil zugeschnittene Laufschuhe.

Aber auch andere Güter können unserer körperlichen Gesundheit förderlich sein. Zum Beispiel ein Wassersprudler, durch den man sich das Kistenschleppen spart. Auch eine körpergerechte Matratze und ein ergonomisches Bett können einen positiven Effekt auf Ihren Körper haben. Schließlich befindet sich dieser ein Drittel des Tages (und Lebens) darauf. Und falls Sie das zweite Drittel, die Arbeit, oft sitzenderweise verbringen, kann ein bandscheibenschonender Stuhl helfen, Ihre Rückseite zu stärken und zu stützen.

Welche Glücksgüter bewahren mir meine geistige Gesundheit?
*Alles, was unser Gehirn in Aktivitäten bringt, erfreut unseren Geist.
Dies kann das Zeitschriften-Abonnement sein, das Ihnen Wissen zu
Themen liefert, die Sie interessieren. Das können aber auch Bücher,
Denksportaufgaben, Denk-/Strategiespiele, das Selberbauen, Selber-
renovieren sein. Kurzum: alles, was Ihren Geist vor (neue) Herausfor-
derungen stellt und ins produktive Rotieren bringt.*

**Welche Projekte möchte ich in diesem oder dem nächsten Jahr
angehen und welche Güter könnten mir dabei dienlich sein?**
*Wenn Sie planen, ein Haus zu bauen oder umzugestalten, eine mehr-
wöchige Reise organisieren oder ein Familienfest, einen Verein gründen oder sich selbständig machen möchten: Jede Form von »Projekt«
und umfangreicher Aufgabe fordert Ihren Geist heraus und gibt ihm
die Nahrung, die er braucht, um zu (über)leben und in Bestform zu
kommen. Und wenn Sie Ihr anvisiertes Herzensprojekt gut durchdacht
haben, werden Sie auch schnell herausfinden, welche Glücksgüter es
dafür noch anzuschaffen gilt.*

Weitere hilfreiche Fragen:

- *Wenn ich mir meinen Alltag anschaue: Welche Güter könnten ihn mir erleichtern?*
- *Wenn ich an meine Freundschaften denke: Was könnte ich kaufen, um
unsere gemeinsame Zeit zu verschönern?*
- *Welche Güter könnten mir helfen, meine Hobbys noch mehr zu genießen?*
- *Was sind derzeit meine größten drei Probleme und was gibt es, das ich
kaufen könnte, um sie zu lösen oder eine Lösungsfindung zu erleichtern?*

Was auch immer Ihnen einfällt an eigenen guten Fragen, die zu Ihren
wichtigsten Lebensthemen passen: Suchen Sie nach zu Ihnen passenden
Antworten. Oft bringt einen erst die richtige Frage auf gute Gedanken, in
positive Bewegung und somit zum gesuchten Glücksgut.

Vor allem in Zeiten (stark) steigender Preise wie aktuell kann es für Sparfüchse sogar lohnend sein, lieber jetzt etwas Gewünschtes zu kaufen, als
dafür in ein paar Monaten viel mehr Geld aufbringen zu müssen.

Übrigens: Glücksgüter müssen nicht immer brandneu sein. Wir sollten
uns viel häufiger fragen, ob wir Güter wirklich immer im Neuzustand
kaufen sollten oder ob es hier und da nicht auch sinnvoll sein kann (und
günstiger), Gebrauchtes zu erwerben und so einem anderen Menschen
direkt etwas Gutes zu tun, weil dieser Besitz loswird und dafür Geld er-

hält, von dem er sich wiederum etwas für sich Passendes kaufen kann. Nicht immer ist der Neu-Zustand entscheidend. Hauptsache, das erworbene Gut ist gut für uns.

TIPP 93:
NUTZEN SIE DIE BESTEN SPARVERTRÄGE DER WELT.

Sparen Sie Ihr Geld nicht ziellos in irgendwelche Sparpläne, um davon vielleicht irgendwann spontan mal irgendetwas kaufen zu können, das Ihnen dann gerade in den Sinn kommt.

> **Investieren Sie Ihr Geld lieber heute konkret in Ihr Leben, denn diese Geldanlagen bringen immer die besten Glücks-Renditen.**

Moment: Heißt das, Sie sollten gar nicht sparen und Ihr Geld sofort »auf den Kopf hauen«, wenn's auf dem Konto eingeht? Natürlich nicht.

Sparen ist super, wenn es zielgerichtet geschieht und mit einem (zumindest ungefähren) Enddatum versehen wird. Schließlich verzichten Sie durchs Sparen für später genau heute schon auf Geld und sollten wissen, wann Sie das Spargeld wofür benötigen. Denn auch gespartes Geld entfaltet erst dann seinen Sinn, wenn es wieder ins Leben zurückgetauscht wird.

> **Es gibt auch andere Wege zu sparen als in »klassischen« Sparverträgen. Die besten Sparverträge der Welt sind aus meiner Sicht vor allem regelmäßige Investitionen in die eigenen Fähigkeiten, einen fitten Körper und Geist und menschliche Beziehungen.**

Jegliche Investition, die wir monatlich in uns selbst tätigen, kommt uns nicht nur heute zugute, sondern bringt uns auch langfristig erheblich voran, wenn wir uns passend fördern und »besparen«.

Sparvertrag 1: Regelmäßige Investitionen in Ihre Fähigkeiten
Was können Sie bereits gut und was könnten Sie noch verbessern? Niemand lernt aus, auch nicht in seinem Fachgebiet. Fragen Sie sich, welche Ihrer Fähig- und Fertigkeiten Sie mit regelmäßigen Investitionen weiter ausbauen oder verfeinern könnten. Fassen Sie gezielte Aus- und Weiterbildungen ins Auge, Volkshochschulkurse, Onlinekurse bei Spezialist*innen. Vielleicht könnten Ihnen auch Fachzeitschriften-

Abos weiterhelfen oder gewisse Computer-Programme oder Apps, um noch besser zu werden.

Fragen Sie sich weiterhin, was Sie zusätzlich noch erlernen wollen oder könnten. Etwas Musikalisches, Handwerkliches, Technisches. Kochen, Backen, Nähen, Stricken, Gärtnern, YouTuben, Podcasten, Schreiben. Oder eine Weiterbildung in Steuerfragen. Dadurch können Sie direkt Geld sparen, weil Sie entweder keinen/keine Steuerberater*in mehr brauchen, oder mehr aus Ihrer Steuererklärung herausholen. Wie wäre es, wenn Sie sich in Gesundheitsdingen weiterbilden, etwa selbst eine Ausbildung machen zum/zur Heiler*in, Homöopath*in, Masseur*in, Akupunkteur*in, Kräuterkundler*in, um nur ein paar Beispiele zu nennen.

Manche unserer Fähigkeiten bringen nicht nur uns voran, sondern auch andere, weil wir ihnen dann unentgeltlich helfen können. Zudem können wir durch neues Wissen und Können auch Geld sparen, weil wir Dinge selbst erledigen können und keine (teuren) externen Dienstleister dafür brauchen. Im Gegenteil: Wir selbst avancieren zum/zur Spezialist*in, der/die mit dem neu Erlernten Geld verdient über die eigene Leistung oder die (Ausbildungs-)Weitergabe an andere.

Wir können unsere neuen Fähigkeiten gezielt zum dauerhaften Geldverdienen nutzen, ob in einer nebenberuflichen Tätigkeit oder in einem »richtigen« Job. Selbst kleine monatliche Summen plus eigenmotiviertes Lernen können auf lange Sicht große Wirkungen entfalten.

Sparvertrag 2: Regelmäßige Investitionen in Ihre körperliche Gesundheit

Unser Körper ist das Einzige, das wir garantiert von Geburt an bis zu unserem Lebensende immer bei uns haben. Daher macht es Sinn, sich hierum besonders zu kümmern.

Fragen Sie sich daher: In was könnten Sie Teile Ihres Geldes tauschen, um Ihre körperliche Gesundheit zu stärken? Zum Beispiel durch gezielte (Mehr-)Investitionen in guttuende Nahrungsmittel, am besten regional, ökologisch, saisonal. Wer beispielsweise täglich einen »Nahrungs-Regenbogen« genießt mit Grünem (wie Salat), Rotem (wie Tomaten, Paprika), Gelbem (wie Mais, Bananen) und allem anderen, was »gesund-bunt« ist, der isst sich förmlich fit.

Eine Gesundheits-Grundnahrungsversorgung kann man sich fast überall in Form monatlicher (Spar-)Beiträge von Bio-Märkten, Bauernhöfen oder regionalen Gemüsegenossenschaften erwerben.

Der Besuch eines Fitnessstudios hilft ebenso beim Gesundhalten des Körpers. Yoga, Pilates, Qi Gong oder Ähnliches haben auch deshalb wohltuende Wirkung, weil man Freude daran hat oder entwickeln kann. Spannend ist ebenfalls ein Gesundheitscheck beim Hausarzt/der Hausärztin, der den aktuellen Zustand des Körpers einmal auf den Prüfstand stellt und klar aufzeigt, wo wir auf einem guten Weg sind und wo wir noch etwas tun sollten. Auch ein Blutbild kann uns hierbei unterstützen, zeigt es doch unmissverständlich, wovon wir zu viel oder zu wenig im Blut haben. Sei es Zink, Eisen, Magnesium, Calcium, seien es bestimmte Vitamine ... Kennen wir die einzelnen »Füllstände«, können wir gezielt nachfüllen, damit unser Körper idealerweise wieder läuft wie geschmiert.

Schade, dass manche Menschen besser über ihren Kontostand oder die Entwicklung ihres Portfolios Bescheid wissen als über das, was in ihrem Körper los ist.

Bei wem es hier und da zwickt, der kann gern auch sogenannte alternative Heilformen ausprobieren wie Homöopathie, Akupunktur (oder Akupressur, die man selbst durchführen kann) oder Kinesiologie.

Bei aller Körperanstrengung und -behandlung ist natürlich auch die Entspannung nicht zu vergessen. Ob ein Wochenendbesuch im Wellnesshotel, der wöchentliche Saunabesuch, die regelmäßige Massage (klassisch oder Thai), Entspannungsbadesalze, Nahrungsmittel zur Entgiftung, Öl- und Duftbäder, Räucherstäbchen zur Mediation.

> Alles, was Ihrem Körper hilft, wirklich zu entspannen, sollten Sie regelmäßig tun und sich so auf lange Sicht »gesund-sparen«.

Sparvertrag 3: Regelmäßige Investitionen in Ihre geistige Gesundheit

Was könnten Sie sich kaufen, welche Dienstleistung buchen, die Ihren Verstand gezielt fordert und fördert? Ob Volkshochschule oder Internetanbieter: Kurse, bei denen man sich geistig weiterentwickeln kann, gibt es unzählige, zu vielen unterschiedlichen Themen: Gedächtnistraining, Zeitmanagement oder Selbst-Organisation, Sprachlernkurse .... Was würden Sie gern lernen, was gern können?

Auch Handarbeiten wie Quilten, Nähen, Stricken oder Basteln tun unserem Geist gut, vor allem, wenn wir das in geselliger Runde praktizieren.

Regelmäßige Männer-, Frauen- oder gemischte Stammtischrunden erfreuen den Verstand natürlich auch. Das funktioniert – inklusive Essen und Trinken nicht nur in einem netten Lokal, sondern – mit nur wenig Geldeinsatz – auch in der Privatrunde bei einem Mitglied zuhause, nach dem Motto »Jeder ist mal dran«.

> Alles, was wir nicht im geistigen Autopilot tun, für das wir unseren Kopf neben der geselligen Unterhaltung auch noch brauchen, hält uns geistig frisch und bringt unseren Verstand voran.

Sparvertrag 4: Regelmäßige Investitionen in Ihre seelische Gesundheit

Auch unsere seelische, emotionale Gesundheit können wir fördern. Sei es durch geführte Meditationen (die man sogar kostenlos auf YouTube findet), ausgefallene regelmäßige Events wie Lach-Yoga oder Naturerlebnisse wie »Waldbaden«. Ebenso können uns, je nach Gusto, gezielte »seelische Aus- und Weiterbildungen« helfen wie Hypnose, Schamanismus, Heilkunde oder auch mehrtägige oder sogar mehrwöchige Klosteraufenthalte, eine mehrmonatige Pilgerreise. Ihre Seele und Ihre Intuition wird Ihnen mitteilen, was das Ihre ist. Dafür muss man sich auf die Suche machen – mit neugierigen Augen, offenem Herzen und frei von Vorurteilen.

Sparvertrag 5: Regelmäßige Investitionen in Ihre Lieblingsmenschen

Befragt man Sterbende, was sie in ihrem Leben am meisten bereuen, kommen laut der ehemaligen Palliativkrankenschwester Bronnie Ware oft die gleichen Antworten.

- Platz 1: »Dass ich nicht MEIN Leben gelebt habe.«
- Platz 2: »Dass ich nicht mehr Zeit mit meinen Lieben verbracht habe.«

Daher sollten wir »Liebes-sparen«, also in menschliche Beziehungen investieren, denn diese bereichern unser Leben, schenken uns Bindung, Freude, Wertschätzung, gegenseitige Hilfe und so vieles mehr, was nicht mit Worten zu beschreiben ist.

> Überlegen Sie, wie Sie Teile Ihres Geldes gezielt in die Beziehung zu Ihren Lieblingsmenschen investieren können.

Machen Sie sich hierfür zuerst klar, wer dies für Sie überhaupt ist. Wer sind zum Beispiel Ihre Top 10-Menschen? Ihr*e Partner*in, Kind*er, Enkel, Eltern, Großeltern, Geschwister, Freund*innen, Nichten und Neffen, Onkel und Tanten, Nachbarn, Arbeitskolleg*innen …

Mit wem verbringen Sie bereits viel Zeit (und gern noch mehr)? Mit wem zu wenig? Was tun Sie mit Ihren jeweiligen Lieblingsmenschen am liebsten, wenn Sie zusammen sind? Und wie könnten Sie Ihr Geld regelmäßig für Ihre menschlichen Kontakte nutzen?

Wie wäre es also mit monatlichen Kino- oder Theaterabenden, regelmäßigen Essensritualen zu Hause oder im Restaurant, wöchentlichen gemeinsamen Hobby-/Sportaktivitäten ... Möglichkeiten, das Leben zu zweit und/oder mehreren zu genießen, gibt es unzählige. Nur klingeln sie selten an der Tür. Wir sind es, die aktiv werden müssen, wenn wir sie genießen wollen.

Wie viele Euros wollen Sie ab sofort in etwas Lebendiges investieren? Ganz spontan: Was ist Ihnen nach dem Lesen noch hängen geblieben, das Sie für sich und Ihr Leben als mehrwertig erachten? Die regelmäßigen Investitionen in Ihre eigenen Fähigkeiten, in Ihre Gesundheit (körperlich, geistig, seelisch), in Ihre Lieblingsmenschen? Machen Sie's doch gleich konkret: Wie viel Euro »lebens-sparen« Sie ab sofort für was?

Wenn Sie hierfür beispielsweise 100 € monatlich zur Verfügung hätten oder sich von anderen bisherigen »Für irgendwas irgendwann«-Verträgen freischaufeln: Wie würden Sie die 100 € investieren? Alles für einen Bereich/eine Sache oder den Betrag aufteilen? Sie könnten auch 50 € ins Fitnessstudio stecken und 50 € in eine Online-Weiterbildung. Oder 50 € für Obst und Gemüse ausgeben, 15 € für ein Fachzeitungs-Abo und 35 € fürs Kino mit Freunden. Kombinationsmöglichkeiten gibt es unzählige.

Oder fragen Sie sich, was Ihre wichtigsten Lebensbereiche sind (wie Gesundheit, Partnerschaft, Familie, Freundschaften, Arbeit, Hobbys ...), und überlegen Sie sich hier eine für Sie passende Aufteilung. Wenn Sie monatlich 100 € zur freien Verfügung hätten: Wie viel davon würden Sie beispielsweise für Gesundheit investieren? Wofür genau: Körper, Verstand, Seele? Eine spannende Lebensübung ist das in jedem Fall - für Sie und Ihr Geld.

> **Der Charme des Lebenssparens liegt darin, dass Sie sowohl die Summe als auch die Art der Verwendung jederzeit wechseln können (im Gegensatz zu »klassischen« Sparverträgen).**

Was denken Sie, wie viel wertvoller solche »Ich-Investments« sind? Finden Sie's doch einfach heraus. Am besten am eigenen Leib und Leben.

TIPP 94:
NUTZEN SIE DIE BESTEN VERSICHERUNGEN DER WELT.

Versicherungen sind eine Art moderner Ablasshandel. Im Gegensatz zum kirchlichen Klingelbeutelprinzip, wo man, überspitzt gesagt, Geld gegen Sündenerlass eintauscht, tauscht man bei Versicherungen sein Geld gegen eine Notfallabsicherung. In beiden Fällen darf aus unterschiedlichen Gründen jedoch stark bezweifelt werden, ob man auch wirklich das bekommt, was man sich verspricht oder was einem versprochen wird. Oftmals erkauft man sich nur den guten Glauben daran, dass jemand Fremdes einem im Notfall hilft, was jedoch oft nicht wie erhofft eintrifft.

Für mich sind die besten, weil sofort hilfreichen, Versicherungen die, die viele zwar kennen, aber nicht auf dem (Schutz-)Schirm haben: eine intakte Familie, Gesundheit und Bildung.

Diese menschlichen und ganz individuellen Absicherungen bewegen im Gegensatz zu den »klassischen« Versicherungsprodukten wirklich etwas in Ihrem Leben und kosten zudem meist nichts außer Zeit und Engagement.

Echte Lebensversicherung Nummer 1: Familie
Wer über eine intakte Familie verfügt, in der man sich liebt, vertraut und gegenseitig bedingungslos hilft, der weiß aus eigenem Erleben, wie wertvoll diese unsichtbare »Familienversicherung« ist. Sie ist jederzeit bereit, einzuspringen, wenn Not am Mann oder der Frau ist und läuft meist ein Leben lang.

Früher war diese Art der gegenseitigen Absicherung noch vollkommen normal. Vielleicht auch deshalb, weil man in kleineren Dorf- und größeren Hausgesellschaften lebte und voneinander auf gewisse Art abhängig war, weil oft jede*r vom Leben des/der anderen und seinen/ihren Herausforderungen wusste und bereit war zu helfen (in dem Wissen, dass Hilfsbereitschaft auf Gegenseitigkeit beruht). Ist es in der heutigen weitläufigen, schnellen und digitalen Welt unmöglich, solch intensive Familienbande aufrechtzuerhalten?

Wenn man es wirklich will und etwas dafür tut, kann man auch heute noch auf die Familienversicherung zählen.

Echte Lebensversicherung Nummer 2: Gesundheit

Auch eine eigene »Gesundheitsversicherung« kann Ihnen einiges an Sicherheit geben, dass Sie gesundheitlich bis ins hohe Alter aus dem Vollen schöpfen können. Wer aktiv etwas für sein eigenes Wohlergehen unternimmt, schafft dafür die Basis. Diese Gesundheits-Sicherheit gibt es allerdings nicht anstrengungslos, sondern sie muss von jedem/jeder selbst erarbeitet werden.

Was gibt es Wichtigeres als einen gesunden Körper, Geist und ein intaktes Seelen- und Gefühlsleben? Dies sichert uns nicht nur ein schmerzfreies Leben, sondern ebenso ein (möglichst langes) Fernbleiben von Ärzten, Krankenhäusern und Operationen.

Echte Lebensversicherung Nummer 3: Bildung

Wer Angst hat vor dem Verlust seines Arbeitsplatzes, zu geringer Bezahlung oder langer Arbeitslosigkeit, der sollte sich um seine eigene »Bildungsversicherung« kümmern. Je besser Sie gebildet sind, desto höher sind Ihre Chancen auf eine (möglichst dauerhafte) gut bezahlte Arbeitstätigkeit. Vor allem dann, wenn Sie bei Ihrer Weiterbildung offen für Neues sind und bereit dazuzulernen.

Wer sich motiviert und weitblickend weiterbildet, mit der Zeit geht und ihr manchmal sogar etwas voraus ist, sichert sich nicht nur das aktuell bestmögliche Wissen und Können, sondern auch gute Chancen auf dem Arbeitsmarkt (der Zukunft).

Wer trotz allen drei alternativen Versicherungsarten immer noch gewisse Ängste und Sorgen hat, die er/sie hierüber nicht gelöst bekommt, kann drei weitere Schritte gehen:

Anti-Angst-Schutz Nummer 1: Machen Sie sich Ihre wahren Ängste und Sorgen bewusst.

Fragt man Menschen, wovor sie Angst haben und sich sorgen, kommen nach einiger Bedenkzeit meist viele Antworten zum Vorschein. Angst vor dem Tod, der Armut, der Pflegebedürftigkeit, schwerer Krankheit, Berufsunfähigkeit. Die Sorge, Miete und/oder Lebensmittel nicht mehr zahlen zu können, Sorge um die Sicherheit des Arbeitsplatzes, die eigene Zukunft, die Zukunft der Kinder/Enkel ...

Angst- und sorgenvolle Szenarien und Situationen gibt es zuhauf. Die spannende Frage ist jedoch noch nicht einmal, welche davon haben Sie, sondern: Welche Ihrer Ängste und Sorgen sind wirklich real und die Ihren?

- Sind die Sorgen wirklich Ihre eigenen (oder nicht eher die anderer)?
- Ist es wahrscheinlich, dass diese in Ihrem eigenen Leben eintreten?

Viele Menschen leben mit diversen Ängsten und Sorgen, die sie unbewusst von anderen übernommen haben und für ihre eigenen halten. Notieren Sie einfach einmal alles, was Ihnen einfällt, vor dessen Eintreten in Ihrem Leben Sie sich wirklich fürchten.

Und dann fühlen Sie in sich hinein, was wirklich eine echte tief in Ihnen sitzende Angst oder Sorge ist.

Meist macht die einfache Frage »Wie wahrscheinlich ist es, dass genau das bei mir eintritt?« das Leben schon etwas leichter. Manchmal lösen sich gewissen Befürchtungen sogar komplett in Luft auf.

Und wenn nicht? Dann:

Anti-Angst-Schutz Nummer 2: Lassen Sie Ihre Ängste und Sorgen los!

Was einfach klingt, ist es in der Wirklichkeit nicht (immer). Manche Ängste und Sorgen sind dicke Bretter, nicht selten selbst gemacht durch permanentes eigenes Im-Kopf-Wiederholen-und-Verstärken.

Sie sind angst- und sorgenfrei geboren. Alle Ängste und Sorgen sind daher von außen in Sie hineingekommen oder wurden von Ihnen auf irgendeine Art hineingelassen. Man sagt nicht umsonst: »Ich *mache* mir Sorgen!«, »Ich *habe* Angst!«

Das, was Sie gemacht haben, können Sie auch wieder wegmachen. Und das, was Sie haben, müssen Sie nicht behalten.

Wir alle wissen doch eigentlich, dass 99 % aller Ängste und Sorgen niemals eintreten werden, sondern nur in unserem Kopf existieren (und uns von da aus manchmal ganz schön im Griff haben).

Gehen Sie daher Ihrem »Kopf-Spuk« auf den Grund und fragen Sie sich, woher er kommt und was dahinter liegt, das Sie auf den ersten Blick nicht sehen. Vieles kann man selbst tun, um seiner Ängste und Sorgen Herr*in zu werden. Helfen können dabei natürlich auch professionelle Coachings, Hypnosen, alternative Heilmethoden, oder therapeutische Unterstützung. Jede*r suche sich aus, was sie/er braucht.

> Ängste und Sorgen verlieren wir nur, wenn wir uns ihnen stellen und bereit sind, etwas zu tun, damit sie wieder dahingehen, wo sie hingehören: raus aus uns!

Anti-Angst-Schutz Nummer 3: Tun Sie vorbeugend etwas für das, wovor Sie sich sorgen!

Für alle Ängste und Sorgen, die trotz aller Bemühungen immer noch in Ihnen wohnen wollen und den Auszug verweigern, gibt es eine weitere Lösung. Sie können präventiv und gezielt etwas für das tun, was Ihnen beim Gedanken daran Magengrummeln oder Herzrasen verursacht. Statt einer Versicherung Geld zu geben, die im Zweifel nie zahlt oder wenn, dann nur unter Auflagen: Wäre es nicht viel ratsamer, sein Geld vorbeugend einzusetzen und selbst etwas dafür zu tun, dass der befürchtete Fall möglichst nicht eintritt?

Für mich geht Prävention immer vor Produkt. Betrachten Sie daher Ihre übriggebliebenen Ängste und Sorgen und fragen Sie sich, wie Sie (mit und ohne direkten Geldeinsatz) Befürchtungen wie Altersarmut, Krankheit, Pflegebedürftigkeit und anderes ins Reich der Unwahrscheinlichkeiten schicken, genau dorthin, wo sie hingehören. Was sind Ihre größten Sorgen und Ängste? Können Sie diese notieren, am besten in einem Satz und so klar wie es Ihnen möglich ist? Fragen Sie sich danach: Ist das wirklich Ihre Sorge/Angst oder liegt etwas ganz anderes dahinter, das Sie negativ-beladen nicht sehen? Wie auch immer: Notieren Sie anschließend neben jede Sorge/Angst die Wahrscheinlichkeit, die Sie hierfür jeweils annehmen. Also, zu wie viel Prozent wird genau das eintreten, was Sie befürchten? Alles unter 50% könnte man eigentlich als unwichtig aus sich herausnehmen, oder? Und bei dem, was wahrscheinlich ist, könnten Sie sich fragen: Was kann ich tun, damit dies nicht eintritt? Oder sogar: Wie werde ich diese Sorge/Angst endlich los?

Was wäre, wenn es keine Versicherungen gäbe? Würden wir dann in einer Welt leben, in der es keine Gefahren gibt, keine Ängste und keine Sorgen? Sicher nicht. Nur eines wäre anders: Wir wären gezwungen, das zu sein, was wir sowieso sind: verantwortlich. Wir würden uns selbst helfen, Hilfe von anderen annehmen und vielleicht auch nur auf das reagieren, was tatsächlich an sichtbaren Problemen ansteht, weil das natürlich ist. Diffuse Ängste und Sorgen, die vielleicht nie eintreten, sind unnatürlich und oft von außen erzeugt.

> In der Natur gibt es keine Versicherungen. Warum stellen wir uns gegen das Natürliche? Fließen wir lieber mit dem Leben und sorgen selbst für die Sicherheit, die wir uns wünschen.

261

TIPP 95:

NUTZEN SIE DIE BESTEN BERUFSUNFÄHIGKEITS-VERSICHERUNGEN DER WELT.

»Berufsunfähig« klingt schlimm und niemand will es werden, aber wie wird man es eigentlich? Auch hier ist die individuelle Wahrscheinlichkeit entscheidend, schließlich würde man keine »Autobahn-Unfall-Versicherung« abschließen, wenn man führerscheinlos nur mit dem Fahrrad fährt. Daher sollten wir uns die Hauptursachen für Berufsunfähigkeit einmal genauer ansehen. Hier die unrühmlichen Top 3:

- Platz 1: Psychische Erkrankungen wie zum Beispiel Depressionen, Burnout, oft ausgelöst durch jahrelangen beruflichen Stress oder extreme Zukunftsängste, hat knapp jeder Dritte, der berufsunfähig wird.

- Platz 2: Erkrankungen des Skeletts und des Bewegungsapparates (häufig an der Wirbelsäule, meist ausgelöst durch jahrelange falsche sitzende Tätigkeiten oder jahrzehntelange Schwer(st)arbeit).

- Platz 3: Krebsleiden sowie Herz- und Kreislauf-Erkrankungen.

Unfälle dagegen sind, für viele sicherlich überraschenderweise, nur selten ein Grund für Berufsunfähigkeit. Knapp 90 % der Berufsunfähigen wurden es durch Krankheit: körperlich, mental und/oder emotional.

Jetzt könnten Sie sich fragen, für wie wahrscheinlich Sie es halten, dass Sie selbst auf einem dieser ersten drei Plätze landen und somit berufsunfähig werden. Eine Antwort darauf ist aber natürlich sehr schwer, weil niemand weiß, was das Leben an positiven wie negativen Überraschungen noch parat hält. Sinnvoller ist hier weniger eine Frage als vielmehr die Aufgabe, aktiv nach Möglichkeiten zu suchen, wie man bis zu seinem Arbeits- oder Lebensende BERUFSFÄHIG bleiben kann.

> Die besten Berufsunfähigkeitsversicherungen der Welt sind eine erfüllte Arbeit, gezielte Bewegung und eine gute Balance im Leben. All dies zusammen bietet ideale Chancen, möglichst lange berufsfähig zu bleiben.

Beginnen wir mit der Vermeidung des ersten Platzes, also psychischen Erkrankungen.

Was können wir für eine stabile Psyche tun, wenn diese ein so entscheidender Faktor für die Berufsfähigkeit ist? Ich sage: »Einiges.« und zwar privat, wie beruflich. Arbeit macht fast ein Drittel unseres bewussten Lebens aus (in der Zeit nach der Schule/dem Studium bis zur Rente). Wie es uns auf unserer Arbeit ergeht, hat somit allein aufgrund unserer dort verbrachten Zeit schon einen immensen Anteil an unserem physischen wie psychischen Wohlergehen.

Welche Faktoren könnten uns hier stressen bzw. ent-stressen? Die Arbeitszeit, der Arbeitsinhalt, die Arbeitsbedingungen, das Gehalt, die Firma, für die wir tätig sind, unsere Kund*innen, Kolleg*innen, Chef*innen, der Arbeitsweg. Was davon könnten wir (zumindest versuchen) in unserem Anti-Stress-Sinne zu verändern? Und da, wo's nicht geht: Wie könnten wir eine andere Einstellung gewinnen, um mit bisher äußerem Stressendem unseren inneren Frieden zu finden? Vielleicht helfen auch veränderte Ansprüche dabei, beruflich wieder in Balance zu kommen.

Im Idealfall reduzieren wir die Wahrscheinlichkeit psychischer Erkrankungen, die beruflich bedingt sind, wenn wir unseren Job lieben, gern dort arbeiten, wo wir arbeiten, mit Chef*innen, Kolleg*innen, Kund*innen gut klarkommen, ein faires Gehalt erhalten, unter Bedingungen arbeiten, unter denen es sich produktiv und freudig arbeiten lässt usw.

> **Wenn Sie Ihre Arbeit bewusster so gestalten, wie's Ihnen guttut, haben Sie eine realistische Chance, berufsfähig und arbeits-glücklich bis zur Rente zu kommen.**

Jedoch, so schön eine stressfreie Arbeit ist, sie allein hält unsere Psyche nicht stabil. Hierzu brauchen wir auch den zweiten Teil unseres Lebens: unser Privatleben. Wenn Sie über ein positives Verhältnis zu sich selbst verfügen, eine liebevolle Partnerschaft führen, ein harmonisches Familienleben haben und einen stützenden Freundeskreis, dann haut Sie psychisch so schnell nichts aus der Bahn. Doch Achtung: Diese haltgebende Bahn müssen Sie sich mit einem gewissen Einsatz aufbauen, erhalten und in Teilen immer wieder aufs Neue »weiterbauen«.

Wesentlich leichter und mit weniger Arbeit verbunden ist der dritte und letzte Teil unseres Lebens: unser Schlaf. Allerdings erst, nachdem wir die beruflichen und privaten Weichen in Richtung Entstressen gestellt haben. Je besser wir unsere unbewusste Ruhezeit verbringen, desto erholter und energiereicher können wir die bewusst gelebten Stunden des Tages begehen. Ein erholter Körper ist die Basis einer erholten Psyche – und umgekehrt.

Wenn Ihnen all dies gelingt, dazu eine gute Balance zwischen Arbeit und Freizeit, wenn Sie möglichst wenigen schlechten (Dis-)Stress, und ausreichend guten, antreibenden und motivierenden (Eu-)Stress haben, sind Sie relativ gut gefeit vor psychischen Problemen. Aber dennoch vielleicht nicht vor Erkrankungen des Bewegungsapparates oder vor Krebsleiden?

Was können wir gezielt tun, um auch nicht auf den Plätzen 2 und 3 des Berufsunfähigkeits-Verlierer*innen-Treppchens zu stehen?
Nun, dies ist kein Gesundheitsratgeber, daher halte ich mich kurz, aber zumindest so ausführlich, dass Sie selber weiter recherchieren können. Investieren Sie Ihr Geld direkt in berufsfähigkeits-erhaltende Maßnahmen wie zum Beispiel in einen bandscheibenschonenden Stuhl, wenn Sie viel sitzend arbeiten, oder – wenn Sie schwerarbeitend sind – in rückenstärkende Kurse, weil das Ihre Wirbelsäule entlastet (was einer der Hauptproblemfaktoren für Platz 2 ist).

Kümmern Sie sich um einen ausgeglichenen Körper-Dreiklang, der aus Kraft, Ausdauer und Beweglichkeit besteht:

1. *Betreiben Sie KRAFTtraining*, damit Sie starke (nicht unbedingt voluminöse) Muskeln haben, die Ihr Skelett sicher tragen (durch Gerätetraining oder Übungen mit dem eigenen Körpergewicht).
2. *Trainieren Sie Ihre AUSDAUER*, damit Sie nicht schon nach einem Stockwerk Treppensteigen aus der Puste kommen und länger leistungsfähig sind (durch Laufen, Schwimmen, Fahrrad fahren usw. am besten an der frischen Luft, damit Sie genügend Sauerstoff bekommen).
3. *Bewahren Sie Ihre FLEXIBILITÄT*, damit Sie beweglich und schmerzfrei bleiben (durch Dehnübungen, Pilates, Yoga, Faszienarbeit usw.).

Natürlich spielt bei Erkrankungen des Bewegungsapparats sowie bei Herz-Kreislauf-Erkrankungen auch die gesunde Ernährung eine Rolle, über deren Definition sich jede*r selbst ein eigenes Bild machen sollte.

Was jedoch immer wichtig ist, ganz gleich was Sie tun, um die drei Podest-Plätze für Berufsunfähigkeit zu vermeiden: Stressen Sie sich nicht beim Stress vermeiden.

Was wäre, wenn wir uns bewusst machen würden, dass es in jedem Leben gewisse Phasen gibt, die ihre eigenen Anforderungen mit sich bringen. Was wäre, wenn wir akzeptieren würden, dass alles im Leben seine Zeit hat, was heißt, dass manches, was wir wollen, aktuell gerade nicht an der Reihe ist, dafür aber etwas für uns Ungeliebtes, was wir als zu erledigende Aufgabe betrachten könnten. Was wäre, wenn wir flexibler werden, offener und das tun, was eben gerade ansteht, ohne darüber zu meckern oder sehnsüchtig nach anderem zu schielen?

Vielleicht liegt das Geheimnis ewiger Berufsfähigkeit genau hierin: im natürlichen Kreislauf des Lebens, in den wir uns harmonisch einreihen, damit wir von ihm getragen werden.

TIPP 96:
NUTZEN SIE DIE BESTEN RECHTSSCHUTZ-VERSICHERUNGEN DER WELT.

Streiten Sie sich gern so richtig mit anderen? Lieben Sie es, von anderen verklagt zu werden? Ich hoffe nicht, denn sonst ist dieser Tipp nichts fürs Sie. Streitigkeiten kosten in jedem Fall Zeit und Nerven, manchmal auch Geld, wenn sie vor Gericht enden. Ob selbstverschuldet oder unverschuldet, unschön sind solche anwaltlichen und/oder gerichtlichen Streitigkeiten immer. Was also tun?

Zuerst einmal alles, damit's nicht dazu kommt. Klingt wieder einmal simpel, ist aber extrem effektiv. Denn wenn Sie in keinerlei größere Streitigkeiten geraten, brauchen Sie auch keinen Rechtsschutz. Eine 100-prozentige Vermeidung ist zwar leider nicht realistisch, aber es ist so viel mehr möglich mit unseren eigenen Mitteln, als wir oftmals denken.

> Streit lässt sich vermeiden – nicht immer, aber immer öfter. Wir selbst können die Wahrscheinlichkeit für Rechtsstreitigkeiten minimieren und somit glücklicher und fröhlicher durchs Leben gehen. Wenn das nichts ist, oder?

Wir alle wollen in Frieden leben. Niemand wünscht sich Krieg. Weder den mit Waffen noch mit Gewalt – sei es physisch oder psychisch. Aber was ist eigentlich notwendig, damit wir alle friedlich leben können? Wie gelingt der immer wieder propagierte und doch (noch) nicht eingetretene Weltfrieden? Hierfür müsste es Frieden in allen 195 Ländern geben. Damit dies gelingt, müsste in jedem Bundesland/jeder Region

Frieden herrschen. Hierfür braucht es Frieden in jeder Stadt, dafür wieder Frieden in jedem Bezirk, jeder Straße, jedem Haus, jedem Menschen. Auch in Ihnen!

Frieden beginnt in jedem von uns, was nicht heißt, dass dadurch die ganze Welt befriedet ist. Aber es ist ein Anfang und für unser alltägliches Leben von großer Relevanz, wenn wir uns im Folgenden die häufigsten Privat-Rechtsstreitigkeiten ansehen, also die Themen, vor denen sich manche mit einer Rechtsschutzversicherung absichern wollen:

Rechtsschutzthema 1: Streit am Gartenzaun

Wer einen Gartenzaun hat, an den ein/eine Nachbar*in oder sogar mehrere angrenzen, weiß vielleicht aus eigener Erfahrung, dass man sich hier nicht immer grün ist, obwohl man oft Grün(fläche) an Grün(fläche) wohnt. Ob von einem Grundstück aufs andere herüberwachsende Bäume oder Sträucher, herüberfliegende Fußbälle, bellende Hunde, sichtversperrende Grundstückbebauungen, Partylärm, Grillrauch, Gestank. Das menschliche Leben bietet eine Vielzahl an Ausprägungen, die anderen nicht in den Kram passen können. Natürlich auch in (Miet-)Wohnungen.

Was im Einzelfall hilft, ist im Allgemeintipp schwer zu sagen. Sicher aber hilft das Inkontakttreten und die höfliche Ansprache des Knackpunkts samt des Wunsches. Nicht immer, aber manchmal dann doch, lassen sich die Störfaktoren damit schnell aus der Welt schaffen.

Und wenn nicht, können wir vor der Eskalation vielleicht auch lernen, mit manchem zu leben (wie's andere vielleicht auch mit unserer Lebensart machen, die ihnen nicht immer zusagt).

Rechtsschutzthema 2: Streit im Straßenverkehr

Ob mit dem Auto, Fahrrad oder zu Fuß: Gründe, sich zu ärgern und sich mit anderen in die Haare zu bekommen, gibt es auf der Straße täglich sicherlich Millionen. Das Fehlverhalten anderer ist die Norm, wobei natürlich auch wir manchmal zu »den anderen« gehören, ob wir's wollen oder nicht.

Bevor wir jedoch im Fall eines Streits gleich die Klagekeule zücken und die/den Andere*n vor Gericht ziehen, um uns dort gegenseitig mit Argumenten zu prügeln, sollten wir auch hier zuerst überlegen, ob sich das überhaupt lohnt. Finanziell wie auch zeit- und nervenmäßig.

Nicht alles, was uns aufregt, ist einen Streit bzw. eine Klage wert. Und auch hier können (Selbst-)Gespräche meist mehr bewirken, als unsere Impulsivität, Klagefreude oder Rachelust es gern hätten.

Rechtsschutzthema 3: Streit in der Ehe/Partnerschaften und der Familie

Wer möchte das erleben: Einen Rosenkrieg in der Ehe/Partnerschaft oder heftige Streitigkeiten mit den Liebsten. Schließlich ist das eigene Zuhause ein heiliger Ort und die eigene Familie eine wichtige Gemeinschaft, die zusammenhalten und sich gegenseitig unterstützen sollte. Nichtsdestotrotz lehrt der Blick in manche Beziehungen und Familien, dass das »Ist« nicht immer dem »Soll« gleicht.

Worum auch immer es sich individuell drehen mag, auch hier lohnt sich der leise Blick nach innen verbunden mit der Frage, was man selbst zum Streit beigetragen hat – ganz unemotional und sachlich betrachtet (ist schwer, aber hilfreich). Wenn es uns gelingt, die Sichtweise der/ des Andere*n einzunehmen und wir zumindest versuchen, zu verstehen, warum sie/er sauer ist, sind wir auf einem guten Weg.

Aufeinander zuzugehen ist nie verkehrt und warum machen wir nicht den ersten Schritt? Wenn wir die/den Andere*n wirklich lieben und ein gutes Verhältnis anstreben, ist dies doch in jedem Fall die bessere Wahl als die Wahl der Nummer der Rechtsschutzversicherung, oder?

Rechtsschutzthema 4: Streit im Beruf, bei Vertragsabschlüssen, Mietverhältnissen und Schadensersatzforderungen

Okay, hier könnte es je nach Streitfall wirklich schwierig werden mit reiner eigener Aktivität aus uns heraus. Wobei: In guter Absicht auf andere zuzugehen ist nie verkehrt. Trotzdem braucht es hier sicher einiges an fachlichem Argumentationsfleisch am Streitknochen, was wir uns in vielen Fällen jedoch auch durch Selbstrecherche im Internet oder durch Nachfrage bei bekannten/befreundeten Anwälten besorgen können. Das mag zwar zeitaufwändiger sein, als einfach die Rechtsschutzversicherung anzurufen, aber mit den richtigen Informationen, Gesetzestexten und Briefvorlagen kann man oft schon eine Menge in die richtige Richtung bewegen.

Nicht immer braucht man sofort eine anwaltliche Vertretung. Vieles lässt sich auch vorher regeln – mit den richtigen Worten in persönlicher oder brieflicher Form.

Fernab aller Friedens- und Befriedungsmöglichkeiten, sind uns drei Dinge gegeben, die wir zum Positiven für uns und andere anwenden können. Die besten Rechtsschutzversicherungen der Welt sind Achtsamkeit, Freundlichkeit und Kompromissfähigkeit.

Individuelle Rechtsschutzversicherung 1: Seien Sie achtsam!
Wer ein bewusstes Leben führt, ist aufmerksam und hat einen Blick für »die Dinge« und andere Menschen. Gehen wir achtsam durch den Tag, nähern wir uns allem mit einer gewissen Umsicht. Wir beobachten, sind offen und neugierig (auch und gerade fürs Andersartige) und bewerten nicht sofort, weil wir zuerst einmal erkennen wollen, was uns begegnet.

Achtsamkeit hilft uns enorm zu sehen, dass wir nicht allein sind auf der Welt mit unseren Meinungen und Ansprüchen.

Es gibt eben auch Menschen, die in manchen Dingen ganz anders »ticken« als wir, was wir zuerst einmal nur zur Kenntnis nehmen können, bevor wir gleich wutentbrannt und klagebereit unsere Rechtsschutzversicherung anrufen.

Individuelle Rechtsschutzversicherung 2: Seien Sie freundlich!
Auch wenn das wieder einmal eine Banalität sein mag, ist wenig so wirkungsvoll wie ein echtes Lächeln im Gesicht und eine offene friedliche Art, auf andere zuzugehen. Schon Großmutter meinte: »Wie man in den Wald hineinruft, so ruft es heraus.« Recht hatte sie. Das Gesetz von Ursache und Wirkung gilt eben überall, auch im menschlichen Kontakt.

Mit Freundlichkeit lassen sich manche Streitereien schon im Keim ersticken, während sich die »unerstickbaren« hiermit leichter ertragen und lösen lassen.

Freundlich zu sein heißt nicht, sich unterbuttern zu lassen vom Unfreundlichen. Es bedeutet vielmehr, auch dem Schweren eine Leichtigkeit zu verleihen, eine Provokation an sich vorbeirauschen zu lassen und von der impulsiven (meist wenig förderlichen) Reaktion in eine kontrollierte Aktion überzugehen, bei der wir bei uns bleiben, ohne den anderen zu ignorieren.

Individuelle Rechtsschutzversicherung 3: Seien Sie kompromissbereit!
Im Leben sollte man keinerlei Kompromisse machen. Stimmt, wenn es darum geht, wie man wo mit wem leben will, wie man seine Freizeit gestaltet und im besten Fall auch, welcher Arbeit man nachgeht.

Im Zusammenleben und -sein mit Menschen sind Kompromisse jedoch kompromisslos, weil niemals ein harmonisches Miteinander entstehen kann, wenn jede*r nur das Ihre/Seine durchdrücken will. Wir müssen mit anderen nicht immer einer Meinung sein, sollten jedoch offen für deren Argumente und bereit zur (möglichst unaufgeregten) Diskussion sein. Und selbst wenn wir uns nicht auf einen gemeinsamen Nenner einigen können, darf jede Meinung für sich stehenbleiben, weil jede für sich zählt.

Sind wir kompromissbereit, umgehen wir das missionarische Rechthabertum, das für uns vielleicht erstrebenswert erscheint, für ein friedvolles Miteinander aber die Sprengkraft einer Atombombe haben kann.

Möglichkeiten, gar nicht erst in Rechtsstreitigkeiten zu geraten oder diese im Falle des Falles zu einem guten Ergebnis zu führen, haben wir genügend. Trotzdem kann es sein, dass gutes Wollen und Können nicht ausreichen. In diesem (durch unser aktives Tun unwahrscheinlicher gewordenen) Streitfall können wir dann immer noch anwaltliche Hilfe in Anspruch nehmen.

Auch wenn unsere kostenlosen »Friedens-Aktivitäten« nicht immer leicht umzusetzen sind, lohnenswert sind sie immer. Nicht nur, weil wir die monatlichen Raten für eine Rechtschutzversicherung sparen. Auch, weil wir uns immer häufiger das Streiten sparen. Und das ist unbezahlbar!

TIPP 97:
NUTZEN SIE DIE BESTEN ZAHNZUSATZ- UND BRILLENVERSICHERUNGEN DER WELT.

Zähne. Augen. Was hat das mit Geld zu tun? Viel, wenn Sie die dazu angebotenen Versicherungen »kaufen« und monatlich Geld ausgeben, von dem Sie nicht wissen, ob Sie's jemals in Form einer Ausgleichszahlung wiederbekommen (was man ja nicht will, weil dann der versicherte Schaden eingetreten ist, den sich niemand wünscht).

Besser ist es, einen Teil seines Geldes schon heute dafür zu verwenden, um seine Zähne und Augen im bestmöglichen Zustand zu halten oder dahin zu bringen, damit man spätere Versicherungsleistungen erst gar nicht braucht.

Investieren Sie regelmäßig in Ihre Zahnpflege!
Gesunde Zähne sind wichtig, aber kein Automatismus. Wir müssen etwas tun, damit wir auch morgen noch kraftvoll (und schmerzfrei) zubeißen können.

Die besten Zahnversicherungen der Welt sind eine regelmäßige Zahnpflege, Prophylaxe und eine gesunde Ernährung.

Seine Zähne richtig zu putzen, ist nun wirklich nichts, wofür man ein Medizinstudium braucht. Wenig Aufwand. Viel Effekt. Wer schon einmal Zahnschmerzen hatte oder Zahnbehandlungen/-operationen hinter sich bringen musste, weiß wie unbezahlbar gesunde, schmerzfreie Zähne sind.

Für eine bestmögliche individuelle Selbstvorsorge sollten wir zuerst wissen, wie's in unserem Mund so ausschaut und wie es um unsere Zahngesundheit bestellt ist. Dabei kann eine ganzheitliche Analyse von Zahnärzt*innen helfen, die unseren Mundraum einmal gründlich checken und sich unsere Zähne genau ansehen, zum Beispiel in Bezug auf Beschädigungen, Beschaffenheit des Zahnschmelzes, Zahnfleisch- und Kieferknochenbeschaffenheit ...

Nach diesem Mund-Check wissen wir, wo unsere speziellen Herausforderungen liegen und erhalten sicherlich hilfreiche Tipps, wie wir damit umgehen. Immer helfen unseren Beißern die Klassiker wie eine Zahncreme ohne Fluorid, eine intakte Zahnbürste und das Wissen (wie Tun), wie und wie lange wir putzen sollten. Weiterhin kann auch Zahnseide hilfreich sein, ebenso wie eine Mundspülung oder ein Zungenkratzer. Und wer weiße Zähne haben möchte, sollte beim Kaffee- und Teegenuss etwas zurückhaltender sein oder danach putzen. Gleiches gilt für Süßes, das uns lecker schmeckt, leider auch den Bakterien auf unseren Zähnen. Zu guter Letzt befreit uns eine regelmäßige Prophylaxe beim Zahnarzt von störendem Zahnstein, reinigt unseren Mundraum gründlich und hilft dabei, ihn in Schuss zu halten.

All das bringt uns nicht nur ein frisches gesundes Mundgefühl, es ist auch eine ideale Eigenvorsorge, um sich selbst »zahn-zu-versichern«.

Investieren Sie regelmäßig in Ihre Augenpflege!

Auch wenn manche so denken: Eine Brille ist kein menschliches Muss, um das niemand herumkommt – auch nicht im Alter. Natürlich werden manche mit »schlechten« Augen geboren oder haben familiäre Vordispositionen. Einer der Hauptgründe für zu viel Dioptrien, also Weit- und Kurzsichtigkeit, ist jedoch unser oftmals falscher Umgang mit unseren Augen. Zu viel Handy- und TV-Konsum, zu viel Spielkonsolen-Zocken oder Computerarbeit schadet unseren Sehwerkzeugen. Das Auf-den-immer-gleichen-Punkt-Gucken macht unsere Augen müde, strengt sie an und schränkt auf Dauer die Sehfähigkeit ein.

Das Wichtigste, was wir für unsere Augen tun können, ist, sie speziell zu trainieren.

Alle anderen Körperteile werden ganz selbstverständlich in Fitnessstudios hoch und runter trainiert, definiert, gekräftigt. Aber unsere Augen, ohne die sicher niemand gern leben möchte, werden vergessen. Dabei müssen »schlechte« Augen nicht für immer schlecht bleiben. Auch ist es kein Automatismus, dass die Augen mit dem Alter bei jedem/jeder zu einem Weitsichtigkeits-Problemfall werden. Es liegt an unserem Augennutzungsverhalten und daran, ob und wie regelmäßig wir unsere Sehwerkzeuge trainieren.

Was viele nicht wissen: Auch unser Auge hat Muskeln, die man stärken kann. Insgesamt sorgen sechs Muskeln dafür, dass sich unser Auge bewegt. Vier gerade, zwei schräge.

Haben Sie Ihre Augenmuskeln schon mal trainiert? Dies ist möglich mit entsprechenden Übungen, die ich selbst mache ebenso wie meine Frau, was bei uns nachweislich zu besserer Sicht geführt hat. Unterstützend kann man seine Augen auch durch Zedernussöl mit einem geringen Harzanteil pflegen. Das sorgt für eine gute Bildung von Tränenflüssigkeit und entspannt zudem.

Überhaupt: Warum entspannen wir unseren Körper regelmäßig, aber nicht unsere Augen? Kein Wunder, dass sie irgendwann an (Seh-)Stärke verlieren. Sicher, auch dies sind wieder Kleinigkeiten, aber sind es nicht oft genau diese, die uns meist sogar aufwand- und geldlos weiterhelfen?

Wer bewusster mit seinen Augen umgeht, täglich oder alle paar Tage für gezieltes Training sorgt (dauert nur ein paar Minuten), sichert sich selbst sein klares Augenlicht.

Wem das zu aufwändig ist oder unsinnig erscheint, der kann alternativ zur Brille über eine Augenlaseroperation nachdenken. Auch ich als früherer Computerspiele-spielender Brillenträger habe diese vor sehr vielen Jahren durchführen lassen und dadurch unendlich viel Lebensqualität gewonnen. Endlich wieder klar sehen ohne (Seh-)Hilfe und die ganzen Probleme, die eine Brille so mit sich bringt. Im Vergleich zu einem »klassischen« Investment kann dies für manche auch eine unbezahlbare alternative Geldanlage sein.

TIPP 98:
NUTZEN SIE DIE BESTEN KREDITE DER WELT.

Es gibt Alternativen zur (Bank-)Kreditaufnahme gegen Zinsen und der damit verbundenen teils langjährigen Verpflichtung. Bevor man aber in die Verlegenheit kommt, sich Geld für irgendeinen Kauf zu leihen, kann man zumindest kurz innehalten und sich fragen, ob man das Gewünschte wirklich so dringend braucht. Verzicht statt Verschuldung ist manchmal besser, vor allem, wenn man bedenkt, dass wir uns manches leisten, das wir (bei emotionsloser Betrachtung) gar nicht unbedingt kaufen müssen. Vielleicht könnten wir uns das Gewünschte auch leihen, wenn wir es nicht permanent brauchen, sondern nur ab und zu.

Möchten Sie trotzdem etwas kaufen, wofür Sie frisches Geld benötigen, *organisieren Sie sich das (Kredit-)Geld anders als von einer Bank!*

> **Die besten Kredite der Welt sind die zins- oder geldlose Familienhilfe, geliehene Güter und geschenkte Zeit.**

Der Volksmund sagt zwar, dass beim Geld die Freundschaft aufhört. Ich finde dagegen, hier kann sie sogar erst so richtig anfangen bzw. kann Geld eine wahre Freundschaft offenbaren. Wenn Ihr bester/Ihre beste Freund*in dringend Geld braucht: Würden Sie es ihm/ihr leihen, wenn Sie es hätten? Mit Schuldzinsen oder zinsfrei? Echte Freund*innen helfen sich immer – auch finanziell, soweit dies möglich ist.

Warum sollten wir also nicht zuerst in der Familie und im engen Freundeskreis nach finanzieller Hilfe fragen? Weil es uns peinlich ist? Warum? Wir erhalten Geld geliehen, im besten Fall zinslos und ohne Rückzahlungsdruck, und der/die Verleiher*in freut sich, uns helfen zu können. Eine Win-Win-Situation, die zudem die Freundschaft intensiviert und unsere Bindung stärken kann (sofern das Geld natürlich wie vereinbart zurückgezahlt wird).

Vor allem (Groß-)Eltern freuen sich in der Regel, wenn sie ihren (Enkel-)Kindern finanziell unter die Arme greifen können. So kann teilweise ein später sowieso erfolgendes Erbe frühzeitig (zumindest zu Teilen) ausgezahlt werden und sofort weiterhelfen – im Rahmen der Schenkungsfreigrenzen sogar steuerfrei.

Wollen Sie überhaupt keine fremde finanzielle Hilfe in Anspruch nehmen, dann sparen Sie VOR, statt über einen Kredit teuer NACH. Vielleicht kann der Wunschkauf noch warten, bis Sie das Geld zusammengespart haben (und wird dadurch sogar günstiger).

Oder Sie reduzieren den Geldbedarf, indem Sie sich für ein Vorgängermodell entscheiden, etwas Gebrauchtes kaufen oder sich nach einer anderen günstigeren Alternative umsehen, die den gleichen Zweck erfüllt.

Sie können das benötigte Geld auch woanders einsparen, zum Beispiel durch die Kündigung unnötiger Finanzprodukte oder zeitlich begrenzten Konsumverzicht.

Was oft unterschätzt wird, ist der Wert der eigenen Gegenstände. Meist lässt sich über den Verkauf von gebrauchten Dingen, die man selbst nicht mehr nutzt oder problemlos abgeben kann, eine Menge Geld verdienen. Manche Kredite könnte man sich sparen, wenn man mit offenen Augen durch sein Zuhause ginge. Auf Dachböden, in Kellern, Garagen, Schränken, Schubladen und Kisten finden sich oftmals Dinge, die man zu Geld machen kann. Wer Lust auf einen aufregenden Tag und spannende Kontakte mit Menschen hat, für den ist der Verkauf auf dem Flohmarkt eine schöne Gelegenheit, mit der man sich das gewünschte Neue selbst erarbeiten kann. Nicht selten freuen sich auch unsere Eltern, Großeltern oder ältere Nachbar*innen und Bekannte, wenn man ihnen beim Ausmisten hilft, das Ausgemistete verkauft und sich den Erlös vielleicht teilt.

> **Setzen Sie auf Kreativität statt auf Kredit.**

Ein (zeitlich begrenzter) Nebenjob kann ebenso das benötigte Geld bringen wie ein Tausch von Arbeit gegen Zeit im Freundes-/Bekanntenkreis, durch den Sie anderen mit Ihrem Wissen und/oder Können helfen und dafür ein finanzielles Dankeschön erhalten.

TIPP 99:

NUTZEN SIE DIE BESTEN FINANZHILFEN DER WELT FÜR KINDER.

Kaum jemand anderem geben wir unser Geld lieber als unseren Kindern und Enkeln. Kein Wunder, dass so viele Eltern und Großeltern monatlich für ihre Liebsten sparen, was toll ist, aber dabei wird oft etwas vergessen: das Heute.

Natürlich ist es wunderbar, wenn unsere Kinder bzw. Enkel irgendwann einen ordentlichen Spargroschen als Starthilfe vorfinden, wenn sie das Elternhaus verlassen und ins eigene Leben starten. Aber bis dahin ist es meist ein langer Weg, auf dem unsere »Kleinen« ebenso unsere Hilfe brauchen – auch unsere finanzielle.

Wenn wir unserem Geld einen schon heute wirkenden Sinn geben und zudem für positive Resonanz bei unseren Liebsten sorgen wollen, fragen wir uns doch einfach, wie wir mit wie viel Geld dazu beitragen können, dass sich das Leben unserer Kinder bzw. Enkel GENAU JETZT verbessert. Sprich: Worüber freuen sich unsere Kinder/Enkel wirklich so sehr, dass ihr Herz vor Begeisterung hüpft? Was hilft ihnen dabei, HEUTE ein bestmögliches Leben zu führen, um gut für die eigene Zukunft gerüstet zu sein? Fragen wir einfach unsere Liebsten, was sie gern tun oder was sie Neues lernen möchten.

> Die besten Finanzhilfen für Kinder sind Investitionen in ihre Bildung, Talente und Herzenswünsche.

Natürlich können wir Kindern und Enkeln auch einfach so Geld schenken, nach dem Motto: »Mach damit, was du willst«. Besser finde ich jedoch zweckgebundene Geldgeschenke, weil sie doppelt förderlich sind. Erstens können wir mitbestimmen, wie unser Geld verwendet wird, was uns stärker mit den Zielen und Wünschen unserer Liebsten verbindet. Zweitens wird unser Geld sinnvoll sichtbar, weil sich unser Kind/Enkel klar darüber werden muss, was er/sie genau möchte. Und drittens wird unser Kind/Enkel uns mit dem Gekauften in Verbindung bringen. Zweckgebundenes Geld fordert und fördert unsere Liebsten zugleich und sorgt in jedem Fall für (gedankliche) Bewegung.

Investieren Sie in die Bildung Ihrer Liebsten.
Eine gute Bildung ist heute leider nicht jedem Kind gegeben. Sein Kind/ Enkel nur zur Schule zu schicken und darauf zu vertrauen, dass es dort alles mitbekommt, was es zum Leben und für einen späteren guten Job braucht, ist möglich, aber nicht empfehlenswert. Als (Groß-) Eltern sollten wir uns aktiv darum kümmern, dass unser Kind/Enkel so viel Zugang wie möglich zu Verstandes- wie auch Herzensbildung erhält. Am besten immer entsprechend seiner Fähigkeiten und Talente, denn so wie wir alle individuell »designt« sind, sind es auch unsere Liebsten.

Mit unserer Zeit und unserem Geld können wir Vieles dafür tun, dass unsere Kinder/Enkel gut gebildet und »lebensfähig« sind. Seien es Bücher, in denen sie versinken können, Zeitungsabos, Lernspiele, Nachhilfe oder der Zuschuss zu einer Privatschule. Beschäftigen wir uns mit unseren Kindern/Enkeln und deren Stärken, Neigungen sowie Herausforderungen und tauschen wir unser Geld in ihre Bildung. In Zeiten eines schwieriger werdenden Arbeitsmarktes ist jede Investition in die Bildung der Kinder/Enkel ein Investment in die gute Zukunft der »Kleinen«.

Investieren Sie in die Herzenswünsche und Talente Ihrer Liebsten.
Was gibt es Schöneres, als den Kindern/Enkeln einen Wunsch zu erfüllen (oder mehrere)!? Möchte die Enkelin unbedingt reiten lernen: Was wäre, wenn die Großeltern die Reitstunden bezahlen würden, statt alles für sie zurückgelegte Geld ausschließlich in einen Sparplan zu legen? Wenn das Kind schon seit Jahren von einer eigenen Schlangenzucht träumt: Was wäre, wenn die Eltern sich daran beteiligen würden? Oder wenn die (erwachsenen) Kinder einen Wintergarten ans eigene Haus anbauen möchten, ihnen aber das Geld dafür fehlt: Was wäre, wenn sie die (Groß-)Eltern hierbei unterstützen würden?

Die Beispiele könnte ich beliebig fortführen, das Prinzip bleibt gleich:

> Wenn wir uns als Eltern oder Großeltern fragen, was unsere Kinder/Enkel wirklich brauchen, welche Ziele sie verfolgen, welche Wünsche sie haben, wo sie unsere Unterstützung weiterbringt auf ihrem Weg, finden wir mit Sicherheit genügend gute und sinnvolle Zwecke für unser Geld.

Übrigens: Die ausgesprochene Zweckgebundenheit ist wichtig, weil der/ die Enkel*in dann jedes Mal, wenn sie reiten geht, weiß: Das kann ich nur machen, weil Oma und Opa mir das ermöglichen! Das Geldgeschenk wird so zu einer permanenten Erinnerung für den Schenkenden selbst und den Beschenkten. Ein wundervoller Weg, damit Ihr Geld sichtbar wird und es manchmal sogar nachhaltig bleibt, wenn Ihre Kinder im Wintergarten sitzen, der aus Ihrem ehemals unsichtbaren Geld besteht.

Gezielt fördern können Sie auch die kindlichen Talente. Ob musikalisch, sportlich, handwerklich. Alles, was Ihrem Kind/Enkel dabei hilft, noch besser zu werden und noch mehr zu können, ist sinnvoll. Vor allem weil Ihr Geld wieder zu dem wird, was es immer sein sollte: sichtbares Glück. Zwar habe ich nach meinen Vorträgen manchmal gehört, dass Geld zu verschenken nicht wirklich ein Anlagetipp wäre und man das auch schon vorher wusste. Mag sein, aber entscheidend ist selten allein, was wir WISSEN, sondern wie wir damit umgehen und was davon wir ANWEN-DEN. Aus meiner Sicht gibt es keine bessere Geldanlage als das Leben selbst, weil man sich hier seine natürliche und lebensorientierte »Geld-anlage« immer wieder aufs Neue ansehen kann. Während des Reitunter-richts, beim Abholen des Kindes von der Musikschule oder bei Kaffee und Kuchen im Wintergarten der Kinder.

Für alle Sparfreund*innen: Man kann für später sparen UND Geld für heute zur Verfügung stellen. Auf keiner »Bucket-List« (einer Liste mit den Dingen, die man vor dem Ableben unbedingt noch tun möchte) steht das Sparen über den Tod hinaus. Draufstehen sollte jedoch IMMER die recht-zeitige Weitergabe des Vermögens, das man zu Lebzeiten nicht mehr ausgeben wird. Eines ist todsicher: Geld, das Sie vor Ihrem Ableben ver-schenken bzw. vererben, macht Sie um ein Vielfaches glücklicher als Geld, das nach Ihrem Tod unter die Leute gebracht wird, ohne dass Sie es miterleben können.

TIPP 100:
NUTZEN SIE DIE BESTE ALTERSVORSORGE DER WELT.

Machen Sie Schluss mit Altersvor*SORGE* und sorgen Sie für Altersvor-*FREUDE*. Schon in meinem Bestseller »Alt genug, um glücklich zu sein«, den ich mit Florian Langenscheidt schreiben durfte, habe ich die vielen oftmals unbeleuchteten Sonnenseiten des Alters ergründen dürfen (wie natürlich auch manche Schattenseiten). Dennoch wird »das Alter« zu oft schlecht geredet, so als würden wir alle irgendwann krank und verarmt mit wackelndem Kopf in einem dunklen Zimmer sitzen und auf unser Ende warten.

> Ganz gleich, wie's vor allem finanziell bei Ihnen mit Blick auf Ihre Rentenzeit aussieht: Sorgen Sie schon heute für viele schöne Erlebnisse und freuen Sie sich aufs Übermorgen oder Über-Übermorgen.

Was nützt Ihnen eine hohe monatliche Rente, wenn Sie auf ein glückloses Leben zurückblicken? Was hilft Ihnen ein großes Vermögen, wenn Erinnerungen fehlen, an die Sie gern zurückdenken? Was bringt Ihnen später jedwede Rentensumme, wenn Sie Ihr Leben vor der Rente nicht so gelebt haben, wie *SIE* es wollten?

Die beste Altersvorsorge der Welt sind aus meiner Sicht vor allem besondere Erlebnisse, die zu Erinnerungskapital werden und auch später noch für Glücksgefühle sorgen.

Also: Leben Sie *IHR* Leben und genießen Sie es in vollen Zügen. Am besten gemeinsam mit Menschen, die Ihnen am Herzen liegen, denn Momente, die wir mit anderen erleben, brennen sich meist tief und emotional ins Herz ein und sorgen so für viel Vor-, Live- und Nachfreude. Wir alle haben meist nur etwa 80 Sommer, die wir erleben dürfen. Nutzen wir sie und werden wir uns bewusst, wer wir wirklich sind, nehmen wir zuversichtlich an, dass wir hier gelandet sind, und finden heraus, was wir hier eigentlich tun wollen.

Der von unzähligen Philosophen besprochene Lebenssinn mag manchen vielleicht zu abgehoben sein. Dennoch ist die Frage erlaubt, wann Ihr Leben sich für Sie gelohnt hat?

> Was muss zukünftig noch geschehen, damit Sie irgendwann mit innerer Gewissheit und innerem Frieden gehen können – ohne Angst und Versäumtes?

Zu einem guten Leben im Alter gehört ebenso eine entsprechende Vorbereitung wie bei vielem anderen auch. Es hilft auch in der Rente ungemein zu wissen, wie man leben will, was das Herz erfreut und wie man seine Zeit für sich sinnvoll nutzt. Tipps für ein sorgenfreies Leben im Alter könnte man unzählige nennen. Im Folgenden drei ausgewählte »Geld-Tipps«:

1. Überdenken Sie, wie und wo Sie später wohnen wollen!

Wohnen ist für die meisten von uns der größte Kostenfaktor – es sei denn, man besitzt eine schuldenfreie eigene Immobilie. Manchmal bietet das Alter eine gute Gelegenheit, die (zu) große Wohnung zu kündigen oder das Haus zu verkaufen, sich damit räumlich zu verkleinern und finanziell zu vergrößern, weil man in der Rente meist anders lebt als davor.

Vielleicht ist es aber auch gerade umgekehrt richtig und man zieht mit der Familie oder (alten oder neu zu findenden) Freund*innen zusammen, um zu zweit oder mit mehreren Kosten zu sparen. Auch ein Leben im Ausland kann für manche eine große Kostenersparnis werden, lebt es sich doch – nicht nur beim Wohnen – in einigen Ländern deutlich günstiger als bei uns. In Bulgarien, Spanien, Portugal, Griechenland oder in der Türkei hat schon so mancher sein neues (Alters-)Glück gefunden.

Je nach heutigem Wohnort bietet auch Deutschland natürlich günstige und teilweise wunderschöne Regionen an, die sich für einen neuen Alterswohnsitz eignen. Günstiger Wohnraum ist zum Beispiel im Südbrandenburger Landkreis Elbe-Elster, aber auch im Kyffhäuserkreis in Thüringen und im Vogtlandkreis in Sachsen zu finden und auch in den niedersächsischen Landkreisen Lüchow-Dannenberg und Holzminden kann man sehr preiswert leben – wenn man denn möchte.

2. Geben Sie Ihr Geld bewusst und zielgerichtet aus!

*Alles, was Sie selbst erledigen können oder wofür Sie Nachbarn, Freund*innen oder Bekannte um Hilfe fragen könnten, kostet kein Geld. Nicht jeder muss jedes Werkzeug oder Küchengerät besitzen, weil man es sich in der Nachbarschaft oder Familie teilen kann. Ein stabiles soziales Netzwerk, das sich stützt und gegenseitig unterstützt (kostenfrei!), erfreut zudem das Herz.*

Wenn Sie Ihre eigenen Fähigkeiten verbessern, zum Beispiel die handwerklichen, können Sie auch im Alter eine Menge Geld sparen. Legen Sie sich einen eigenen Gemüsegarten an, müssen Sie weniger einkaufen.

Und wenn Ihr Haus über ein autarkes Energiesystem verfügt (in das Sie selbstverständlich zunächst einmal einiges an Geld investiert haben), können Sie sich hier größtenteils selbst versorgen und sogar noch Geld verdienen, wenn Sie Energie »verkaufen«.

Und wer zum Beispiel in einer Partnerschaft lebt, der ist (nicht immer, aber oft) nicht nur glücklicher als allein. Es lebt sich auch günstiger, weil man sich viele Kosten teilen kann.

3. Erhöhen Sie Ihre Einnahmen, wenn Ihre Rente und Ihr Vermögen nicht ausreichen!

Es klingt einfacher, als es für manche (vorstellbar) ist, aber dennoch ist ein Mehr an Geld möglich. Wie dies vor allem im Alter gelingen kann? Warum nicht mit einem Mini-Job!?

Die Rente zeichnet sich zwar durch die Abwesenheit von Arbeit aus, aber dies muss nicht heißen, dass Sie nicht (weiter) arbeiten dürfen. Ein Mini-Job bessert nicht nur das monatliche Einkommen auf, sondern oft auch die eigene Laune durch das geschäftige Zusammensein mit anderen, das Eingebundensein in eine (Arbeits-)Gemeinschaft und das so wichtige Gefühl, gebraucht zu werden. Zudem helfen viele Tätigkeiten auch dabei, körperlich, geistig und seelisch fit und gesund zu bleiben.

Für welche Altersvorfreude-Ideen auch immer Sie sich entscheiden, vergessen Sie nicht eine der wichtigsten Aufgaben im Alter: den Umgang mit dem Leben UND dem Tod. Schließen Sie Ihren Frieden mit sich selbst, mit Ihren vermeintlichen Schwächen und Macken, mit nicht genutzten Chancen, verpassten Gelegenheiten und gemachten Fehlern. Seien Sie dankbar für die Zeit, die Sie hier auf Erden nutzen konnten, und lernen Sie, sich selbst und anderen zu verzeihen. Räumen Sie auf – innerlich, äußerlich und auch finanziell. Auch unser Vermögen will im Alter zurückgebaut werden wie alles andere ebenso.

Irgendwann verlassen wir alle diesen Planeten. Dafür müssen wir lernen loszulassen. Das, was uns belastet und beschwert, wie das, was uns bereichert und erfreut. Am Ende aller Tage werden wir alle feststellen, dass wir nicht gekommen sind, um zu bleiben. Wir sind gekommen, um irgendwann zu gehen und dazwischen möglichst oft zu leben: bewusst und erfüllt, mit und ohne Geld. Dies wünsche ich Ihnen von Herzen!

ZEHNTES KURZ-FAZIT »ALTERNATIVEN ZU FINANZ- PRODUKTEN«

Hat Sie ein Tipp begeistert? Oder mehrere? Welche Dinge setzen Sie vielleicht schon in Ihrem Leben um? Wie geht's Ihnen damit? Und was könnten Sie sich zusätzlich zum dem Genannten noch vorstellen? Was auch immer: Halten Sie es für sich fest!

Tipp 91: Machen Sie Ihr Geld zu Glücksgeld und tauschen Sie es in glücksbringende Erlebnisse.

Tipp 92: Nutzen Sie die besten Geldanlagen der Welt.

Tipp 93: Nutzen Sie die besten Sparverträge der Welt.

Tipp 94: Nutzen Sie die besten Versicherungen der Welt.

Tipp 95: Nutzen Sie die besten Berufsunfähigkeitsversicherungen der Welt.

Tipp 96: Nutzen Sie die besten Rechtsschutzversicherungen der Welt.

Tipp 97: Nutzen Sie die besten Zahnzusatz- und Brillenversicherungen der Welt.

Tipp 98: Nutzen Sie die besten Kredite der Welt.

Tipp 99: Nutzen Sie die besten Finanzhilfen der Welt für Kinder.

Tipp 100: Nutzen Sie die beste Altersvorsorge der Welt.

BONUSTIPP:

KOMBINIEREN SIE DAS BESTE AUS DER LEBENS- UND GELDWELT IN WIRKLICH INDIVIDUELLEN UND HILFREICHEN GLÜCKS-ANLAGEN.

Zum Abschluss möchte ich Ihnen noch drei exemplarische Beispiele schenken, die Ihnen zeigen wie man Gelder, die man früher komplett in der Finanzwelt angelegt oder gespart hätte, anders verwenden kann. Lebensorientiert, mehrwertig und glücksbringend. Die folgenden Geld-Aufteilungen stellen keine individuellen Umsetzungs-Empfehlungen dar, sondern wollen Sie lediglich inspirieren, damit Sie auf eigene gute Gedanken kommen.

1. DIE GLÜCKS-GELD-ANLAGE

Statt 20.000 € in einen Investmentfonds zu »investieren«, legen Sie das Geld lieber entsprechend Ihrer heutigen und zukünftigen Ziele und Wünsche an. Vielleicht so:

- *800 €* für einen Kurzurlaub mit dem/der Partner*in, um sich eine gemeinsame Auszeit zu gönnen und in Ihre Beziehung und Ihre Liebe zu investieren.
- *3.000 €* für ein neues Bett mit körpergerechter Matratze, um so gut wie möglich zu schlafen und morgens topfit aufzuwachen.
- *1.700 €* für Weiterbildungsmaßnahmen, die zu Ihren Fähigkeiten, Leidenschaften und beruflichen Vorstellungen passen, damit Sie beruflich (noch) besser werden, (noch) weiter vorankommen oder gegebenenfalls beruflich etwas ganz Neues unternehmen können.
- *300 €* für einen bandscheibenschonenden Stuhl, um auch nach vielen (Büro-)Sitzstunden keine Rückenschmerzen zu haben.
- *200 €* für einen Fallschirmsprung, um eigene Ängste zu überwinden und ein ganz besonderes Erlebnis zu genießen.
- *14.000 €* für Gold, um das Geld zu sichern und es im Jahr 2040 umzutauschen in eine selbst geplante Weltreise.

Sie erinnern sich: Die besten Geldanlagen der Welt sind Investitionen in Dinge, die Ihr Leben direkt und spürbar verbessern.

2. DER GLÜCKS-GELD-SPARPLAN
FÜR SICH SELBST

Statt monatlich 150 € in eine private Krankenzusatzversicherung zu »sparen«, weil Ihnen Ihre Gesundheit wichtig ist, könnten Sie das Geld auch lebensorientiert sparen. Vielleicht so:

- *50 €* für den Beitrag zum Fitnessstudio, um schon heute etwas für die eigene Fitness zu tun und sich selbst körperlich gesund zu halten.
- *25 €* für den Erntevertrag mit einer Gemüse-Genossenschaft, um frische regionale Lebensmittel zu genießen, die voller Vitamine und ohne Giftstoffe sind.
- *25 €* für ein Fachzeitschriften-Abo, um den Verstand fit zu halten und klar im Kopf zu bleiben.
- *50 €* für das eigene Gesundheitskonto, um sich damit dann irgendwann entweder geldintensive Behandlungen leisten oder zwischendurch wohltuende Gesundheits-Dienstleistungen in Anspruch nehmen zu können wie Massagen oder Akupunktur.

Sie wissen ja: Die besten Sparpläne der Welt sind regelmäßige Investitionen in einen gesunden und fitten Körper und Geist, in menschliche Beziehungen und in die eigenen Fähigkeiten.

3. DER GLÜCKS-GELD-SPARPLAN
FÜR KINDER/ENKEL

Statt 150 € monatlich für Ihre Kinder/Enkel zum Beispiel in eine Ausbildungsversicherung zu »sparen«, investieren Sie das Geld lieber im Hier und Jetzt zielführend ins Leben und die Träume Ihrer Lieben. Vielleicht so:

- *20 €* für die Mitgliedschaft im Sportverein, damit Ihr Kind/Enkel sich so richtig austoben, Spaß haben und andere Kinder kennenlernen kann.
- *50 €* Zuschuss für schulbezogene Aktivitäten (von Nachhilfe bis hin zu Schulausflügen), damit Ihr Kind/Enkel sich so gut wie möglich bilden und entwickeln kann.
- *30 €* Zuschuss zum Reitunterricht bzw. zu anderen Erlebnissen mit Tieren, damit Ihr Kind/Enkel ein gutes Gefühl zu und mit Tieren entwickeln und von solchen Kontakten profitieren kann.

- *50 €* in einen Aktien-ETF-Sparplan in der Hoffnung, dass dieser bis zum 18. Geburtstag mehr geworden ist (möglichst zur Geburt abschließen, damit er 18 Jahre laufen kann und in dieser Zeit hoffentlich genügend Ertrag erwirtschaftet) ODER mit den monatlichen 50 € regelmäßig (vielleicht alle paar Monate) ein paar Gold oder Silbermünzen kaufen und dem Kind/Enkel zur Volljährigkeit eine eigene Schatzkiste schenken, die es nicht nur vom Gewicht her in sich hat (was ich bevorzuge, aber jede*r hält es natürlich so, wie sie/er mag).

Sie wissen ja: Die besten Finanzhilfen der Welt für Kinder sind Investitionen in ihre Bildung, Talente und Herzenswünsche.

Was auch immer Sie mit Ihrem Geld machen: Tauschen Sie es so oft wie möglich ins Leben zurück und sperren Sie es nicht (lange) in irgendwelchen (oft sinnlosen und kostspieligen) Anlageformen ein. Auch Ihr Geld will frei sein, so wie Sie. Schenken Sie ihm die Freiheit und lassen Sie es das tun, wofür es da sein sollte: Gutes tun – für Sie und Ihre Liebsten!

UND JETZT? LEBEN SIE LOS!

Wie war's? Hatten Sie eine gute Lesezeit? Sind Sie zufrieden?

Ich hoffe doch, wobei die viel wichtiger Frage ist: Was nehmen Sie mit in Ihr Leben?

Wenn Sie dieses Buch nicht aus Langeweile gelesen haben, sondern zum Erkenntnisgewinn, könnten Sie jetzt zum Gedanken-Dreikampf ansetzen bestehend aus folgenden Disziplinen:

1. Notieren Sie Ihre Lehren, die Ihnen spontan in den Sinn kommen, wenn Sie an das Gelesene denken.
2. Sehen Sie das Inhaltsverzeichnis durch, erinnern Sie sich hier, da und dort zurück und notieren Sie für Sie wichtige Erkenntnisse zu bestimmten Themen.
3. Schauen Sie sich die Finanz-Ampel ganz vorne an und überprüfen Sie Ihre Finanzen samt der dazu passenden Tipps dahingehend, was Sie sich sparen können und was Sie tatsächlich noch brauchen.

Die besten erkenntnisreichen Bücher der Welt bringen nichts (außer einer guten Lesezeit), wenn deren Inhalte nicht in Ihnen nachwirken, wenn manches Buchwissen nicht auf Sie überspringt und die Erkenntnisse sich nicht auf Ihr Leben – und in unserem Fall Ihr Geld – auswirken.

> **Nur angewandtes Wissen ist Macht. Daher: Was tun Sie JETZT?**

Denken Sie bitte kurz darüber nach, bevor Sie das Buch gleich zuklappen, um es in die Altpapiertonne oder den Kamin zu werfen, es ins Regal stellen oder an andere weitergeben (was ich hoffe). Meist ist es EIN Gedanke, EINE konkrete Idee, die den Lese- und Geldaufwand, den ein Buch so mit sich bringt, auch rechtfertigt.

Mir ist bewusst, dass manches diskussionswürdig ist und manches für einige in einem Geld- und Finanzbuch so gar nichts zu suchen hat. Gerade, wenn man sehr geprägt ist von der »alten« Geld- und Finanzwelt, ihren »Finanz-Expert*innen« und »Finanz-Weisheiten«. Für mich sollte man Geld jedoch nie vom Leben und den eigenen Zielen, Wünschen und Bedürfnissen isoliert betrachten, weil es genau hierfür gedacht ist.

Ich wünsche mir, dass Sie mindestens einen wertvollen Impuls und/oder Grundsatz in Ihr Leben mitnehmen und hoffe sehr, dass sich Ihr Zeit- und Geldinvestment gelohnt haben. Welcher gefällt Ihnen am besten? Erlebnisse vor Ertrag. Prävention vor Produkt. Vernunft vor Verschuldung. Glück vor Geldvermehrung. Oder Fantasie vor Finanzwelt.

Ich freue ich mich auf Ihr Feedback (unter my@youlife.de) und über eine positive Rezension bei den bekannten Onlinebuchshops. Für weitere Inspirationen und Fragen können Sie meinen YouTube-Kanal nutzen (»André G. Schulz«).

Zu guter Letzt, verrate ich Ihnen mein Geheimnis, warum ich dieses Buch geschrieben habe. Nicht weil ich es wollte (klingt verrückt und ist es in gewisser Weise ja auch). Ich bekam irgendwann einen Satz in meinen Kopf, der mir bis ins Herz schoss und aus beidem nicht mehr herausging, bis ich anfing, zu schreiben.

> **Hol' die Menschen aus dem Geld!**

Ich hoffe, dass ich Ihnen wenigstens ein Stück weit helfen konnte, aus der Finanzwelt heraus- und noch mehr in Ihr Leben hineinzukommen.

Wenn Sie jetzt motiviert sind, sich aktiv an Ihre Finanzen zu machen und das Beste für Ihr Geld (und vor allem für sich selbst) herausholen wollen, dann lade ich Sie zu einem kostenfreien Onlinekurs ein, den ich extra für Sie entwickelt habe und der voller weiterer (hoffentlich) hilfreicher Tipps ist. Die Zugangsdaten finden Sie ganz hinten im Umschlag versteckt, weil Suchen schließlich Spaß macht (und erfolgreiches Finden noch mehr). Vielleicht »sehen« wir uns ja online wieder. Mich würde es sehr freuen. Und Sie?

Also: Legen Sie los.

Leben Sie los!

Herzlichst,

Ihr
André G. Schulz

DANKSAGUNG

Ich habe zu danken: Ihnen für Ihre Lese-Lebenszeit, dem wundervollen Team vom Südwest-Verlag rund um den super engagierten Philipp Christ, meiner hilfreichen Lektorin Claudia Lenz und natürlich Sabrina Haja, der besten Agentin der Welt. Außerdem gilt ein großer Dank der besten Ehefrau und Mutter der Welt (Katja »Ninne« Schulz) und den besten Kindern der Welt (Paul, Matti und Ida). Ihr alle seid unbezahlbar für mich. Okay, ganz schön übertrieben, ich weiß, aber so ist das halt mit »Bankern«. Sie wissen doch :-) ...

PS: Wenn Sie sich fragen: »Wofür steht denn eigentlich das G. in André G. Schulz? Georg? Gustav? Gandalf?«

Das »G.« steht für meine Lebensthemen, die mich schon seit mehr als 20 Jahren aktiv beschäftigen (Geld, Glück, Gesundheit, Geschichten und das Göttliche). Vielleicht erklärt das diesen ungewöhnlich lebensorientierten Geld- und Finanzratgeber. Für mich ist das Leben nicht trennbar, weil alles ineinanderfließt. Daher sollten wir unser Geld auch niemals getrennt von uns und unserem Leben betrachten. Und genauso wie wir einem Fremden niemals freiwillig unseren linken Arm zur Pflege anvertrauen würden, sollten wir das auch nicht mit unserem Geld tun.

WIE RETTEN SIE IHR GELD – JETZT?

IMPRESSUM

1. Auflage © 2023 by Südwest Verlag,
einem Unternehmen der Penguin Random House Verlagsgruppe GmbH,
Neumarkter Straße 28, 81637 München

Gender Hinweis: Aus Gründen der besseren Lesbarkeit wird an manchen Stellen auf die gleichzeitige Verwendung der Sprachformen männlich, weiblich und divers (m/w/d) verzichtet. Sämtliche Personenbezeichnungen und personenbezogenen Hauptwörter gelten gleichermaßen für alle Geschlechter. Die verkürzte Sprachform beinhaltet also keine Wertung, sondern hat lediglich redaktionelle Gründe.

Projektleitung: Philipp Christ
Textredaktion und Korrektorat: Claudia Lenz

Bildnachweis
Autorenfoto U4: © Katja Schulz
Sonstige Bilder (Cover und Finanzampel)
Bild 381603808: © shutterstock/levelupart

Umschlaggestaltung & Innenlayout: OH, JA! (www.oh-ja.com)
Satz: Uhl + Massopust, Aalen
Herstellung: Elke Cramer
Druck und Bindung: GGP Media GmbH, Pößneck
Printed in Germany

Penguin Random House Verlagsgruppe FSC ® 001967
ISBN 978-3-517-10184-2
www.suedwest-verlag.de